云南大学民族学一流学科建设经费资助

新西兰毛利人那塔胡部落的经济变迁

张剑峰 著

中国社会科学出版社

图书在版编目(CIP)数据

新西兰毛利人那塔胡部落的经济变迁/张剑峰著.—北京：中国社会科学出版社，2021.4

（教育部人文社会科学重点研究基地云南大学西南边疆少数民族研究中心文库·亚太民族志丛书）

ISBN 978-7-5203-8085-0

Ⅰ.①新… Ⅱ.①张… Ⅲ.①毛利人—部落—经济史—研究—新西兰 Ⅳ.①F161.29

中国版本图书馆 CIP 数据核字（2021）第 047390 号

出 版 人	赵剑英
责任编辑	王莎莎
责任校对	张爱华
责任印制	张雪娇

出　　版	中国社会科学出版社
社　　址	北京鼓楼西大街甲 158 号
邮　　编	100720
网　　址	http://www.csspw.cn
发 行 部	010-84083685
门 市 部	010-84029450
经　　销	新华书店及其他书店
印刷装订	环球东方（北京）印务有限公司
版　　次	2021 年 4 月第 1 版
印　　次	2021 年 4 月第 1 次印刷
开　　本	710×1000　1/16
印　　张	16
插　　页	2
字　　数	231 千字
定　　价	98.00 元

凡购买中国社会科学出版社图书，如有质量问题请与本社营销中心联系调换
电话：010-84083683
版权所有　侵权必究

开辟中国人类学的太平洋航线
——《亚太民族志丛书》序言

何 明

亚太（Asia & Pacific area）在国际人类学的知识生产和学科发展中占据着非常重要的地位。

亚太地区迥异于欧洲的众多族群及其社会文化的多样性激发与促进了欧洲人类学的学术研究和学科形成。1519年9月，葡萄牙人麦哲伦（Ferdinand Magellan）在西班牙国王的资助下，率领由二百多名水手组成的探险队驾驶五艘帆船，横渡大西洋，穿过南美大陆与火地岛之间的海峡（即后世命名的麦哲伦海峡），进入太平洋，最后到达菲律宾，麦哲伦被杀后探险队成员渡过印度洋、绕过好望角，于1522年9月返回西班牙，开辟出欧洲通往亚太的海上航路。之后，欧洲的探险者、商人、船员、传教士、施行家及其他殖民者纷至沓来，其中一些人撰写了记述旅途所见所闻的日记、游记等并整理出版，如带领船员首批登陆澳洲东岸和夏威夷群岛的欧洲人英国皇家海军军官库克（James Cook）及其随行者有意识记录了三次太平洋探险的见闻并编纂出版了八卷本的《航海录》（Voyages）。这些记录成为早期人类学者激发学术思考与论证理论观点的依据，英国古典进化论者泰勒（Edward Tylor）和弗雷泽（James Frazer）在其著作中均有大量引述，法国人类学家莫斯（Marcel Mauss）的名著《礼物》则以波利尼西亚人、萨摩亚人、毛利人、美拉尼西亚人的社会文化材料为主要依据提出了影响深远的互惠理论。

在人类学从以他为撰述的文字资料为基础的"摇椅上的人类学"向以研究者自身的田野调查所获得的第一手资料为基础的"现代人类学"转型中,亚太发挥了具有关键性的作用。1898年,英国动物学家哈登（Alfred Haddon）组织的人类学考察队到达新几内亚和澳大利亚之间的托雷斯海峡,对附近的岛屿社会进行了较为深入的考察,改变了以非专业人士的记述为主要资料数量依据的模式,开启了研究者直接从事调查的研究方法。1914年,英国人类学家马林诺夫斯基（Bronislaw Malinowski）到南太平洋的巴布亚港湾麦卢做了6个月的调查,之后1915年至1918年间到特罗布里恩德岛进行了为期两年的调查,完成了经典民族志作品《西太平洋的航海者》,并归纳总结出系统、专业的人类学田野调查和研究方法,奠定了人类学的基本学术范式,影响深远。以该区域为研究对象产出的人类学研究成果汗牛充栋、数不胜数,其中不乏米德（Margaret Mead）的《萨摩亚人的成年》这样影响深远的一批杰出作品。

中国东部濒临太平洋,海岸线总长度为3.2万公里,其中大陆海岸线长达1.8万公里,拥有太平洋的岛屿6500多个,无疑是亚太地区的重要国家,中国学者理应成为人类学亚太研究的重要力量。然而,受各种条件约束,除了中国境内和东南亚国家之外,亚太其他区域鲜有中国人类学者留下研究足迹。人类学在深层次上属于跨文化比较的学问,研究者或无意或有意地从"我者"的社会文化出发审视、呈现与阐释"他者"的社会文化。亚太人类学研究的中国学者缺席,意味着亚太人类学研究的中国视角的缺乏,这无论是对中国还是对世界,无论是对人类学的知识生产还是对该区域人民之间、国家之间的互动交流,无疑都是一种严重的缺憾。

云南大学之所以能够在国内率先拓展亚太人类学研究,实乃机缘巧合和条件达成的结果。2009年10月,我应日本国立民族学博物馆塚田诚之教授之邀赴日本大坂参加学术会议,在博物馆参观时看到一块展示日本人类学家在世界各地调查情况的电子展板,世界地图上遍布着标示日本学者调查点的红点,亚太地区更是布满了密密麻麻的红点，我深受震撼，内心激起了推动亚太研究的冲动，从此开始创造开展亚太研究的条件，寻觅推进亚太研究的机会，延揽具有亚太研究基础的学者，努力与美国夏威夷、澳大利亚、新西兰等高校、科研机构和学者建立合作关系。2017年7月，国家开始实施高等学校的"双一流"建设，云南大学民族学荣幸被纳入"一流学科"建设行列。其"国际一流"的建设目标定位和相对充裕的资源投入为云南大学的亚太人类学研究提供了难得的条件。在制定学科建设方案时，我力排众议，坚持把在旁人看来属于"零基础"的"亚太民族志研究"列为民族学"一流学科"建设的十大方向中的一个方向，聘任马腾嶽教授为该方向的首席专家，负责具体组织团队与推进调查研究。事实上，云南大学的亚太人类学研究并非完全毫无基础的"凭空架屋"。2010年我结识了当时在台湾清华大学攻读人类学博士学位的马腾嶽，得知他在进行夏威夷人的研究，撰写了40余万字的博士学位论文。2011年6月邀请他来云南大学参加由陈庆德教授主持的"经济人类学与中国西南少数民族社会发展国际学术研讨会"。在他获得博士学位后，我聘请他来云南大学西南边疆少数民族研究中心任教。他到校后积极推动与夏威夷高校和相关机构的交流合作，一年后被学校聘任为特聘教授，发表了一系列研究夏威夷族群和民族主义的学术论文，获准主持国家社科基金项目"夏威夷群岛多族群社会的冲突与和解共生研究"等项目，指导硕士和博士研究生开展亚太人类学研究。

除了马腾嶽教授之外，云南大学民族学培养了一些从事亚太研究的人才，其中本丛书推出的第一本著作《新西兰毛利人那塔胡部落的经济变迁》的作者张剑峰便是其中的佼佼者。他是陈庆德教授指导的经济人类学博士研究生，在一次因公访问新西兰南岛的基督城时接触到南岛最大的房地产公司那塔胡地产公司是与南岛最大的毛利人部落那塔胡部落具有密切关联，现代企业与部落经济之间的关系引起了他的关注，故将那塔胡部落经济作为博士论文选题。在他的博士论文开题报告会上，我全力支持与鼓励他研究新西兰毛利人。之后，为了推进新西兰及亚太研究，我推动与新西兰毛利人研究机构之间的交流合作，云南大学西南边疆少数民族研究中心与坎特伯雷大学那塔胡研究中心签订了学术合作和师生交流协议。张剑峰不负众望，经过多次那塔胡部落的田野调查获取了丰富的第一手数据，在学术期刊《世界民族》上发表了两篇研究新西兰毛利人经济的学术论文，完成了这部中国民族学和人类学界第一部研究毛利人经济的民族志，较为系统地呈现了毛利人经济的演变过程和当下运作方式，为中国读者认知太平洋岛屿原住民经济生活揭开了面纱的一角。

本套丛书的出版，标志着中国人类学民族学界的太平洋航路已经开启，百舸争流的局面指日可待。浩瀚的太平洋一定会为中国人类学的知识生产奉献源源不断的资源，中国人类学的太平洋研究也一定会为世界人类学的知识生产和亚太地区的和平发展做出重要贡献！

是以为序。

2020 年 7 月 12 日草于昆明东郊白沙河寓所

目　　录

序　言 ·· （1）

导　论 ·· （1）
　　一　新西兰与波利尼西亚人 ······························ （1）
　　二　毛利人和帕克哈 ·· （8）
　　三　神话、历史和未来 ···································· （13）
　　四　研究综述和理论指引 ································· （19）

第一章　社会一体化的初级形式：那塔胡部落 ········ （33）
　　一　那塔胡部落的历史溯源 ······························ （33）
　　二　神话、宗谱（whakapapa）和玛纳（mana） ········ （36）
　　三　和欧洲文化接触以前的原始经济 ················· （43）
　　四　婆那穆的生产与交换 ································· （49）

第二章　和欧洲文明的早期接触 ······························ （58）
　　一　捕鲸的激情岁月 ·· （58）
　　二　火枪和部落战争 ·· （67）

第三章　系统化殖民时期 ·· （80）
　　一　《怀唐伊条约》签订的历史背景 ··················· （80）
　　二　条约的签订 ·· （88）

三　毛利大宪章 …………………………………… （92）
　　四　让渡主权：从影子到实质 …………………… （96）
　　五　失去土地：从实质到影子 …………………… （99）

第四章　那塔胡现代部落次级法理地位的形成 ………… （107）
　　一　新兴的国家 …………………………………… （107）
　　二　两次世界大战与毛利种族运动 ……………… （110）
　　三　条约地位的复兴 ……………………………… （114）
　　四　新自由主义和"罗杰"经济学 ……………… （122）

第五章　那塔胡索赔谈判和赔付方案 …………………… （127）
　　一　那塔胡部落委员会的法理地位（政治性）… （127）
　　二　那塔胡索赔的具体赔付方案（经济性）…… （132）
　　三　那塔胡族权形成的基础及其本质 …………… （141）

第六章　那塔胡部落的现代一体化形式 ………………… （147）
　　一　那塔胡现代部落组织的发展历程 …………… （147）
　　二　适应市场经济的抉择 ………………………… （157）
　　三　部落分配：作为公共福利产品还是个人产权
　　　　收益 ……………………………………………… （172）
　　四　作为部落文化产品的婆纳穆 ………………… （182）

第七章　文化构成的物质实践 …………………………… （192）
　　一　那塔胡现代经济体系所蕴含的文化理性 …… （193）
　　二　迈向未来的社会一体化："毛利化"西方政治和
　　　　经济制度 ………………………………………… （206）

附　录 ……………………………………………………… （216）
　　一　大事记年代表 ………………………………… （216）

二　单线毛利宗谱（未考虑通婚）实例…………………（217）
三　莫卡蒂尼（Mokatini）农场田野调查笔记…………（219）

参考文献 …………………………………………………（237）

后　记 ……………………………………………………（246）

导　　论

一　新西兰与波利尼西亚人

　　新西兰是一个位于西南太平洋的岛国，面积约27万平方公里，主要由北岛和南岛组成，库克海峡分隔其间，南岛往南还有一个面积较小的斯图尔特岛，从南到北延伸约1600公里。北岛面积114592平方公里，多火山和温泉。南岛面积152719平方公里，遍布冰河和湖泊。两岛之间最短距离为32公里，此外还有150多个较小岛屿分布在南太平洋上。从地理特征来看，北岛可分为三个主要的陆地区：北部半岛和怀卡托流域、火山区和西部丘陵、东部丘陵；南岛也可以分为三个区域：南阿尔卑斯山和高地地区、坎特伯雷平原、奥塔戈平原及盆地。其中，坎特伯雷是新西兰面积最大的平原地区。

　　据2013年12月3日公布的人口普查报告，新西兰总人口数达到4,242,048人，相较2006年的人口普查数据，增长了5.3%。其中，毛利总人口数为598,605人，约占全部总人口数的14.1%，相较2006年增加了33,276人，增幅为5.9%。值得注意的是，亚裔人口数占到总人口数的11.8%，从增幅来看，未来十年内，亚裔的人口数量将超越毛利人，成为新西兰的第二大族裔。语言使用方面，新西兰96.1%的人口使用英文，毛利语和萨摩亚语分别位列第二种和第三种，印地语取代法语成了第四种被广泛使用的语言。

　　最新的研究表明，新西兰所在的大陆大约在8000万至1亿年前从岗瓦纳（Gondwana）古陆分离出来后，就一直沉睡于太平洋之中。整块大陆接近有492万平方公里，大约93%的面积沉在海底，仅有7%的面积露出海面，包括新西兰、新喀里多尼亚（New Caledonia）、诺福克岛（Norfolk Island）和豪勋爵群岛（Lord Howe Island Group）等。2014年以来，有学者援引地质学和生态学方面的证据，认为这块大陆不应被看作微大陆或大陆碎片，而应该被命名为全球第八大洲——西兰洲（Zealandia）[①]。

新西兰属于波利尼西亚（Polynesia）群岛，波利尼西亚是从希腊语而来，"poly"是众多之意，而"nesia"是希腊语岛屿"nesos"和地名后缀"-ia"的结合体，直译为"多岛群岛"。波利尼西亚群岛是太平洋三大岛群之一，从地图上看，是位于太平洋中南部、在180°经线以东及南北纬30°之间的广阔海域，由一千多个岛屿所组成。其中，以最北面的夏威夷群岛、西南面的新西兰及东面的复活节岛为三个顶点，形成了著名的波利尼西亚三角，南北相距约7600公里，东西最宽处达9000公里。

整个波利尼西亚地区现今居住着大约200万人口，包括毛利人、夏威夷人、澳大利亚原住民、萨摩亚人、汤加人和塔希提人等，他们的共同祖先都是波利尼西亚人。考古学上的证据显示，在这片巨大海域零星分布的岛屿上，并未发现远古人类活动的遗迹。也就是说，波利尼西亚人是在历史上的某个时期迁移而来的。人类学的研究表明，波利尼西亚人和相邻的美拉尼西亚人具有共同的神话传说、玛纳（mana）、禁忌（tapu）等关键概念，在亲属关系和社会结构方面也具有相似性。人类究竟于何时何地开始向太平洋深处探索和迁移，一直是历史学、人类学、考古学和语言学等学科共同关注的问题。

第一种观点认为，波利尼西亚人是从南美洲的秘鲁迁入。最主要的证据是原产自中南美洲的甘薯在整个波利尼西亚地区都有种植。此外，南美的太阳神名叫康提基（Kon Tiki），而提基（Tiki、ki'i或Ti'i）在波利尼西亚地区广为流传，通常都与神所创造的第

[①] https://en.wikipedia.org/wiki/Zealandia.

导 论 ◆◆◆

一个男人有关。然而，南美洲海岸距离最近的复活节岛约3218公里，从复活节岛不论到新西兰还是夏威夷都还有几千公里的距离，人类完全依靠自然力的航海是否可能？1947年，为了证明波利尼西亚人来自南美，挪威人类学家托尔·海尔达尔（Thor Heyerdahl）仿照秘鲁古代船只，用九根轻型原木和芦苇建造了一艘木筏，以传说中的秘鲁太阳神康提基（Kon Tiki）命名，从秘鲁海岸卡亚俄（Callao）港出发，孤筏远洋，历时101天，到达土阿莫土群岛（Iles Tuamotu），航程近8000公里。

第二种观点认为，波利尼西亚人的祖先是印度雅利安人。公元前1080年左右，雅利安人入侵印度西北部的旁遮普（Punjab），到公元前800年左右，占领了恒河平原中部。摩揭陀帝国时期，在公元前300—290年，雅利安人分两拨先期迁往查戈斯群岛（Archipelago）和爪哇岛（Java）；在公元前200—150年，大批移民从旁遮普来到爪哇岛[①]。公元450年，印度雅利安人的后代离开印度尼西亚，迁移到塔希提岛和库克群岛中的拉罗汤加岛（Rarotonga），在随后大约900年的时间里，逐渐遍布波利尼西亚地区。其中，一小部分最初到达新西兰的时间在公元1150年前后，至1350年，则有大批船队到来。持这个观点的代表人物是爱德华·特里盖尔（Edward Tregear, 1846—1931）和珀西·史密斯（Percy Smith, 1840—1922），在19世纪末至20世纪上半叶，这个观点为大多数欧洲学者所接受。

特里盖尔和史密斯年纪相近，两人都有过新西兰土地测量师的经历，有机会实地广泛地接触毛利人的语言和文化。特里盖尔出生于英国南安普顿郡（Southampton），1863年来到新西兰，后来担任新西兰首届劳工部长。1885年，特里盖尔出版了《雅利安毛利人》一书，该书通过比较神话学和语言学的研究认为，毛利语属于印欧语系，毛利人和欧洲人有一个共同的雅利安人祖先。史密斯出生于

[①] S. Percy Smith, *Hawaiki: The Original Home of the Maori*, Christchurch: Whitcombe & Tombs Limited, 1910, p.106.

新西兰毛利人**那塔胡**部落的经济变迁

英国萨福克郡（Suffolk），1850年迁往新西兰。史密斯曾被任命为新西兰总测量师，是新西兰民族学的开创者。1892年，特里盖尔和史密斯在惠灵顿创建了波利尼西亚协会，专门研究波利尼西亚史。1897年，史密斯在拉罗通加和塔希提等太平洋岛屿进行了为期六个月的田野调查，获得了第一手的田野资料，在此基础上进一步完善了波利尼西亚人起源于印度雅利安人的假说。这一假说当时给英国人带来了深远的影响，并且在一定程度上左右了英国对毛利人的政策制定。因为按照这个假说，毛利人作为波利尼西亚人的一支，应该算是英国人失散多年的表亲。直到20世纪70年代，才陆续有学者对此提出质疑。一个明显的证据是，在大航海时代和西方文明接触以前，整个波利尼西亚地区没有使用金属的记录。并且，在波利尼西亚文明中没有发现佛教的痕迹。这两个人类文明的标志，在印度次大陆出现的时间都早于印度雅利安人离开的时间。近年来，随着新的证据的发现，人们逐渐认识到该假说误导了学界对波利尼西亚人和毛利人起源的研究。

关于波利尼西亚人的起源，目前最广为人们接受的是第三种假说。这种观点认为，波利尼西亚人属于遍及太平洋和印度洋的南岛语族（Austronesians）的一个支系。顾名思义，南岛语族是指操南岛语系的民族。南岛语系最早由奥地利语言学家和人类学家施密特（Wilhelm Schmidt）于1899年提出。南岛语系是世界上分布最广的语系，从东太平洋的复活节岛到西印度洋的马达加斯加岛，跨越了半个地球。南岛语族包括波利尼西亚、美梅拉尼西亚和密克罗尼西亚三大群岛的原住民，中国台湾、印度尼西亚、马来西亚、菲律宾、新加坡、文莱、东帝汶、马达加斯加的少数民族，以及越南和柬埔寨的占族（cham）、泰国南部和缅甸内陆地区的部分少数民族。

语言学、考古学和遗传学方面最新的研究证据都显示，南岛语族很可能起源于中国的百越民族。考古学上的证据主要来自拉皮塔（Lapita）遗址的发掘。1952年，拉皮塔遗址在新喀里多尼亚（New Caledonia）首次发现，出土的墓葬陶器类似于中国台湾大坌坑遗址

导　论

的"红泥"（red slip）陶器①。现今发现的200多处拉皮塔遗址，集中分布在汤加、萨摩亚、乌韦阿（uvea）岛和富图纳（futuna）群岛②。拉皮塔文化很可能是南岛语族文化传播的中心和发源地。张光直于1987年提出，如果中国台湾大坌坑文化是南岛语族文化的代表的话，南岛语族很可能起源于中国大陆的东南沿海③。1992年，邓晓华也从同源词证据证明了大陆东南沿海的壮侗语和南岛语具有发生学的关系④。进入21世纪，这一观点得到了遗传学基因谱系方面最新的科研成果的验证和支持⑤。2006年7月，新西兰外长温斯顿·彼得斯（Winston Peters）在马来西亚举行的东盟首脑会议上说："毛利人是中国人！新西兰的第一批居民是中国人的后代，基因证据显示毛利人起源于中国。"

迄今为止的研究表明，大约在公元前6500年至前4000年期间，中国南方的越人从东南沿海迁入中国台湾、马来半岛和印尼群岛，和当地的土著民族融合。公元前3000年左右，居住在印度尼西亚的马来族群开始向太平洋和印度洋的深处探索。其中，向东迁移的一支先到了库克群岛和塔希提岛，接着是社会群岛、马克萨斯群岛，然后又以此为中心沿三个不同的方向迁移，分别到达夏威

---

① https://en.wikipedia.org/wiki/Lapita_culture.

② Michael King, *Maori—A Photographic And Social History*, Auckland: Penguin Group (NZ), 2008, p. 39.

③ 张光直:《中国东南海岸考古与南岛语族起源问题》,《南方民族考古：第一辑》,四川大学出版社1987年版，第1—12页。

④ 邓晓华:《从语言推论壮侗语族与南岛语系的史前文化关系》,《语言研究》1992年第1期。

⑤ Kayser, Manfred, "Genome-wide Analysis Indicates More Asian than Melanesian Ancestry of Polynesians", *The American Journal of Human Genetics*, 2008, 82 (1): pp. 194–198; Friedlaender, Jonathan S., "The Genetic Structure of Pacific Lslanders", *PLOS Genetics*, 2008, 4 (1): 19. 另据2008年06月13日《文汇报》报道:"一项最新的研究成果证实：遍及两大洋的南岛居民，直接源于中国大陆的百越民族，而并没有通过台湾岛进行迁徙。这项关于《南岛西部人群和侗台人群的父系遗传关系》的研究，由复旦大学现代人类学教育部重点实验室与中国台湾慈济大学、印尼艾克曼分子生物学研究所、越南顺化医学院、广西医科大学等合作完成，其成果发表在最新一期英国出版的《生物医学中心进化生物学》杂志上。"

新西兰毛利人**邪塔胡**部落的经济变迁

夷、复活岛和新西兰。新西兰是最后定居的岛屿，首批抵达的时间大约在公元950年，然后在1350年左右大批迁入。因此，可以说，从公元前3000年起马来族群的一部分人从印尼群岛出发，在往后四千多年的时间内向南太平洋的迁移过程最终形成了波利尼西亚三角，他们自身在迁移过程中自我进化成了波利尼西亚人。

波利尼西亚人是最早发明远洋航海技术的人类，是在大航海时代之前就已存在的真正的航海民族。这个古老的航海民族没有现代的航海设备，仅凭借原始的舟筏和自然力就征服了太平洋，创造了伟大的航海奇迹。在工业航海时代到来以前，波利尼西亚人在将近地球三分之一面积的大洋中，找到一个个孤悬于海上的小岛并定居下来，用人类的文明点亮了整个波利尼西亚三角。

南十字星座下的航海者

为了抵达西南太平洋的奥提亚罗瓦（Aotearoa），长白云笼罩的土地，波利尼西亚航海家必须要坚韧，并具有理解环境所提供信号的经验。他们旅行和航海的技艺极其精湛。他们跟随着在陆上活动的鸟类的迁徙路线，对洋流和"拉帕"（lapa）——水下磷光现象，它以闪光或光带的形式出现在距离陆地50—130公里的地方——进行观察，并关注群岛上空似乎静止的云彩（于是，这些群岛便有了"奥提亚罗瓦"——长白云之乡——这样的名称）。南十字星座（the Southern Cross）是他们在赤道以南的向导，他们在海风有利于航行的夏季向南进发。当他们在一个狭长星群的指引下泛舟海上之际，他们主要从金星那里获得方向的指引，如果南十字星座始终位于船的左舷，那金星便总是指向奥特亚罗瓦。[①]

在历史学家菲利帕·史密斯（Philippa Mein Smith）饱含深情的

---

① [新] 菲利帕·梅因·史密斯：《新西兰史》，傅有强译，商务印书馆2009年版，第5—6页。

叙事中，波利尼西亚人乘坐独木舟驶向新西兰的探险之旅，是一幅惊心动魄的具有史诗韵味的画卷。航海家们智慧、无畏、坚韧，甚至还有些浪漫。跟随候鸟迁徙的路线，在夏季顺着洋流向南进发。新西兰在波利尼西亚语中叫作"奥提亚罗瓦"，意思是"长白云笼罩的土地"，这是由于岛屿陆地上所蒸发的湿热空气远远多于海面蒸发，更有利于云层的形成。因此，当波利尼西亚人在一望无际的大海中乘风破浪时，总是受到这朵祥云的指引。观察水下磷光现象的出现，也是一种在大海中航行时判断岛屿位置的方法。磷光是一种缓慢发光的光致发光现象，光致发光是冷发光的一种，指物质吸收光子（或电磁波）后重新辐射出光子（或电磁波）的过程。水下磷光现象与浅海海底反复堆积形成的植物尸体的泥炭化过程有关。南十字星座是南天星座之一，是全天88个星座中最小的星座，由于星座中主要的亮星组成一个"十"字形而得名。南十字座所在的银河部分是银河最亮的段落，其中心位置是赤经12时20分，赤纬-60度。在北纬21度至南纬90度之间能观测到整个星座，北半球大部分地区看不到此星座。14世纪中国的航海家郑和七下西洋时，曾用这个星座来导航。金星是全天中最亮的行星，中国古代称为"太白金星"，傍晚出现时称为"长庚"，清晨出现时称为"启明"。无论白天还是夜晚，"如果南十字星座始终位于船的左舷，那金星便总是指向奥提亚罗瓦"。波利尼西亚人把金星当作挂在天上的灯塔，长明不灭，始终指向那块孤悬于太平洋深处被祥云笼罩的土地。

独木舟是人类最早的水上交通工具，是现代舰船的祖先，在全球各地都有文字和考古证据。《易经·系辞》中有"刳木为舟"的记载，中国最早的独木舟当属距今8000年历史的浙江跨湖桥独木舟及相关遗迹。跨湖桥出土的独木舟是用有段石锛制造的，有段石锛代表的中国海洋文明远播太平洋，影响所及不仅在我国东南沿海，对太平洋广大区域都产生了重大影响[①]。在欧洲，苏格兰佩斯

---

① 参见《央视网：八千年的历史回望，独木舟的今朝起航》，2011年10月8日，http://www.xsnet.cn/2011_subject/wlmtxsx/xwdt/1422093.shtml。

郡（Perth）境内的湖层里和瑞士及其邻近地区，也发现了新石器时代的独木舟。在英国约克郡（York）的一个沼泽地里发掘的考古证据显示，公元前7500年独木舟就已存在。在荷兰发现了一只这样的独木舟，其年代约为公元前6300年。除此之外，印度和美洲印第安人都有早期使用独木舟的记录。如果考虑地球表面71%的面积为海水所覆盖，那么，或许可以说，独木舟所承载的，不仅仅是人类的祖先穿越重洋的探险历史，也是整个地球海洋文明的发端。

独木舟的制造集中体现了波利尼西亚人的智慧。波利尼西亚人的独木舟有三种类型：单体独木舟、双体独木舟和装配有舷外浮木的独木舟。从现代技术的观点看，装配有舷外浮木的独木舟具有最大的稳定性和适航性。弗思（Raymond Firth）曾对这种独木舟的制造技术和驾驶灵活性进行了详细的讨论，包括捆绑浮木的不同方法，以及浮木和船体的相对高度和倾斜角度对浮力和牵引力的影响[①]。配有舷外浮木的独木舟，是波利尼西亚人在有限环境条件下无限创造力的展示，是人类利用自然、改造自然的范例。

二　毛利人和帕克哈

在欧洲人到来之前，新西兰并没有毛利人，只有波利尼西亚人。在波利尼西亚语中，"毛利"（māori）一词本意为"正常""平常"和"普通"，并非一个种族或族群的名称；"唐加塔环努瓦"（tāngata whenua）才用来指称人和种族，"tāngata"意为"人""人类"，"whenua"意为"土地"，"唐加塔环努瓦"意为"大地的子民"，是"一个用以指整个太平洋中各种海上亲缘关系

---

① ［英］雷蒙德·弗思：《人文类型》，费孝通译，商务印书馆2010年版，第57—64页。

的概念"①。

"大地的子民"经历了漫长的自我进化过程，本身也是由具有不同历史和祖先的部落和族群所组成。当他们和欧洲人相遇后，则自称为"毛利"，言下之意，我们是区别于外来者的"正常人"。这个自识的过程产生了一个全新而独特的民族——毛利。

毛利人把白人统称为"帕克哈"（Pākehā）。毛利语中，"帕克哈"（Pākehā）是"帕克帕克哈"（Pākepākehā）的缩写。"帕克帕克哈"源自毛利人对第一批登陆的欧洲水手升锚时所吟唱的号子的记忆。另外一种传说也十分有趣，"据说当欧洲人登陆新西兰时，桨手是背朝着船头划桨的。这让习惯在独木舟上面向前方划桨的毛利人感到困惑不解……于是，毛利人创造了'帕克哈'这个词，意为'海上来的长相奇怪的人形生物'"。正如其发音所体现的，欧洲人在毛利人心目中的形象是矛盾的，"他们既是新生事物的传播者，也是神秘莫测的外来客，有时还是厄运的播种者"②。

族群的首要特征在于自识与他识。和毛利一样，这个他识的过程同样产生了一个全新而独特的民族——帕克哈。因此可以说，当欧洲人和波利尼西亚人在新西兰相遇，经由自识和他识的过程产生了另外两个全新而独特的族群：毛利和帕克哈。对此，毛利艺术史学家乔纳森（Jonathan Mane-Wheoki）有一段意味深长的定义：帕克哈是"那些用自己不是什么来定义自己的人。他们想要忘记自己的起源、自己的历史、自己的文化遗产——他们想像毛利一样，否认自己的过去，以便我们都可以重新开始"③。

当两个处于完全分离的理想状态的族群初次相遇，一种"有组

---

① ［新］菲利帕·梅因·史密斯：《新西兰史》，傅有强译，商务印书馆2009年版，第6页。
② 陈燮君主编：《毛利A-Z》，译林出版社2011年版，第15页。
③ Mane-Wheoki, Jonathan（2000），*From Zero to 360 Degrees*: *Cultural Ownership in a Post-European Age*, University of Canterbury, International Council of Museums, Council for Education and Cultural Action Conference, New Zealand, http://www.christchurchartgallery.org.nz/icomceca2000/papers/Jonathan_Mane-Wheoki.pdf.

织的敌对"自发形成了对本族的认同,这是族性的基础。正如巴斯(Fredrik Barth)所言,族群首先是作为社会组织形式而产生和存在的,先于作为文化孕育单位的族群形成①。在文化尚未经过充分融合之前,作为社会组织基本形式的族性已经存在。然而,文化多样性的发端,并非总是一种臆想中的田园牧歌式的浪漫,一如现代学者研究文化时所期许的话语氛围。文化交融的初期,往往不值得人们向往,甚至是血腥和暴力的。

1642年12月,荷兰探险家艾贝尔·塔斯曼(Abel Tasman)受东印度公司的委托,率领一百余名海员乘坐两艘船,经过四个月的艰苦航行到达南岛西北角。在登陆过程中遭遇毛利人,毛利人对入侵者吹响木号和海螺,并施以仪式和咒语。这究竟是毛利传统的对待陌生人的仪式,还是挑衅并恐吓危险的幽灵?不得而知。作为回应,荷兰人也大声呼喊并吹响了号角,甚至还向独木舟开了火。次日清晨,毛利人驾驶两艘独木舟驶来,围攻一条荷兰人的登陆船。船上有7人,但都未带武器。登陆船被撞翻,导致4名船员丧生②。塔斯曼随后放弃了登陆,拔锚驶离,并将这个地方称为"凶手湾"(Murderers Bay)③,也就是现在的黄金湾(Golden Bay)。"这一驱逐行动进入到欧洲的各种传说之中,使毛利人成了一个让欧洲感到恐惧的民族"④。在此后的一百多年中,再也没有欧洲人到过新西兰。

1768年,英国人詹姆斯·库克(James Cook)受皇家海军的指派,前往南太平洋观察金星凌日现象。库克船长率领85个人,指挥三桅船"奋进"(Endeavour)号,于1769年10月到达新西兰北

---

① 参见弗里德里克·巴斯《族群与边界》,高崇译,周大鸣、李远龙校,《广西民族学院学报》(哲社版)1999年第1期。

② Alfred Saunders, History of New Zealand, Christchurch, Wellington, Dunedin: Whitcombe & Tombs Limited, 1896, p. 4.

③ https://nzhistory.govt.nz.

④ [新]菲利帕·梅因·史密斯:《新西兰史》,傅有强译,商务印书馆2009年版,第25页。

导 论 ◆◆◆

岛东海岸，在贫穷湾（Poverty Bay）登陆时同样和毛利人发生冲突。在陶朗加努伊河（Tauranga Nui river）的入海口的东岸，库克和西岸定居点的毛利人隔河对峙了三天，数名毛利人饮弹而亡，库克无功而返①。但是，"对毛利人即使面对欧洲人的火力也要进行抵抗的行为惊慌失措"②。库克随后顺海岸南下，所幸第二次在图拉戈湾（Tolaga Bay）登陆时，船员们和当地的毛利人交了朋友，他们用小首饰和毛利人交换补给品③。图拉戈湾淡水充沛、森林茂盛、气候宜人，"奋进"号在此得到充分的补给，船员们还采集了许多鸟类，树木和植物的标本。库克在日记中写道："在这个海湾逗留期间，我们每天都或多或少地与当地人往来，他们给我们带来鱼，偶尔也给我们带来甜薯；还有一些稀奇古怪的小玩意儿；我们给他们布料、珠子、钉子等。"④ 随后，"奋进"号绕航新西兰的北岛和南岛，库克率船员完成细致的勘测后，精确绘制了新西兰的海岸线地图，并以英国国王的名义宣布新西兰为英国所有。

无独有偶。1769年12月，法国探险家让·弗朗索瓦·德苏维尔（Jean Francois de Surville）比库克船长晚两个月到达北岛群岛湾。为了医治坏血病，德苏维尔在旺格努伊（Manganui）靠岸，上岸寻找蔬菜。当地毛利人善待他们，很快治好了他们的病。但不知

---

① 根据库克的日记，他们于10月8日登陆上岸当毛利人试图争夺登陆船时，船员开枪打死了一个毛利人；9日上午，库克随船带来的塔希提人杜比亚（Tupia）充当翻译，杜比亚居然能够很轻松地和毛利人进行交流！与二三十个毛利人近距离接触，但由于对方毛利人试图夺枪不得已开火，又有数个毛利人死伤；9日下午，杜比亚邀请对方上船无果，错误地开枪胁迫对方上船，因而发生冲突，打死三人后抓获了三个年轻的毛利人，库克对他们以礼相待；10日，释放三个年轻人，依旧无法登陆；11号，离开。参见Alfred Saunders, *History of New Zealand*, Christchurch, Wellington, Dunedin: Whitcombe & Tombs Limited, 1896, pp. 12-15.

② ［新］菲利帕·梅因·史密斯：《新西兰史》，傅有强译，商务印书馆2009年版，第30页。

③ 赵晓寰、乔雪瑛：《新西兰：历史、民族与文化》，复旦大学出版社2009年版，第22页。

④ Alfred Saunders, *History of New Zealand*, Christchurch, Wellington, Dunedin: Whitcombe & Tombs Limited, 1896, p. 16.

什么原因，法国人却恩将仇报，放火烧了村子并绑架了一名毛利酋长。被绑架的酋长在几周后悲惨地死去。12天后，忘恩负义的德苏维尔溺毙。然而，这颗仇恨的种子在冥冥中生根发芽。1771年，法国人马里翁·杜弗雷纳（Marion DuFresne）也是在旺格努伊登陆。在没有任何预兆的情况下，仿佛预示了5年后库克船长在夏威夷的遭遇①，毛利人杀死并吃掉杜弗雷纳和另外27名船员。这起悲剧的原因有两个版本：一个是当地毛利人针对两年前德苏维尔的暴行进行复仇②；另外一个是因为法国人在毛利人溺亡的小海湾里钓鱼，触犯了禁忌，侮辱了活着的人和他们的祖先③。

如今，新西兰已经成为全球多元文化并存的典范国家。当我们回顾欧洲人的这段探险史时，或许会有一些更深层次的思考。作为一位伟大的航海家，库克船长第一次将新西兰放置到世界地图之中，"他的船只将毛利人及太平洋的其他岛民和欧洲世界联系在一起，并开启了让世界成为全球村的进程"④。从人类学的意义上而言，历史的曙光初现于他和船员们第一次用小首饰和毛利人交换补给品。正是这样一次小小的交换，撕开了有组织的敌对情绪，在"大地的子民"和"帕克哈"之间，建立起最初的信任机制。库克船长借此得以完成伟大的探险旅程，完整绘制出新西兰的版图。在1772—1775年远征南极的回程途中，他再次造访了霍克湾，将蔬菜种子、猪和家禽送给了当地毛利人。

如果说，战争也是一种交换并且是一种极端的交换方式的话，那么，库克和他的船员们用首饰和毛利人交换补给品就是一个理性

---

① 参见［美］马歇尔·萨林斯《历史之岛》，蓝达居等译，上海人民出版社2003年版。

② Alfred Saunders, *History of New Zealand*, Christchurch, Wellington, Dunedin: Whitcombe & Tombs Limited, 1896, p. 27.

③ ［新］菲利帕·梅因·史密斯：《新西兰史》，傅有强译，商务印书馆2009年版，第31页。

④ ［新］菲利帕·梅因·史密斯：《新西兰史》，傅有强译，商务印书馆2009年版，第26—27页。

的选择，是一个因妥协而得以相互降低交易成本的交换过程。文化融合发端于不同种族和族群之间的自然对抗，经由理性主导的、不断降低交易成本的经济交换，形成了今天的民族社会。在一个更宽泛的交换概念上来考察，民族作为参与全球博弈的一种政治经济力量不仅是工具性的，而且是原生性的。究竟是民族的文化特质和集体记忆形成、维系并传承着族性，还是基于交换主体的法理秩序地位的现实利益诉求，主导着当代民族国家的全球格局？这将是后文会反复涉及并探讨的一个主题。

三　神话、历史和未来

波利尼西亚人的创世神话是森林之神唐（Tāne）和他的兄弟们强行分开天父（Rangi）和地母（Papa）的故事。世界起源于黑暗（Te Pō），天父和地母不仅是最初人类的双亲，也是宇宙间万事万物的双亲。他们和六个儿子：风神（Tāwhirimatea）、海神（Tangaroa）、森林之神（Tāne-mahuta）、战争和人类之神（Tūmatauenga）、耕作食物之神（Rongo）和野生食物之神（Haumia），一起统治着自然界和宇宙。由于天父和地母紧紧拥抱在一起，天地之间没有一丝光亮，没有风，一片茫茫黑暗。天父和地母的后裔无法忍受这无边无际的黑暗，一起商量分开他们的对策。六个儿子轮番上阵，风神、海神、战争和人类之神、耕作食物之神和野生食物之神都败下阵来。最终，森林之神用肩抵住天父脚踩住地母，奋力站立起来将他们分开——光明终于到来，照亮了大地上的万物。天父和地母的儿子们，第一次见识到母亲的美丽，微风轻轻拂过，一片银色的薄雾般的轻纱挂在母亲裸露的双肩。此时，天上降下滂沱大雨，并且一直下个不停，大片的土地被水淹没。这是分离带给天父的无穷无尽的悲伤。为了避免天父看着地母痛哭流涕，把陆地变成汪洋大海，儿子们又将地母翻了个儿身。从此，天父的眼泪凝结成了清晨草地上的露珠。

波利尼西亚地区最广为传颂的英雄神话，是半人半神的毛伊

(Māui)和英勇而杰出的酋长塔瓦基（Tāwhwki）的故事。

毛伊是诸神的后代。传说毛伊是个早产儿，出生时母亲塔兰嘎（Taranga）误以为他已经死了，遂剪下一束头发包裹住他的身子并扔进了海里。可是塔兰嘎忘了，对于出生没足月就夭折的孩子，要施以特别的葬礼并吟诵专门的祷词，以防他们变成邪恶的精灵。邪恶的精灵会因为没有享受到人世的快乐而心生怨恨、危害四方。海浪和水草哺育长大的毛伊正是这样，既是个半人半神的英雄，也是个邪恶的精灵。毛伊做了许多造福人类的事，拖住太阳使白昼变长，从火神玛瑞卡（Mahuika）那里取得火种，从海里钓起了新西兰北岛，北岛至今还叫作"毛伊之鱼"。南岛是毛伊的独木舟变成的，南岛最南端的斯图亚特岛（Stuart）是他的船锚。最终，毛伊为了人类能够克服死亡，闷死在死神海恩（Hine）的身体里。但毛伊也有七情六欲，也做过一些危害他人之事。例如，因为嫉妒自己的姐夫，施展魔法把姐夫变成了狗，姐姐因此而投海自尽。这也是毛利传说中狗的由来。

与半人半神的毛伊不同，毛利传说中的塔瓦基是一位英勇而杰出的部落酋长。他外表英俊潇洒，并且品格高尚、英勇善战，深受大家的爱戴。塔瓦基的故事主要由两个部分组成。一个是塔瓦基为父报仇，杀死了几千个珀那图里（Ponaturi）人。珀那图里人白天生活在海底，夜晚回到陆地上的房子睡觉。他们很怕光亮，一旦被阳光照射到就会立即死去。塔瓦基借此杀死了他们，救回了母亲和父亲的遗骨。另一个是和天庭的哈帕伊（Hapai）的爱情故事。哈帕伊对塔瓦基心生爱慕，遂抛弃了天庭的家，下凡和他一起生活，并生育了一个女儿。塔瓦基对孩子说了一些侮辱性的话，这让哈帕伊非常痛苦，带着女儿回到天庭。塔瓦基后悔不已，千方百计寻找妻子的下落。后来，顺着漂浮在半空中的藤蔓爬上天庭，最终和妻女相聚。塔瓦基后来再也没有回到人世，而是变成了雷电之神，受人们膜拜。

毛利口传历史中，最初踏上新西兰土地的先祖名叫库珀（Kupe）。据说大约在公元900年的时候，库珀因为爱上了别人的

导　　论

妻子而杀死了她的丈夫，为了躲避复仇独自离开家乡，乘独木舟在海上漂流，无意中发现了一块陆地，上面笼罩着长长的白云，于是，就把这块土地叫作"长白云之乡"。然后，他又回到家乡招呼乡亲们结伴而来。另一个说法是库珀是骑着一头座头鲸来到新西兰的。因为是鲸鱼帮毛利人横渡大海，所以他们对鲸鱼有着虔诚的敬畏。1987年，毛利作家威蒂·伊希玛埃拉（Witi Ihimaera）发表的中篇小说《鲸骑士》，就是根据这一传说而来，2002年，由尼提·卡罗（Niki Caro）导演的同名电影也上映。

波利尼西亚人的起源一直不能达成共识的重要原因之一是，在欧洲人到来之前，除了复活岛上巨石雕像上的象形文字外，波利尼西亚地区只有语言没有文字，因而无文字记载的历史。当太平洋变得广为人知时，人们发现，有一个同名岛屿反复出现在不同的地区：毛利人的哈瓦基（Hawaiki），萨摩亚人的萨瓦伊（Savaii），汤加人的阿瓦基（Avaiki），三明治群岛（the Sandwich Island，夏威夷的旧称）的夏威夷（Hawaii）。在波利尼西亚传说中，这个名字是和创世有关的人类诞生之地。在那里，最高存在艾奥（Io）创立了世界和人类。每一个人出生在那里，死后又回到那里。哈瓦基是人们生死循环的起点和终点。而西方史学家的观点认为，"哈瓦基（Hawaiki）可能是一个岛群或岛区，它可能指的是马克萨斯群岛（Marquesas Islands）或社会群岛（Society Islands），也可能指的是南库克群岛（Cook Islands）"；"萨摩亚群岛的萨瓦伊岛、夏威夷，甚至印尼的爪哇岛都有可能"[1]。

菲利帕·史密斯认为，"历史作为一门学科所存在的问题是，历史的发端不仅需要人类社会，而且需要有书面记载支持，结果只有口述文化的民族就成了没有历史的民族"[2]。玛格丽特·奥贝尔

---

[1] ［新］菲利帕·梅因·史密斯：《新西兰史》，傅有强译，商务印书馆2009年版，第7页。
[2] ［新］菲利帕·梅因·史密斯：《新西兰史》，傅有强译，商务印书馆2009年版，第18页。

（Margaret Orbell）也持同样的观点，"在欧洲人到达新西兰之前，所有毛利部落的口传历史故事均具有浓厚的神话传奇色彩。在她看来，对波利尼西亚故乡的'记忆'逐渐转变成神话是跨越了相当长的时间的。因此，将部落传统解读为文学表现要比理解成历史事实稳妥得多"①。

克罗齐（Benedetto Croce）有一句引起聚讼的名言：一切历史都是当代史。作为科学的历史必须具有明确的学科边界，在历史学家看来无可置疑。但对人类学而言，哈瓦基作为所有波利尼西亚神话故事中反复出现的精神家园，是人类生死循环的起点和终点，代表了波利尼西亚人业已建立的一个自足的宇宙哲学体系和社会秩序的整体意象的一部分，便具有了人类学意义上的真实性。历史的隐喻变成了历史本身，而哈瓦基的具体位置和真实性反而变得次要了。

神话与历史究竟如何构成，不仅仅是人类学和历史学两个学科的关系问题，"神话由于表达了人类精神的最初取向、人类意识的一种独立建构，从而成了一个哲学上的问题。谁要是意在研究综合性的人类文化系统，都必须追溯到神话"②。在对人类意识施加影响所具有的现实性上，神话和历史并不是格格不入的对立关系。甚至，二者之间也不存在一条泾渭分明的界限。因为神话和历史的根本分歧——不同的时间和空间概念，共同指向了同一个作用于人类意识的现实性——宇宙和生活的基本秩序，可以说是殊途同归。因此，"对神话的哲学理解始于这样的洞见：神话并非活跃在一个纯粹虚构或捏造的世界，而是有它自己的必然性模式，按照唯心论的对象概念，有它自己的实在模式。只有这种必然性被证明的地方，

---

① 赵晓寰、乔雪瑛：《新西兰：历史、民族与文化》，复旦大学出版社2009年版，第100页。
② ［德］恩斯特·卡西尔：《神话思维》，黄龙保、周振选译，柯礼文校，中国社会科学出版社1992年版，第4页。

才与理性，因而与哲学相称"①。在人类思想和观念的发展史上，在人类利用和改造自然的过程中，为了建立宇宙和生活秩序的朴素愿望，这种必然性在各个时代、人迹所至的世界各个角落，已经反复被证明。

赫兹菲尔德（Michael Herzfeld）把历史看作将过去运用于现在，他认为：

> 这当然也是自我反思的过程：不同的群体和利益集团将他们过去的形象作为现时利益的组成部分或者强化手段，而人类学家和其他学者如果想要弄清这一过程的扑朔迷离、千变万化，就必须考虑我们自身在多大程度上参与了这些过程。认为我们一定程度上置身于研究对象之外的观点实在荒谬；同样，认为一个单一的历史叙述足以把握一群人的历史的想法也很愚蠢，然而很多国家层面的历史撰述却暗含着这种单一的历史叙述。
>
> 人类学家的任务就是探究历史的精确性（或者一种表述的理想模式所必备的忠实性）得以形成的那些准则，然后运用这些准则来理解一个社会的成员通过何种方式将过去和现在联系起来。②

当赫兹菲尔德将人类学的目标指向"探究历史的精确性得以形成的那些准则"时，他已经将人类学进行了重新定位。那些准则不仅仅是指单一文化叙事所蕴含的历史精确性，而且是指人作为类而存在的、区别于一切其他生物的文明教化在时间方向上的无限性。文明教化的内容至少可以从三个方面来概括：人与自然——源自远古的对自然的认识、利用和保护的进化过程；人与社会——人类结

---

① ［德］恩斯特·卡西尔：《神话思维》，黄龙保、周振选译，柯礼文校，中国社会科学出版社1992年版，第5页。
② ［美］迈克尔·赫兹菲尔德：《人类学——文化和社会领域中的理论实践》，刘珩、石毅、李昌银译，华夏出版社2008年版，第60—62页。

群而居的组织方式和业已建立起来的全部社会制度；人与自我——对自我的认知和扬弃过程——一方面是为公共利益而进行的自我抑制①，另一方面是那些人类得以不朽的古老真理——勇气、荣誉、怜悯、自尊、同情和牺牲的精神②。

而在"运用这些准则，来理解一个社会的成员通过何种方式将过去和现在联系起来"时，却为人类学设定了一个似乎不可能实现的、超越于时空之外的伟大抱负。正如康德（Immanuel Kant）所言：

> 首先必须记住：在其他一切自顾自的动物那里，每个个体都实现着它的整个规定性，但在人那里只有类才可能是这样。所以，人类只有通过在许多世代的无穷系列中的进步，才能努力去追求他的规定性，在这里，他的目的终究是永远停留在展望之中。③

康德认为，实现"类"和"个体"的"整个规定性"的不同追求，是人和动物在各自的生命过程中所具有的本质区别。但是，这种追求永无止境。对人类而言，即使通过"许多世代无穷系列中的进步"，也不可能完全实现这种规定性。康德不仅指出了社会何以可能的经验性起源，还断言了一个具有先验性结局的人类未来。然而，意义可能正在于对意义的追问本身：

---

① 韦尔斯在论及新石器和旧石器时代的个人创造性的异同时，这样写道："自我抑制在人类中开始了。人已经带着一切自私冲动的牺牲，而踏上了漫长的、曲折的和艰难的为公共利益而生活的道路，他今天依然在这条路上走着。"参见［英］赫伯特·乔治·韦尔斯《世界史纲——生物和人类的简明史》（上卷），吴文藻、谢冰心、费孝通译，广西师范大学出版社2001年版，第101页。

② 福克纳认为，"人之不朽，不是因为在万物中唯有他具有永不衰竭的声音，而是因为他有灵魂——有使人类能够同情、能够牺牲、能够忍耐的精神。诗人和作家的责任，就在于写出这些东西。诗人和作家的特殊荣誉，就在于振奋人心，鼓舞人的勇气、荣誉、希望、尊严、同情、怜悯和牺牲的精神——这正是人类往昔的荣耀，通过这种方式来帮助人类永垂不朽。"参见［美］威廉·福克纳《人类精神的煎熬与劳苦》，刘启云等编译：《诺贝尔奖金获得者演说词精粹》，中国大百科全书出版社1994年版，第163页。

③ ［德］康德：《实用人类学》，邓晓芒译，上海人民出版社2002年版，第251页。

导　论　◆◆◆

　　正是现代社会的"世界历史"性质，为人类学的产生提供了现实基础：以世界性的统一框架，第一次为人类全面实现自我理解及其对类本质的认识提供了可能，使人类学成为我们对自己的生活进行展望并获得变易的方法。依凭于这种新的基点，人类学学科的基本精神，旨在描述人类社会的起源和发展机理；揭示不同人类共同体的特征和类型；比较各种民族间的异同及其社会关系；分析文化的传播和相互的渗透与融合；解析社会制度和阐释不同的社会组织方式等等；最终归结到了在人类的广泛差异中寻求类存在本质的学术努力上，为人类的自我理解和自我复归开拓了新的方向，也使人类学具有了弥补以往不同社会科学学科的潜能。[1]

对人类"类"的规定性的追问和展望，揭示了人类学的穿透力和生命力。既是人类学研究的使命所在，也是旨趣所在，是人类学作为一门科学的基本精神。本书的研究也将依循和执着于这一基本精神，砥砺前行。

四　研究综述和理论指引

（一）人类学经典理论

波利尼西亚地区及其相邻的美拉尼西亚和新几内亚地区，是人类学关于物的交换的传统研究区域，产生了无数经典的民族志和理论模型。例如，马林诺夫斯基（Bronislaw Malinowski）的"库拉交易圈"[2]；莫斯（Mauss Marcel）所呈现的人物"混融"（melange）

---

[1] 陈庆德：《人类学的理论预设与建构》，社会科学文献出版社2006年版，第5页。
[2] ［英］马林诺夫斯基：《西太平洋的航海者》，梁永佳等译，华夏出版社2002年版，第77页。

的社会事实,以及事实背后的"契约与交换"①;古德利尔(Maurice Godelier)的物之三类:"赠予之物、出售之物和不可赠予或出售、只能保存之物"②;萨林斯(Marshall Sahlins)的"亲属关系距离"和三种互惠形式③;格雷戈里(C. A. Gregory)关于被交换物品的地位,"商品是陌生人交换的可异化物品,礼物是非陌生人之间交换的不可异化物品"④等。这些理论都聚焦于非西方社会物的交换过程,来揭示交换背后的制度性功能和结构化关联。

毛利人进入人类学的研究视野始于莫斯,蜚誉学界的"礼物之灵"就是借用了毛利人"豪"(hau)的概念。莫斯认为,"豪"是"事物中的灵力,尤其是丛林和林中猎物的灵力"⑤。莫斯的借用是为了说明另外一个更为核心的范畴——古式社会中的人物"混融":

> 人们将灵魂融于事物,亦将事物融于灵魂。人们的生活彼此相融,在此期间本来已经被混同的人和物又走出各自的圈子再相互混融:这就是契约与交换。⑥

在莫斯看来,"豪"(hau)是古式社会中人物"混融"的基础。正是因为"豪"的存在——作为阻止人和物相分离的力量,使得礼物交换过程中的赠礼、受礼和回礼的义务得以完成。从

---

① [法]马塞尔·莫斯:《礼物——古式社会中交换的形式和理由》,汲喆译,上海世纪出版集团2005年版,第41页。
② [法]莫里斯·古德利尔:《礼物之谜》,王毅译,上海人民出版社2007年版,第1页。
③ [美]马歇尔·萨林斯:《石器时代经济学》,张经纬等译,生活·读书·新知三联书店2009年版,第215—244页。
④ [英]C. A. 格雷戈里:《礼物与商品》,姚继德等译,云南大学出版社2001年版,第31页。
⑤ [法]马塞尔·莫斯:《礼物——古式社会中交换的形式和理由》,汲喆译,上海世纪出版集团2005年版,第19页。
⑥ [法]马塞尔·莫斯:《礼物——古式社会中交换的形式和理由》,汲喆译,上海世纪出版集团2005年版,第41页。

而,"豪"成为古式社会交换过程中的契约本质。伯德·大卫(Nurit Bird David)对莫斯的贡献有一句十分贴切的评价:"马歇尔·莫斯给人类学家的礼物就是帮助他们将人与人之间事物的流通形式区分为'礼物'和'商品'"①。从交换的角度来看,由"豪"所凝聚在一起的毛利社会,正是人和物尚未分离的古式社会的典范。

作为名词的"豪"在毛利语中至少有6种以上的解释②:(1)生命之精气,属于一个人、一个地方或一个物体的;(2)向神敬献食物的仪式;(3)微风,呼吸;(4)空气;(5)超额量,多余量;(6)声望,名誉。这一多义而模糊的界定在人类学界引起了旷日持久的争论。列维·斯特劳斯(Claude Levi-Strauss)、弗思、乔汉森(J. Prytz Johansen)、萨林斯等众多著名学者都先后加入进来③。萨林斯把争论的聚焦从文本的解释、交换结构和功能的关联引向了一个更为重大的命题:"豪"究竟是属于精神性的还是物质性的?

> 毛利人用他们已知的观念来理解"万物的发生",一切就好像他们生产的原则 hau 一样。hau 无法分类,既不属于"精神性领域",也不属于"物质性领域",但同时可以适用于这两个领域。当毛利人谈到贵重之物,就认为 hau 是具体的交换产物。当毛利人谈到森林,hau 就是导致鸟被捕获的力量,虽然无形但却被人膜拜。但毛利人会在任何情况下都会对 hau 做出如此"精神性"和"物质性"的区分吗?难道不正是 hau 这样一个"不精确"的词语完美契合了这个"经济""社会""政治""宗教"都毫无分化,融为一体,牵一发而动全身的

---

① [美]迈克尔·赫兹菲尔德:《人类学——文化和社会领域中的理论实践》,刘珩、石毅、李昌银译,华夏出版社2008年版,第114页。
② www.maoridictionary.co.nz.(毛利在线词典)
③ [美]马歇尔·萨林斯:《石器时代的经济学》,张经纬等译,生活·读书·新知三联书店2009年版,第177—181页。

新西兰毛利人**那塔胡**部落的经济变迁

社会吗？①

在莫斯等人研究的基础上，萨林斯由毛利人的"豪"延伸至人类社会中互惠观念的普遍存在，进而提出任何社会经济体系均以不同的互惠观念作为基础的重要观点。

弗思的博士论文《新西兰毛利人的原始经济》写于1928年，是最重要的系统描述毛利人原始社会经济生活的民族志著作。该书通过对毛利社会中的层级结构、土地制度、食物生产和手工业、劳动协作方式、交换和分配、社会组织结构的心理基础等各个方面的深描，为我们展示了一个栩栩如生的毛利原始社会。贯穿全书的主要理论线索是：毛利人的经济活动决定于毛利社会的社会结构，毛利社会的社会结构经历了一个从生物性基础向文化性基础的转化过程。

弗思发现，在毛利社会中，"经济组织是原始文化的重要基础之一，是确保食物、衣服、居住、工具和较少功利主义色彩的财富之物服务于人的途径"②。因此，经济组织在毛利人原始经济生活中所扮演的角色和所起的作用构成了这部作品的主题。毛利人的原始文化深蕴在他们的经济组织之中。弗思试图从功能主义的角度，"用某种方式弥合经济学和人类学的裂隙"③。

弗思认为，在毛利社会中，并非经济导向创造了社会结构。社会结构可能会被经济偏好所修正，但是，结构有它自身的生物性和社会性基础。这种基础决定着所有经济活动得以产生的制度和方式。也就是说，"毛利人的经济活动是在一个由家庭、部落、

---

① [美] 马歇尔·萨林斯：《石器时代的经济学》，张经纬等译，生活·读书·新知三联书店2009年版，第195—196页。

② Raymond Firth, *Primitive Economics of the New Zealand Maori*, New York: E. P. Dutton and Company, 1929, p. XIX.

③ Raymond Firth, *Primitive Economics of the New Zealand Maori*, New York: E. P. Dutton and Company, 1929, p. XIX.

层级体系、财产制度、酋长的权力和责任组成的框架中发展的"[1]。经济活动不可能从这些社会制度中剥离出来,而成为一种单一纯粹的经济关系。

作为功能主义的主要代表之一,弗思坚定地认为毛利社会中的协作劳动、产品分配和财富的占有方式都和某种特定类型的社会结构特征联系在一起。这种社会结构特征就是亲缘关系。亲缘关系深刻地影响着人们在经济活动中的位置。毛利人通常由于不愿破坏其他方面的社会联结而去履行他的经济责任。经济关系被社会其他领域的互惠义务和共同利益关系所强化,从而成为某种确定的关系形态。

进一步地,亲缘关系下的生物性本能是最初所有经济行为动机的源泉。这种生物本能的行为驱动经由社会力量强化并逐步过渡到社会文化性的行为驱动。最终,"社会动机成为个体活动的最大激励"[2]。社会动机包括部落传统文化的影响、对威望和名声的追求、公众谴责和宗教惩戒等。例如夸富宴,经济剩余的价值在于使用而非空洞的占有。所有毛利谚语、歌曲、神话传奇和主流公众舆论都一致颂扬慷慨和大方地处理经济剩余——积累的食物。毛利人辛勤劳作、积累和消费的内在逻辑不是来自对物质利益的权衡和考量,而是来自获取社会赞誉的愿望。这样,弗思就完成了毛利社会结构的生物性基础向文化性基础的转变。

(二) 全球原住民经济和创业观察

在现代社会以民族国家为主体的政治经济格局下,世界各地的原住民少数民族由于经济匮乏和社会剥夺所导致的相对贫困是个普遍存在的问题。一方面,原住民少数民族正在通过自身努力改变现

---

[1] Raymond Firth, *Primitive Economics of the New Zealand Maori*, New York: E. P. Dutton and Company, 1929, p. 10.

[2] Raymond Firth, *Primitive Economics of the New Zealand Maori*, New York: E. P. Dutton and Company, 1929, p. 482.

状；另一方面，各个国家都采取不同的政策和手段勉除这种差距。然而，所取得的效果也不尽相同。近十年来，那塔胡（Ngāi Tahu）毛利部落一直以"来自新西兰的成功案例"[①]而蜚声于全球原住民经济发展研究。

　　文化认知和民族特质影响不同民族的创业精神和企业经营。但长期以来，针对原住民文化特质和经济发展的相关性研究著作不多。2007年在英国和美国同时出版《原住民创业国际研究手册》[②]填补了这一空白。该书由丹纳（Leo-Paul Dana）和安德森（Robert B. Anderson）编著，汇集了全球各地近50位人类学者的43个个案研究，案例覆盖非洲、亚洲、欧洲、美洲和南太平洋地区的原住民群体[③]。该书通过跨学科的交叉研究，分析世界各地原住民对创业精神的不同理解和具体实践，为当代全球原住民的经济发展提供了一个横向比较研究的视角。

　　丹纳认为，原住民民族是那些祖先在殖民或单一民族国家或形成以前，就生活在某个特定区域环境中的人们。因此，他把原住民创业定义为"以原住民知识为基础的自谋职业"[④]。原住民知识是个宽泛的概念，不仅指原住民及其祖先在特定生存环境中积累的经验和技能，还包括原住民的价值观和世界观，"对所有造物之间相互关系的承认和重视"，以及"尊重、和平共处、协作、荣誉、感恩、互惠、平衡和协调等原则"[⑤]。丹纳这个宽泛的定义具有相当

---

　　① Charlotte Paulin, "Ngai Tahu: the New Zealand Success Story in Indigenous Entrepreneurship", Leo-Paul Dana, Robert B. Anderson ed., *International Handbook of Research on Indigenous Entrepreneurship*, UK&USA: Edward Elgar, 2007, pp. 549–557.

　　② Leo-Paul Dana, Robert B. Anderson ed., *International Handbook of Research on Indigenous Entrepreneurship*, Edward Elgar, UK&USA, 2007.

　　③ 遗憾的是，该书没有收录中国少数民族的个案研究。

　　④ Leo-Paul Dana, "Toward a Multidisciplinary Definition of Indigenous Entrepreneurship", Leo-Paul Dana, Robert B. Anderson ed., *International Handbook of Research on Indigenous Entrepreneurship*, UK&USA: Edward Elgar, 2007, p. 4.

　　⑤ Leo-Paul Dana, "Toward a Multidisciplinary Definition of Indigenous Entrepreneurship", Leo-Paul Dana, Robert B. Anderson ed., *International Handbook of Research on Indigenous Entrepreneurship*, UK&USA: Edward Elgar, 2007, p. 5.

的包容度，并且指出了不同的文化认知和民族特质对同一经济活动具有不同的影响基础。

辛德尔（Kevin Hindle）和兰斯多奥内（Michele Lansdowne）把原住民创业的概念进一步细化，原住民创业是：

> 由原住民创建、管理和发展的、为原住民谋利益的组织。这些组织的形式可以是私营组织、政府和非营利组织，所谋利益的范围从个人的经济利益到整个群体的多元社会和经济利益，这些组织的产出和权利可以延伸到非原住民的股东和参与者。[1]

这个定义较为准确地界定了原住民企业的性质和范围。辛德尔和兰斯多奥内通过对关键词"原住民创业文献"进行网络搜索，大数据比对的结果显示，有31项可以作为对原住民创业具有重要关注度的相关研究。这些相关研究虽然尚未呈现出结构化和系统化的特征，但是，明显聚焦于以下两个主题：

1. 调和传统与创新之间的矛盾。

一方面，原住民希望民族自治的主要动机之一是为了保护文化传统；另一方面，现代企业专注于商业创新。一个肤浅的看法是：原住民的传统取向是"向后看"，而主流的企业经济伦理是"向前看"。这个刻板而错误的二分法把传统认为是未来经济发展的负面因素，甚至，简单地把传统和现代对立起来，成了构建正确的原住民经济发展研究理论基础的主要障碍。因此，如何理解原住民传统中所蕴含的潜在而有活力的内在因素，是当下原住民经济研究所面临的主要任务。

---

[1] Kevin Hindle and Michele Lansdowne, "Brave Spirits on New Paths: Toward a Globally Relevant Paradigm of Indigenous Entrepreneurship Research", Leo-Paul Dana, Robert B. Anderson ed., *International Handbook of Research on Indigenous Entrepreneurship*, UK&USA: Edward Elgar, 2007, p.9.

2. 理解非主流世界价值观的重要性。

现代社会的主流价值观以个体为基点。源自西方的通过个体占有来追求个体自由的价值观，在不到 300 年的时间内横扫全球，夷平了世界各地纷繁各异的文化秩序。在这种现代语境下，原住民的传统价值观逐渐式微，处于被边缘化的地位。

这两个主题的聚焦，大致形成了以下四个研究范式：

（1）第四世界理论。20 世纪 70 年代，加拿大原住民运动领袖乔治·曼纽尔（George Manuel）首次使用"第四世界"的概念，用以指称土著民，"土著民与其依然生活于其中的土地具有特殊的非技术、非现代开发的关系，并且被其所生活的那些国家剥夺了公民权。这一非直接的定义，后来得到普遍使用"①。目前全球的原住民主要是北极的因纽特人，北美洲的印第安人，中美洲的玛雅人，南美洲的印加人，澳大利亚的土著人和新西兰的毛利人等②。姜德顺在分析和厘清"第四世界"的论说源流后，总结出"第四世界"所指称的群体在人类学和民族学意义上的几个特征：（1）与"第三世界"区隔；（2）"无国家"、非移民；（3）用语习惯（该概念用于自我指称时特殊的感情立场）；（4）谋求在现有国家体制下的权益最大化③。

（2）惠滕（David A. Whetten）的理论称为"惠滕"杂种理论，是对现代组织同一性的前沿性研究。他认为，两个基本的社会单位和体系，例如，教堂、教育、政府、企业、军队或家庭，杂交在一起便会产生一个"杂种"组织。"杂种"组织二元性的本质总是作为意识形态和工具之间的矛盾而存在。例如，家族企业，家族主要是一个意识形态的范畴，企业却更多地带有工具性。原住民企业也被认为是这样一个"杂种组织"。惠滕的理论提供了如何在高度不相容的组织当中培养一致性的方法。

---

① 姜德顺：《"第四世界"论说源流及浅析》，《世界民族》2011 年第 3 期。
② 陶文绍：《全球资本主义的第四世界》，《科学社会主义》2007 年第 5 期。
③ 姜德顺：《"第四世界"论说源流及浅析》，《世界民族》2011 年第 3 期。

（3）价值理论。价值理论自18世纪以来就是主流经济学的问题，包括在主张和反对国家再分配行为之间的开创性辩论。罗尔斯（Rawls）的"原初状态"观点赞成政府充当社会再分配的主体角色，诺齐克（Nozick）的"分配公平理论"则反对进行人为的社会再分配。政府原住民福利项目的彻底失败，证明了罗尔斯的理论是错误的。但是，无论是特殊的价值理论还是普通的价值理论，都未能在研究或政策制定方面提供任何可供实践的指导方针。为了更好地研究原住民企业，我们不需要"价值理论（单一经济）"，而是需要"价值的理论（人的复数）"。

社会学领域的价值问题，最早由赫奇恩（Hutcheon）提出：

> 美国的社会学研究已经变得孤立于其他人文学科，倾向于采用高度专业化的技术形式，而不是从一个广泛的哲学和历史的角度来研究人类社会。和社会学一样，企业研究也不太关心价值。它已经孤立于其他人文学科。这个学科最值得称道的定量分析技术以忽视哲学和历史的思考为代价。①

在赫奇恩最近出版的著作中，她重新审视了价值问题，并且认为，如果我们打算解决社会问题，我们必须理解同时作为文化主体和客体的人类的活动。

以上三个理论都聚焦于一个现实需求：原住民自己必须建立原住民企业的研究范式，而不能屈从于非原住民学者的强势文化主导的研究范式。

（4）全球创业观察（GEM）背景下的原住民经济研究范式。全球创业观察是由全球许多大学和财团共同进行的一项联合研究，

---

① Kevin Hindle and Michele Lansdowne, "Brave Spirits on New Paths: Toward a Globally Relevant Paradigm of Indigenous Entrepreneurship Research", Leo-Paul Dana, Robert B. Anderson ed., *International Handbook of Research on Indigenous Entrepreneurship*, UK&USA: Edward Elgar, 2007, p. 10.

通过各个所在国的研究团队,每年各自分别进行统一的结构式访谈和问卷调查来采集数据,然后进行汇总分析。这项研究始于1999年,旨在用统一的结构化的指标体系来分析和研究各个国家的创业发展水平。2013年,创业观察年报显示,有70个国家参与了这项调查研究。2014年,全球有206000人参与了问卷调查,3936个专业人员接受了访谈[1]。通过如此大范围、长时段的追踪研究所形成的数据资源具有重要价值。

针对原住民创业和经济发展的研究,可以以上述三个范式的理论背景为基础设计访谈和问卷内容,利用全球创业观察所提供的分析技术,对原住民进行深度访谈和问卷调查,从而形成原住民经济发展和创业研究的一般范式,在全球原住民研究领域产生积极的成效。

(三)南岛毛利人和那塔胡部落的早期文献

关于南岛史料和社会文化的文献数量很少。最早的文献记录是1851年出版的肖特兰(Edward Shortland)的《新西兰南部地区》[2]。该书是一部日记体,记录了1843—1844年,作者在南岛东海岸从班克斯半岛到福沃斯海峡旅行时的见闻。彼时,肖特兰受雇于新西兰殖民地政府,作为当地土著居民的保护者,考察他们在南岛的定居情况。对英国人来说,南岛当时还是一片陌生的土地,出版这本书的目的,就是为殖民地政府和英国国内的潜在移民了解当地状况。

斯塔克(James W. Stack)于1898年出版的《南岛毛利人》[3],大概是第一本系统介绍南岛人类居住历史和毛利社会文化的文献。斯塔克1835年出生于北岛普迪迪(Puriri),是新西兰土生土长的

---

[1] https://www.wikipedia.org.

[2] Edward Shortland, *The Southern Districts of New Zealand*, London: Longman, Brown, Green and Longmans, 1851.

[3] Canon Stack, *South Island Maoris*, Christchurch, Wellington, Dunedin and Auckland: Whitcombe & Tombs, 1898.

导 论 ◆◆◆

第一代帕克哈。他的父亲是普迪迪教会宣教会的一名牧师。斯塔克继承了父亲的事业,从1860年起到1898年退休,斯塔克一直在南岛的不同地区传教。1877年,斯塔克在《新西兰学会学报》发表"南岛毛利人传统历史梗概"一文①。1894年,斯塔克被任命为基督城大教堂教士。1898年,斯塔克离开新西兰之际,出版了这本专著。

笔者在研究过程中发现,有关那塔胡部落历史最详细的文献记录,是怀唐伊法庭于1991年发布的针对那塔胡索赔的调查报告。报告名为《那塔胡土地报告》,一共三卷1300多页,历时5年完成,涉及23个听证会、900件物证,262个证人和25个法人机构。这是怀唐伊法庭成立以来所发布的最全面的调查报告。报告的开篇这样写道:

> 这个报告不仅是为了陈述那塔胡人的抱怨以及法庭对这些抱怨的调查,而且还探究那塔胡部落的形成背景,以及部落同它广阔的领土、富饶而多样的资源之间的关系。报告详细回顾和审视了当时王室购买土地和移民定居的历史经过,以及由此产生的结果和变化。这是关于那塔胡针对过去150多年来的不公正待遇进行索赔、王室如何回应或者经常是没有回应的历史。②

法庭调查报告先梳理了"那塔胡部落的形成背景,以及部落同它广阔的领土、富饶而多样的资源之间的关系",然后"回顾和审视了当时王室购买土地和移民定居的历史经过,以及由此产生的结果和变化"。虽然在一些具体史实上还存在不少争议,但是,整体而言,其所具有的客观性和公允性已获得各方认同,并作为法庭建

---

① Canon Stack, "Sketch of the Traditional History of the South Island Maoris", *Transactions and Proceedings of the New Zealand Institute*, 1877.
② Waitangi Tribunal (WAI 27), *Ngai Tahu Land Report*, 1991, 2.1.1.

议和后来王室进行赔付的历史依据。

毛利本身有文字记载的历史十分短暂，部落历史都来自口述史。随着时间的推移，物是人非，口耳相传的史实和资料会很快湮没在历史的长河中。从这个意义上来讲，怀唐伊法庭调查报告是一次及时而重要的史料整理，"包含一个无价的、在许多方面独一无二的关于新西兰历史、政治和法律的记录"①。事实上，那塔胡部落也是在各个氏族与王室交往的过程中才得以最终形成。部落形成的历史线索，大部分蕴含在与王室交往关系的发生发展之中。因此，法庭调查报告成为迄今为止最重要的部落历史文献。

（四）坎特柏雷大学那塔胡研究中心

坎特柏雷大学那塔胡研究中心成立于2011年8月，是由那塔胡部落和坎特柏雷大学合作的一个学术创新机构。它有两个发展目标：一是"创造能够领导和支持部落发展的智力资本和领导能力"；二是"努力成为新西兰乃至太平洋地区最重要的原住民研究中心"②。

驻所研究人员中，研究中心主任特·马瑞·陶（Te Maire Tao）教授是当代著名的历史学家，专门研究新西兰毛利和那塔胡历史；约翰·里德（John Reid）高级研究员主要研究毛利部落经济，他本人还担任坎特柏雷大学校长助理；马丁·费希尔是历史学博士，曾在新西兰怀唐伊特别法庭担任过两年的法庭调查员，主要研究方向是怀唐伊条约。2014年，云南大学西南边疆少数民族研究中心与那塔胡研究中心建立学术合作关系，是本项目得以顺利进行的前提条件。从2015年起，双方人员互访和定期进行学术交流，笔者得以分享那塔胡研究中心的许多既有史料和研究成果。

---

① Grant Phillipson, "Chapter 4: Talking and Writing History", *The Waitangi Tribunal*, Edited by Janine Hayward & Nicola R. Wheen, Bridget Williams Books Ltd., 2004. (http://waitangitribunal.bwb.co.nz.ezproxy.canterbury.ac.nz/Talkingandwr.)

② https://www.canterbury.ac.nz/ntrc/. （那塔胡研究中心主页）

导　论

　　此外，双方的合作关系为本书的实地调查提供了诸多便利。和马林诺夫斯基时代的田野调查相比，现代社区研究在伦理规范和技术方法上已经发生了本质变化，不可同日而语，尤其是对原住民群体进行跨文化研究。在这方面，对人类学传统意义上田野调查的质问和责难由来已久。琳达·T. 史密斯曾说：

> 世界各地的土著族群已经表达了他们对"研究和研究者的问题"的担忧甚至愤怒。每个土著族群大概都指向一个已经被该族群激烈反对的特定研究（或研究者）。从许多本土观点出发的研究深深根植于殖民化的历史当中。因此，它被认为仅仅是殖民化的工具而不是一个对于未来发展，尤其是重建基于我们自己的知识体系、经验、表征、想象和认同之上的学术权力体系的潜在力量。①

　　这种于我而言他的知识话语权力，因为"通常忽视其文化偏见与认识论定位"，而把一切历史叙述成当代史。"跨文化研究会给语言误解和价值误解的产生提供广阔的空间"②，并且，由于"我"和"他"之间存在不同的伦理原则和解释框架，尤其是针对原住民的社区调查，往往还产生许多负面效应。为此，"联合国教科文组织成员国 2005 年制定了《生物伦理与人权普遍宣言》（*Universal Declaration on Bioethics and Human Rights*），旨在提供一个普遍原则和程序的框架"③。根据这个原则和程序框架，由被调查社区对研究项目进行伦理评估是必须履行的程序。

　　在毛利人社区进行调查研究同样必须遵守上述原则和程序框

---

① ［新］琳达·T. 史密斯：《构建研究能力：新西兰毛利人的案例》，《北京大学教育评论》2008 年 4 月第 6 卷第 2 期。
② ［新］毛伊·赫德森：《从全球着想，从本地着手：集体同意与知识生产的伦理》，李萍译，《国际社会科学杂志》（中文版）2010 年第 2 期。
③ ［新］毛伊·赫德森：《从全球着想，从本地着手：集体同意与知识生产的伦理》，李萍译，《国际社会科学杂志》（中文版）2010 年第 2 期。

架。任何访谈都需要提前6个月向当地有关部门提出申请，经过审批后方可进一步安排访谈对象和行程。这样的程序，即使对新西兰本地的研究人员来说，也是一个巨大的障碍，更不用说来自国外的研究人员。因此，如果没有双方的学术合作和那塔胡研究中心的支持，这个研究的确难以深入。

同时，按照毛利人研究的伦理要求，笔者已认真习读下述资料[①]：

——在毛利背景下从事研究的公约和原则（Protocols and principles for conducting research in a Maori context, Powick, 2002）；

——毛利人研究伦理指南（Guidelines for Maori research ethics, Smith, 1997）；

——毛利人研究指南（Guidelines for research with Maori, Health Research Council, 2008）。

从长远的观点看，新西兰一些有识之士已经着手实施构建本族的研究能力，提倡族群研究者进行本族研究，以及建设包括"我"和"他"的研究共同体等长效机制[②]。

[①] ［新］毛伊·赫德森：《从全球着想，从本地着手：集体同意与知识生产的伦理》，李萍译，《国际社会科学杂志》（中文版）2010年第2期。

[②] 例如，奥克兰大学毛利人研究卓越中心负责的MAI（毛利人和原住民）博士研究国际项目，旨在培养具有批判意识的毛利知识分子领导者。参见琳达·T. 史密斯《构建研究能力：新西兰毛利人的案例》。

第一章　社会一体化的初级形式：那塔胡部落

一　那塔胡部落的历史溯源

那塔胡部落是新西兰南岛最大的毛利人部落，历史上由三个分别于不同时期迁入南岛的氏族部落合并而成。那塔胡意为"塔胡的后裔"，以共同的祖先塔胡珀提基（Tahu Pōtiki）的名字命名。毛利语 Ngāi 和 Ngāti 相当于 Te，即英语的定冠词 The，发音而无意。因此，也有国内文献翻译为"塔胡"部落①。

三个氏族部落中，最早迁入的一支是怀塔哈（Waitaha）部落。部落酋长偌凯皓图（Rākaihautū）和他的儿子若栝辉阿（Rokohuia）乘坐独木舟乌偌（Uruao）从哈瓦基迁移而来。具体的迁入时间现在已很难确定，但考古学上的证据表明，1000 年以前南岛就有人类生活的痕迹。当代那塔胡的部落领袖提佩内·奥瑞根爵士（Tipene O'Regan）认为，"偌凯皓图和他的部落命名了组成南岛疆域的土地和海滨，这些名字是与我们联系在一起的最早的考古学证据"②。这些地名至今被沿用下来，记录着人类在南岛生活的漫长历史。在欧洲人眼里，怀塔哈是"猎鹬

---

① 陈燮君主编：《毛利 A-Z》，译林出版社 2011 年版，第 29 页。
② Waitangi Tribunal（WAI 27），*Ngai Tahu Land Report*，1991，3.1.1. https：//forms. justice. govt. nz/search/WT/reports/reportSummary. html? reportId = wt_ DOC_ 68476209.

新西兰毛利人**那塔胡**部落的经济变迁

(moa) 之人"①。鹫是新西兰特有的一种不会飞的巨型鸟,称为"恐鸟",上肢已经退化,平均身高约3米,体重大约200公斤,行动迟缓而肉质鲜美。鹫在17世纪时已经灭绝,灭绝的原因之一,与怀塔哈人的捕食有关。鹫的灭绝还有一种传说。据说在怀塔哈人的时代,因弗卡吉尔(Invercargill)周围的大片土地被水淹没,原先遍布坎特伯雷和奥塔戈平原上的茂密的森林被大火烧毁,鹫因此而灭绝②。波涛汹涌的库克海峡作为南岛的天然屏障,挡住了北岛其他毛利部落的入侵,怀塔哈人在这个"盛产食物的岛上"③,享受了好几个世纪的和平。

第二支是那提玛牟伊(Ngāti Māmoe)部落。部落酋长凯提·玛牟伊(Kāti Māmoe)是法图阿·玛牟伊(Whatua Māmoe)的后代,和北岛怀卡托地区的毛利人以及那普伊(Ngapuhi)部落都有宗亲关系。那提玛牟伊人大约在16世纪的某个时候从北岛东岸霍克斯湾的纳皮尔(Napier)迁来。经过连年不断的战争,怀塔哈人被那提玛牟伊人持续驱逐向南而去。在那塔胡人迁入以前,那提玛牟伊成为南岛的统治部落。但是统治时间很短,不到一百年。那提玛牟伊人对怀塔哈人所做的一切,仿佛预演了一百多年后那塔胡人将要施加于他们自身的同样遭遇。

斯塔克(Canon Stack)认为,南岛有人类居住的历史叙事应该分为"难以置信的""不确定的"和"可靠的"三个部分④。令人难以置信的是史前史,不确定的是"那些已经灭亡的部落,他们唯

---

① Waitangi Tribunal (WAI 27), *Ngai Tahu Land Report*, 1991, 3.1.3., https://forms.justice.govt.nz/search/WT/reports/reportSummary.html?reportId=wt_DOC_68476209。据估计,波利尼西亚人最初来到新西兰时,鹫的数量大约有58000只,参阅维基百科 https://en.wikipedia.org/wiki/Moa。

② Canon Stack, *South Island Maoris*, Christchurch, Wellington, Dunedin and Auckland: Whitcombe & Tombs, 1898, p. 22.

③ Canon Stack, *South Island Maoris*, Christchurch, Wellington, Dunedin and Auckland: Whitcombe & Tombs, 1898, p. 27.

④ Canon Stack, *South Island Maoris*, Christchurch, Wellington, Dunedin and Auckland: Whitcombe & Tombs, 1898, p. 15.

第一章　社会一体化的初级形式：那塔胡部落

一的纪念被包含在那些取代他们并幸存下来的部落的支离破碎的历史记忆中"①。怀塔哈部落和那提玛牟伊部落就是这样，关于他们在南岛生活的历史大部分都湮灭了，只有小部分零星散布在那塔胡人的口述史当中。甚至1642年，塔斯曼在南岛西海岸黄金湾的登陆也仅存在于欧洲人的记忆中，他所遭遇到的究竟是怀塔哈人还是那提玛牟伊人，我们可能永远也无从知晓。

南岛有确定记录的人类生活史，始自那塔胡人的迁入。那塔胡人最初聚居于北岛东岸的贫穷湾（Poverty Bay）和霍克斯湾（Hawkes Bay）地区。据说部落祖先也是来自哈瓦基，分别乘坐Ta-ki-Timu、Ku Rau-Po、Maa-Houa和Tai-Rea四艘独木舟来到新西兰②。大约从1650年开始，那塔胡人分批向南迁移，先到了惠灵顿海岸，然后穿过库克海峡来到南岛。当时，居住在凯库拉（kaikoura）的那提玛牟伊人势力强大，最初双方有过一段和平共处时期，尽管有些冲突，但还是势均力敌。后来，随着那塔胡迁入人口的增多，局势发生了变化，那提玛牟伊人同样被迫不断南迁。大约在1780年，怀塔哈和那提玛牟伊已经放弃了南岛远至瓦卡蒂普（Wakatipu）湖以北的大部分地区，那塔胡成为南岛占统治地位的部落。

从现存的口述史来看，三个部落之间的战乱起先并不是以征服为目的，往往只是为了简单的复仇。这些长期宿怨的起因通常只是一连串的挑衅、侮辱和报复，然后引起杀戮。并且，由于三个部落之间存在广泛而错综的联姻关系，复仇的对象往往是具有血亲或宗亲关系的"背叛者"。因此，那塔胡不仅仅是凭借武力统治了南岛，通婚和联姻也起了很大作用，促成了三个部落之间的融合。当欧洲人到来时，虽然那塔胡人已经在南岛树立了牢固的统治地位，

---

① Canon Stack, *South Island Maoris*, Christchurch, Wellington, Dunedin and Auckland: Whitcombe & Tombs, 1898, p. 15.
② Canon Stack, *South Island Maoris*, Christchurch, Wellington, Dunedin and Auckland: Whitcombe & Tombs, 1898, p. 30.

但仍然与怀塔哈人和那提玛牟伊人在宗谱和血统上保持着很强的联系。直到1980年代，在南岛偏远的南部地区，许多毛利人仍然认为他们同时属于那塔胡和那提玛牟伊两个部落，和两个部落都具有宗亲关系。

二 神话、宗谱（whakapapa）和玛纳（mana）

在那塔胡人的口述史中，南岛起源的传说和他们的祖先——半人半神的奥拉基（Aoraki）有关。南岛最早的名字是"Te Waka o Aoraki"，意为"奥拉基的独木舟"。奥拉基是天父的儿子，某日他和另外三个兄弟乘坐独木舟从天庭下来探望地母。当他们准备启程返回时，奥拉基不小心念错了咒语，导致独木舟触礁倾覆。奥拉基和他的兄弟们无奈只有爬到船骸的顶部。随着岁月的流逝，倾覆的船骸变成了今天的南岛，船首是马尔堡海峡（Marlborough Sounds），船尾是布拉夫山脉（Bluff Hill）。凛冽的寒风把奥拉基和他的兄弟们冻成了石头，头发也变白了，成为南阿尔卑斯山上终年积雪的一座座山峰。其中，奥拉基变成了最高峰——库克山（Mount Cook）。因此，库克山不仅是南岛的最高峰，也是新西兰的最高峰，是那塔胡部落的崇高象征。

奥拉基的儿子拉基·法诺阿（Raki Whanoa）下凡来寻找父亲，发现他们被冻成山峰的悲惨现实。心痛之余，拉基·法诺阿开始修补这条独木舟的残骸。他用一把名为特哈莫（Te Hamo）的玉斧，削平了高耸的岩石，雕凿出峭壁、峡谷、河流和湖泊。并且，还给土地穿上森林之衣，沿河流和海滨放满鱼蚌，把独木舟的残骸变成了一个适合人们居住的地方——南岛。

欧洲人到来以前，毛利世界观完全由宗谱主导。法卡帕帕（Whakapapa），意为宗谱、血统，是一个关于自然世界和精神世界中，有生命和无生命物质、可见和不可见现象的总体意象呈现。

在毛利的世界里，法卡帕帕解释每个存在的起源、过

第一章 社会一体化的初级形式：那塔胡部落

去和现在。它是所有存在被创造的基础和相互联系的纽带，是固定所有存在的锚，也是把所有存在连接回时间起点的媒介。①

毛利宗谱是"自然的拟人化和人类共同生活的自然化"所创立的"相似性和一致性的一个总体"②。借助这一总体意象呈现，毛利人不仅把生者和死者联系起来，也把人类和土地、海洋、植物、动物等自然环境联系起来，还追溯到宇宙的起源，由此确定自己在宇宙中的位置，从而回答"我是谁、我从哪里来、要到哪里去"的根本问题。图1的那塔胡老人名叫内可昂基·保罗（Nekerangi Paul），按西历公元纪年应是出生

图1 内可昂基·保罗（Nekerangi Paul）

于1961年，时年55岁③，在家族宗谱里排名为保尔图普阿三世（Paovaturoto Ⅲ），整个扩展家庭有23个成员。刺青是毛利人身份和等级的象征，每一幅图案都是独一无二的。例如，内可昂基的文面及文身，鼻尖以上代表天父，鼻尖以下致脖颈代表地母。脖颈往下至双臂文身，代表整个氏族家庭的繁衍，左臂是女人，右臂是男人。整个刺青图案象征了从天父地母开始到内可昂基现有家庭繁衍

---

① Te Runanga o Ngai Tahu, *Te Runanga o Ngai Tahu Pounamu Resource Management Plan*, 2002, p. 27.
② [德] 尤尔根·哈贝马斯：《重建历史唯物主义（修订版）》，郭官义译，社会科学文献出版社2013年版，第69页。
③ 当被问及年龄时，内可昂基说："我不知道自己的年龄，自1642年塔斯曼到来以后，我们就失去了翻译天神唐的语言的能力。"因为毛利纪年每年只有320天，但帕克哈到来以后，改变了毛利原有的诠释。所以，老人说不知道自己的年龄。

的自然谱系。

　　作为总体意象呈现的毛利宗谱，本质上是一个建立在总体分类体系基础上的宇宙秩序观。"混融"（melange）是莫斯所揭示的古式社会人文世界中的核心范畴，是社会事实以总体性进行呈现的基本状态。这一生动的概念，恰如其分地展现了由宗谱主导的毛利世界观。创世神话是所有宗谱的源头，天父地母是宇宙间万事万物的双亲，亲缘关系是这种宇宙秩序观的第一个核心内容。人类和土地、海洋、植物、动物以及所有有生命和无生命的物质，都是由同一个亲缘关系的网络而联系在一起。这样呈现出来的整体意象，其实是一个建立在总体分类体系基础上的宇宙秩序观。

　　　　我们现今的分类观念不仅是一部历史，而且这一历史本身
　　　　还隐含着一部值得重视的史前史。实际上，我们可以毫不夸张
　　　　地说，人类心灵是从不加分别的状态中发展而来的。[①]

　　这样一个亲缘关系的网络，是由万事万物的名称来代表的。在欧洲人到来之前，毛利人只有语言而无文字。在没有文字的历史中，仅靠发音来辨识的个体身份，并不比一棵树或一块石头更具有可辨识性和可记忆性。当被问及身份时，毛利人不会直接回答他们是谁，而是描述属于他们的山脉、河流以及祖先的名字。自我只有完全浸没于亲缘关系的网络和集体身份的认同里，才能成为神话的一部分，才能被纳入神圣的宇宙秩序中。历史的发端以文字记载为依据，而人类心灵中最早的宇宙图式，必定是经由语言单独来演绎和传承的，这或许就是所谓"值得重视的史前史"。因此，"混融"有其深刻的语言学基础，神话和语言根本是"不可分割和相互制约的……在语言的纯粹感觉材料中，在人类声音的纯粹发音中，存在

[①] ［法］爱弥尔·涂尔干、马塞尔·莫斯：《原始分类》，汲喆译，渠东校，上海人民出版社2000年版，第5页。

第一章 社会一体化的初级形式：那塔胡部落

着一种超越事物的特殊力量"①。

正如奥瑞根所言：

> 每当我们继续航行时，我们便卷起这些传说，卷起我们的瓦卡帕帕②及我们的地名，然后将它们随身携带至一个新的地方，然后再将它们重新展开，并让它们与新的地域相符合。③

这段文字除了表达祖先随着人们一起迁徙的信念外，也深刻说明了在毛利宗谱给予的宇宙秩序中，事物称谓的重要性甚至超过了事物本身。"在语言的纯粹感觉材料中，在人类声音的纯粹发音中，存在着一种超越事物的特殊力量"④。

玛纳是这种宇宙秩序观的第二个核心内容。在毛利精神世界中，玛纳指非凡的神力，是存在的本质。最高级别的超自然力来自廓（Te Kore），意为"虚空"，是存在于我们可见世界之外的终极存在⑤。万事万物都具有不同的玛纳，玛纳以物质形式显现的地方成为"塔布"（tapu）——禁忌。例如，一些山峰成为塔布，上面禁止任何活动，就是因为它们具有了某个部落的玛纳。"莫里"（mauri）是能够约束和激活物质世界万事万物玛纳的生命活力。借助日常生活中塔布和莫里的力量，玛纳可以流动。例如，捕鱼时把具有莫里的石头放在渔网中，可以起到吸引鱼的作用，因此收获意味着海神到来，也意味着玛纳的到来。

---

① ［德］恩斯特·卡西尔：《神话思维》，黄龙保、周振选译，柯礼文校，中国社会科学出版社1992年版，第46页。

② 即 Whakapapa，毛利语发音应译为"法卡帕帕"。

③ ［新］菲利帕·梅因·史密斯：《新西兰史》，傅有强译，商务印书馆2009年版，第11页。

④ ［德］恩斯特·卡西尔：《神话思维》，黄龙保、周振选译，柯礼文校，中国社会科学出版社1992年版，第46页。

⑤ 20世纪早期的欧洲作家把世界起源于黑暗、光明、虚空的顺序改成起源于虚无、黑暗、光明的顺序。这一改动仅是遵循世界源于虚无的西方创世逻辑。或许，按毛利神话的逻辑排序，"虚空"具有更多不同的意味。

新西兰毛利人**那塔胡**部落的经济变迁

"玛纳"一词源于美拉尼西亚语，是中太平洋诸岛土著宗教的基本概念。19世纪的罗伯特·科德林顿（Robert Codrington）是最早使用"玛纳"一词的学者。罗伯特是美拉尼西亚地区的一个传道士，在1891年出版的《美拉尼西亚人：人类学和民间文学研究》一书中，谈到美拉尼西亚人的宗教观念时，他这样写道：

> 对某种超自然的力量或影响力的信仰完全占据了美拉尼西亚人的心灵，这种超自然的力量或影响力就是玛纳……美拉尼西亚人的宗教，就其信仰方面，有一种属于不可见世界的超自然力的存在，就其实践方面，如何设法将这种力量转化为自身的利益……玛纳是一种完全不同于自然力的力量，以各种方式主宰善恶，具有最高的主宰和支配地位。①

20世纪初，牛津大学的宗教进化论者罗伯特·雷纳夫·马雷特（Robert Ranulph Marett），是最早将"玛纳"这一概念进行明确定义并且泛化使用的学者。马雷特是泰勒（Edward Burnett Tylor）的学生，是其"文化进化论"的后继者，他试图用"玛纳"的概念来修正泰勒的学说。在《宗教的起源》一书中，地方语境中的玛纳是一个被广泛运用的概念，包括"所有表现出来的神秘现象、一切魔法和宗教所具有的超自然力量"。马雷特认为，这个概念可以被比较宗教学抽象地借用，借用之后可能它的本意会发生改变，但由此带来的好处是，土著能够尽量用自己的语言来表达心智。"作为科学范畴的玛纳是指超自然现象的积极方面，神圣或不可思议事件发生背后的逻辑，在原始人的具体感知经验层面——如果说原始人通常较少抽象思维的话——区分于普通事件"②。20世纪早期的

---

① R. H. Codrington, *The Melanesians: Studies in Their Anthropology and Folklore*, Oxford: Clarendon Press, 1891, p. 118.

② R. R. Marett, *The Threshold of Religion* (Second, Revised and Enlarged ed.), London: Methuen and Co. Ltd., 1914, p. 99.

第一章 社会一体化的初级形式：那塔胡部落

其他学者，也试图把玛纳看成是一个普适于所有文化的概念和范畴，表达了人类对超自然现象和先天自在之物的基本意识。例如，1904年，莫斯在综合科德林顿和马雷特等人观点的基础上定义玛纳是"使事物成为其是的力量、卓越性和真实有效性"[①]。进一步地，莫斯把玛纳和世界上其他地方的相似概念进行比较，如易洛魁人的"魔法"（orenda）和欧及布威族印第安人的"神灵"（manitou），他认为都是"一种被魔力意识所围绕的、一经发现就无处不在的观念"，因而是一种"普遍性的制度"[②]。

太阳每天都是新的，赫拉克利特（Heraclitus）的这一名言正好反映了毛利人的世界观。在毛利人看来，太阳代表了玛纳的诞生和生长。日出日落的周期循环，赋予万事万物的存在一种基本的意象图式。正如毛利会堂中的演讲者，通常都以下面的吟唱开始他的演讲：

> 呼吸，生命的能量
> 面向晨曦，面向光明的世界
> The breath, the energy of life
> To the dawnlight, to the world of light

这样的唱词意味着森林之神又重新奋力分开天父和地母，让阳光再次普照万物。当光明再次到来时，玛纳也重新回到万事万物。

在毛利人的世界观里，玛纳不仅指超自然力，也是存在的本质。这事实上属于万物有灵论的范畴，玛纳等量存在于万事万物中，有不同程度的超自然力存在于人们的经验世界中。只有当超自然力从世界诞生，一切生命才能趋于丰满。玛纳可以在不同物体之

[①] Marcel Mauss, *A General Theory of Magic* (Reprint ed.), London [u. a.]: Routledge, 2007, p. 111. 原文是"Power, *par excellence*, the genuine effectiveness of things which corroborates their practical actions without annihilating them".

[②] Marcel Mauss, *A General Theory of Magic* (Reprint ed.), London [u. a.]: Routledge, 2007, pp. 116 – 117.

新西兰毛利人那塔胡部落的经济变迁

间传递和流动，包括在有生命和非生命的物体之间。几乎所有的日常行为、仪式和活动都指向玛纳的维系和增强。万事万物获得玛纳只有两个途径：第一个途径是宗谱主导的直接传承。在这个意义上，玛纳是祖先的血脉在日常生活中发生影响和作用的力量。例如，所有大地的子民都是天神唐（Tane）的后裔，自然继承了他的玛纳。第二个途径是通过卓越的品质或技能可以增加玛纳。例如，毛利人中擅长捕鱼和捉鸟的能手，就比普通人拥有更多的玛纳；而氏族酋长的玛纳也和这个氏族的玛纳紧密相关，如果氏族酋长的玛纳减少了，意味着这个氏族部落的玛纳也会减少。凡此可见，在毛利世界观里，玛纳首先是存在的本质，如莫斯之"使事物成为其是的力量、卓越性和真实有效性"，不论是有生命的还是无生命的物质都拥有玛纳，玛纳是使其成为其是的确证。其次，玛纳是一种可以流动的超自然力，凭借这种超自然力的流动和显现，以亲缘关系为基础的宇宙总体分类图式，被赋予了一种流动的秩序和分级观念。

附录二是一个单线毛利宗谱（未考虑通婚）的实例，从地母开始一直到作者约瑟夫，共经历了四十七代。欧洲学者把从创世开始的毛利宗谱分为神话和传统两个谱系。神话谱系指从虚空、黑暗、光明、天父地母、诸神、人类的起源以及关于英雄毛伊和塔瓦基的神话故事。口述史传统谱系具有更多的历史意义，主要指上一千年间发生的事情，包括发现新西兰、独木舟横渡汪洋大海、定居繁衍并形成部落，以及部落之间征战分合的历史。旺基奴伊·沃克（Ranginui Walker）认为，毛利宗谱应该分为神话、口述传统和部落历史三个谱系[①]。宇宙起源和创世属于神话谱系，正如基督教教义中的创世神话一样，没有任何证据可以证明。创世后到欧洲殖民者到来以前，包括迁移到奥提亚罗瓦，这一时期属于口述传统谱

---

① Ranginui Walker, "A Paradigm of the Māori View of Reality", Paper delivered to the David Nichol Seminar IX, Voyages and Beaches: Discovery and the Pacific 1700 – 1840, Auckland, 24 August 1993.

系。殖民后有文字记载的历史为部落历史谱系①。这一观点刻意强调了殖民前的毛利口述史的独特性和重要性。

综上所述，毛利宗谱本质上是一个建立在总体分类体系基础上的宇宙秩序观。亲缘关系是这种宇宙秩序观的第一个核心内容：世间的一切事物拥有共同的天父地母，包括有生命的和无生命的，万事万物之间都具有亲缘关系，可追溯到同一个宗谱；玛纳是这种宇宙秩序观的第二个核心内容：任何事物都拥有玛纳，没有可见的和不可见的区别，只有玛纳的流动。在这种宇宙秩序观中，既有涂尔干（Émile Durkheim）和莫斯之"事物的分类再现了人的分类"②，也有弗雷泽（James George Frazer）之人们社会关系的逻辑再现了事物的逻辑关系，人作为自然的一部分与自然是融为一体的。这种整体性的世界观，赋予了毛利人一种对生存环境所具有的独特感情和文化认知。

三 和欧洲文化接触以前的原始经济

欧洲人到来之前，除了少许甜薯的种植之外，毛利人的生计方式主要是依靠采集渔猎。采集渔猎的经济文化类型决定了毛利社会的社会组织形式。扩展家庭、氏族和部落是传统的社会组织结构。毛利人通常以扩展家庭的形式居住，毛利语称为"珐纳"（whanau）。氏族一般由扩展家庭分化繁衍形成，毛利语称为"哈普"（hapū），氏族聚居于同一村落。家庭和氏族是毛利社会的基本经济单位。目前，新西兰全国有79个毛利人社区，就是沿袭了历史上的毛利氏族聚居村落。当有外敌入侵时，同一地区范围内的若干毛利氏族会自发形成部落联盟以抵抗外敌，毛利语称为"伊

---

① Ranginui Walker, "A Paradigm of the Māori View of Reality", Paper delivered to the David Nichol Seminar IX, Voyages and Beaches: Discovery and the Pacific 1700-1840, Auckland, 24 August 1993.

② [法]爱弥尔·涂尔干、马塞尔·莫斯：《原始分类》，汲喆译，渠东校，上海人民出版社2000年版，第12页。

维"（iwi）。当战争结束时，部落联盟又自行解散，各个氏族又回到各自的聚居地。因此，传统意义上的毛利伊维只是一个临时性的军事联盟组织，而非永久性的社会单位。毛利扩展家庭和氏族季节性地旅行，进行周期性采集食物和资源的同时，也和其他氏族发生礼物交换和联姻的交往关系，这些交往关系，自然而然地对一定区域内的毛利社会组织进行有机整合。

那塔胡迁入南岛有两个目的，这两个目的构成了当时南岛社会两个主要的原始经济活动。一个是扩大采集渔猎区域，从而获得更多的食物和生计保障；另一个是为了占有新西兰玉——婆纳穆（pounamu）的资源。

和北岛相比，南岛的气候寒冷，不适合于甜薯的种植和生长。但是，南岛广袤的土地、漫长的海岸线，以及境内星罗棋布的湖泊和纵横交错的河流，提供了富饶而多样的食物资源。毛利语"马英阿盖"（Mahinga Kai）指"获得食物的地点"，"Mahinga"意为"场所"，"Kai"是"食物"，合在一起可简称为"食物篮子"，包括"地下和地上、森林中、河流、湖泊、海洋以及天空中的资源"[①]。在南岛，这样具有考古学证据支持的"食物篮子"有将近4000个[②]，几乎覆盖了全岛。可以毫不夸张地说，南岛本身就是一个硕大无比的"食物篮子"。

这些丰富的食物资源主要由鱼类、禽类和植物类组成。淡水鱼类有鳗鱼（eel）、七鳃鳗（kanakana）、银鱼、河鳟（trout）、鲱鱼（sprats）和小龙虾等。海水鱼类有角鲨（dogfish）、红鳕、蓝鳕、隆头鱼（wrasses）、长体蛇鲭（barracouta）、石楠和石斑（ling and hapuku），以及青口、蓝鲍（paua）等各种贝类。禽类有秧鸡（weka）、新西兰鹦鹉（kakapo）、红嘴海燕（titi）、几维鸟（kivis）、

[①] Waitangi Tribunal（WAI 27），*Ngai Tahu Land Report*，1991，2.1.2.

[②] 那塔胡部落索赔时，"向怀唐伊法庭绘制的地图所标明了近4000处食物采集地的考古遗址，这些用针尖代表的遗迹实际上组成南岛的形状"。参见 Waitangi Tribunal（WAI 27），*Ngai Tahu Land Report*，1991，2.1.2.

第一章 社会一体化的初级形式：那塔胡部落

野鸭、信天翁（albatross）、鸽子等。此外，山鼠、海豹、企鹅、海鸥蛋等也是可以利用的动物资源。植物类有蕨根（aruhe）、新西兰朱蕉（cabbage tree）、马马库黑蕨（mamaku）、软树蕨类植物（katote）、新西兰藤（kiekie）、芦苇根（raupo root）、野生萝卜叶（korau）、菌类（arore）等。浆果类有新西兰马桑（tutu）、倒挂金钟树（konini）、白里叶莓果（makomako）。除了食用外，那塔胡人还利用许多其他植物资源，例如，亚麻（flax）和铁树（ti tree）树叶可以用来制作衣服和凉鞋（paraerae），桦树（birch）和塔拉（totara）树的树皮可以用来制作屋顶和食物容器（patua），海藻用来制作波哈（poha），一种专门用于储存熟肉的容器，以及散发着淡淡幽香的针茅（taramea），被那塔胡妇女当作香水使用。

地灶是波利尼西亚地区传统的食物烹饪方法，毛利语叫作"杭伊"（Hangi）。这种烹饪方法是先在地上挖个大坑，把火烧成闷火，通过闷烧加热食物。闷烧是一种缓慢的低温固相燃烧形式。也可把石头烧热放入坑中，先铺上树叶和蔬菜，然后再放上食物，一层一层交替进行，最后盖上亚麻和泥土。这种烧石加热的方法需要较长时间才能蒸熟食物，因此，往往还需加入适量的水以增加蒸汽。

2016年2月，在图阿回瑞氏族毛利会堂举办"原住民部落经济国际研讨会"期间。图阿回瑞氏族用传统的地灶烹饪食物款待参会代表。食物种类有那塔胡传统的红嘴海燕、鳗鱼、甜薯等。这种烹饪十分自然，没有油，除了少许盐外没有其他调料，吃起来原汁原味。

毛利人的定居点称为"坝"（pa），其实就是今天所说的村庄或村落。由于部落之间的战争不断，许多村庄都是建在易于防御的工事上。每个村庄通常都以毛利会堂为中心，各个家户的民居围绕在毛利会堂周围。"马拉埃"（marae）是毛利氏族社会的象征，每个氏族村落都有一个"马拉埃"。"马拉埃"的本意是"清除杂草的一块空地"，通常在每个村落的会议厅前面。会议厅一定是村里最宏伟的建筑，通常用上等的独木做立柱和斜梁，内部装饰有精美的木雕板壁。现在一般用毛利会堂来统称这个一体化的建筑。毛利会堂是每个氏族的象征,最重要的功能是举行葬礼,因而是圣地,是毛利人祖先崇拜的体现。此外,毛利会堂也是氏族内部议事和接待访客的地点,其他如婚礼、生日、赠礼和夸富宴等仪式也在此举行。毛利会堂作为村落社会活动的核心,在毛利人心目中,"通过某种温暖的联想"①,自然成为村庄威望的象征,成为集体团结的纽带。

现代毛利会堂依旧继承了毛利的文化传统。其延续了传统的建筑造型,外形做工精致,立柱、斜梁、门楣门框、窗楣窗框都用木雕装饰。室内更为华丽,堪称精美绝伦。整个建筑就是一件独特的木雕工艺品。

访客进入毛利会堂前要举行必要的仪式。因为是陌生人,进入氏族圣地前需要先告知祖先,访客则跟随一位氏族妇女在会堂前等候。一位妇女长者从会堂出来迎接,高声吟唱,然后双方应和,应和完毕后一行人再徐徐步入会堂。进入会堂后,主宾之间还要逐一行碰鼻礼——"宏伊"(hongi)。"宏伊"是毛利传统社会最高礼仪的见面礼,双方鼻尖碰鼻尖、额头碰额头,相互交换呼吸,意为你中有我、我中有你。当行完"宏伊"后,主客双方融为一体,访客就不再是陌生人了。

那塔胡人最初是沿海岸线在河流的入海口建立村落,以便获取内陆和海洋的食物。当时,有凯尔波伊(Kaiapoi)和凯库拉(Kaikoura)。显然,每个定居点都有自己特定的采集和渔猎区域,可以在不同的季节生产不同的食物。每个特定的采集和渔猎区域可获得的食物在数量和难易程度方面也各不相同,各个区域都有自己的特色。

在如何利用资源方面,那塔胡人积累了丰富的知识和经验。他们了解各种植物生长的特性,以及鱼类、鸟类、山鼠等动物的习

---

① Raymond Firth, *Primitive Economics of the New Zealand Maori*, New York: E. P. Dutton and Company, 1929, p. 81.

第一章　社会一体化的初级形式：那塔胡部落

性。例如，那塔胡人总是在灌木开花前采摘蕨根，因为那时蕨根的淀粉含量最高，蕨根是当时最易获得的食物。又如，新西兰马桑有剧毒，但是其浆果被蒸热后可以食用。那塔胡人熟悉鱼类的洄游时间和小龙虾的产卵时间，也了解山鼠和各种鸟类肉质最肥厚鲜美的季节。食物采集和渔猎随着季节的变换需要进行不同的迁徙，沿着迁徙的路线会建立若干个临时的居住点。夏季，那塔胡人会前往内陆的高山湖泊地区，采摘浆果、抓捕鸟类和山鼠；秋冬时节，他们会从凯库拉远征位于南岛最南端的福沃海峡（Foveaux Strait），猎捕南岛特有的红嘴海燕。

为了尽量长久地保存食物，应对青黄不接的岁月，那塔胡人针对不同的食物采取不同的处理和储存方式。例如，蕨根是依据不同的采集时间分阶段挖坑埋存，以便在食用时获得最高的淀粉含量；夏季捕获的鱼贝类通常是晒干保存，浆果和核果也是经过浸泡和干燥处理，以便秋冬时节远征时携带；鸟类和山鼠用地灶烹熟后放入海藻或树皮制作的波哈中，并用动物自己脂肪炼出的油浸泡密封[1]。其实，像挂晒和油浸的食物保存方式，时至今日，也还在全球各个地区被广泛使用。

经由共同劳动所获得的食物在氏族内部的分配，按照部落传统，遵循每个家庭按需分配、经济剩余集体所有的原则。分配活动通常在毛利会堂前的公共广场上进行，由某个"负责任"的人单独决定分配给各个家庭的数量，弗思把这种分配机制称为"受公众舆论监督的行政授权行为"[2]。这种分配原则和机制广泛存在于毛利社会中。经济剩余由氏族酋长代表集体所有，并非仅仅用来应对食物匮乏的不时之需，更多的时候是酋长用来待客赠予。例如，"夸富宴"和有一定地位的人的葬礼，都需要消耗大量的

---

[1] Raymond Firth, *Primitive Economics of the New Zealand Maori*, New York: E. P. Dutton and Company, 1929, p. 281.

[2] Raymond Firth, *Primitive Economics of the New Zealand Maori*, New York: E. P. Dutton and Company, 1929, p. 280.

食物，这些制度安排旨在通过提高酋长的声望来强化氏族的地位。

对酋长而言，提高个人声望和强化氏族地位的更有用的方式，是"把食物挥霍在自己的族人身上"，用作修建毛利会堂和建造独木舟的劳动力支付。毛利会堂和大型独木舟都是公用设施，是一个氏族的象征。在欧洲技术和物质文明传入以前，修建毛利会堂和建造独木舟都需要花费大量的劳动力。毛利会堂自不必说，有的甚至需要几代人的持续付出。"一个粗略地衡量建筑物或独木舟价值的方法是，考察为完成其生产而分配的食物数量"①。独木舟的尺寸大小根据用途和吃水深度有着不同的考量和要求。毛利人在新西兰制造独木舟具有得天独厚的优势，茂密的森林提供了充足的船体原料，遍地生长的亚麻则用于制作绳索。制造一艘正式的毛利战船需要三棵大树，一般用考里松，也称贝壳杉。用作船体的那棵树最为关键，通常要求直径在1.5—2米，且第一个树杈距离树根的长度在20米以上，这样才能使得船体的首尾宽度变形小，保证船体笔直而牢固。第二棵树做船首和船尾，第三棵树提供大量的木板，用作船的列板，以及船首和船尾的木雕原料。

毛利会堂和独木舟代表了毛利社会文明和技术发展的最高形式，是社会经济剩余和物质财富的集中体现。在食物作为主要经济剩余的石器社会，修建毛利会堂和制造独木舟，作为用"为完成其生产而分配的食物数量"来度量的社会财富和价值沉淀，使得一部分劳动力成为资本积累的早期形式。当这部分劳动力从食物生产中解放出来，一方面，促进了社会分工和初始产业化的形成；另一方面，也反过来刺激了社会的扩大再生产，食物和人口两个方面相互依托的扩大再生产。对那塔胡人来说，除了修建毛利会堂和制造独木舟之外，南岛特有的新西兰玉婆纳穆（pou-

---

① Raymond Firth, *Primitive Economics of the New Zealand Maori*, New York: E. P. Dutton and Company, 1929, p.274.

namu）的初始产业化，也是当地社会经济发展和资本积累的独特形式。

四 婆那穆的生产与交换

婆纳穆主要产于南岛西海岸和阿若胡若（Arahura）河流域。在毛利文化中，婆纳穆具有独特的价值和深厚的精神意义。对处于石器时代的毛利人而言，婆纳穆首先具有生存价值，从物质和精神两个方面调整着人与自然之间的关系。进入社会交换系统后，婆纳穆既是仪式性交换的圣物，也是部落之间制度性礼物交换的主要对象。在欧洲人到来以前，那塔胡人"已经围绕婆纳穆的开采、加工和贸易组建了一个高度复杂的社会经济制度"[1]。因此，对婆纳穆的生产与交换的梳理，可以深入了解彼时那塔胡部落的社会经济状况。

婆纳穆一般分为四类：卡瓦卡瓦（kawakawa）是最常见的类型，有各种颜色但不透明，掺杂有斑点和杂质，用卡瓦胡椒树叶命名；因安格（Inanga）取自当地的一种淡水银鱼，颜色为珍珠白和灰绿，从不透明到半透明；唐基怀（tangiwai）有各种颜色，像玻璃一样清晰，名字意为悲伤的眼泪；卡胡让基（kahurangi）取自晴朗的天空，完全透明生动的绿色，是玉石中的极品。在毛利诗歌中，卡胡让基已经成为形容词，指代任何珍贵的东西。例如，一个可爱的孩子可以称为"我的卡胡让基"[2]。

1769年库克船长到访以前，孤悬于南太平洋上的新西兰还处于石器时代，因为没有制陶工艺，按传统史学新旧石器的分期特征

---

[1] Te Runanga o Ngai Tahu, *Te Runanga o Ngai Tahu Pounamu Resource Management Plan*, 2002, p. 29.

[2] Raymond Firth, *Primitive Economics of the New Zealand Maori*, New York: E. P. Dutton and Company, 1929, p. 388.

新西兰毛利人**那塔胡**部落的经济变迁

不明显。婆纳穆是毛利人所知道的最坚硬的石材,边缘可以打磨得很锋利,是制作工具的最佳材料,婆纳穆因此被赋予了独特的价值。在各种工具中,除了凿子、刀具、鱼钩和捕鸟用的矛尖之外,玉斧尤其重要,对依靠渔猎采集维持生计的毛利人来说,是不可或缺的生产工具。玉斧可以大大提高建造毛利会堂和独木舟时的劳动效率。

在北岛那偌如(Ngā Rauru)部落的传说中,埃维奥昂基(Te Āwhiorangi)是世间所有玉斧的祖先,传说天神唐曾用它分开了紧紧拥抱在一起的天父和地母。这把玉斧后来传到哈瓦基的部落酋长图日(Turi)手中。图日用玉斧制作独木舟,毛利人的祖先就是乘坐这艘独木舟,从哈瓦基来到新西兰。

作为人手功能拓展的工具,是人类社会一切物质文化的起点,婆纳穆的社会生命由此展开。玉斧从刳木为舟的生产工具,成为创世神话和毛利人迁移新西兰的象征。同样,用婆纳穆制作的武器魅锐(mere),也象征着毛利酋长的身份和地位。魅锐是一种竹叶形状的短拍,长度在25—50厘米,宽度在7—12厘米,选用上乘的婆纳穆来制作。魅锐是部落的护身符,仅在重大仪式中使用,由酋长家族代代相传。魅锐还常被当作毛利部落之间缔结和平的象征。如一件名为"伟大的黑夜之女"(Hine-nui-o-te-paua)①的魅锐,最初由那普伊(Ngāpuhi)部落作为和平的信物赠予那提婆阿(Ngāti Pāoa)部落。那提婆阿部落又将它转赠给新西兰的总督乔治·格雷(George Grey),寄托了毛利人和英国王室缔结和平的愿望。不论是酋长的身份地位还是部落之间的和平,都经由婆纳穆坚硬耐久的品质进行了隐喻。婆纳穆成为毛利社会最高地位主体关系的客体化对象,拥有至高无上的地位。

婆纳穆人像颈饰提基(Hei-tiki)是毛利人流行的护身符,如

---

① 在毛利神话中,黑妮(Hine)是主宰黑夜和死亡的女神,是地狱的统治者。她原是天神唐(Tane)的女儿,因为发现自己的丈夫居然是自己的父亲,于是感到厌恶和羞愧,独自逃逸到地狱,在入口处接纳从尘世坠落的生命。

第一章 社会一体化的初级形式：那塔胡部落

图2所示①。形状是个有点儿怪诞的、大头细胳膊、蹲坐着的人。提基在波利尼西亚地区广为流传，虽然形状和解说各有不同，但都代表了人类最初的形象。在毛利传说中，提基是天神唐创造的人类祖先的形象。也有说是提基用自己的血和泥土捏成了第一个男人，和生殖行为的起源有关。由于婆纳穆拥有非凡的玛纳，许多先前不孕的妇女在佩戴提基后获孕。在毛利世界观里，玛纳是作为存在本质的超自然力，是万物有灵图式下的亲缘关系得以延续

图2 提基（Hei-tiki）

的"缘"质。毛利女子佩戴提基，既是祖先崇拜也是生殖崇拜，既暗示了祖先的血脉在日常生活中发生着影响和作用，也表达了祈求神力借以趋福避祸的愿望。

从原始生产力的玉斧到社会象征的魅锐再到具有魔力的提基，依次囊括了人与自然、人与人、人与神之间三个维度的关系建构与维系。婆纳穆的社会生命，勾勒出毛利社会从物质到精神的文化演变进路；展现了在石器社会，一种生产基质性的器用价值，如何在宇宙的整体观中成为象征，从而上升为规整社会关系的最高圣物，又进一步泛化为神性秩序的超自然力的民间显现，成为人们内心普遍的精神力量。这种精神力量广泛体现在有关婆纳穆起源的各种神话和传说中，其中，流传最广的是那提维维（Ngati

---

① 1843—1844年，爱德华·肖特兰博士（Dr. Edward Shortland）在南岛旅行时收藏了这只婆纳穆玉提基。后来，肖特兰的家人将它捐赠给新西兰博物馆。1997年11月21日，王室将其作为礼物赠给那塔胡，以纪念那塔胡赔付契约的签署。参阅 Te Runanga o Ngai Tahu, *Te Runanga o Ngai Tahu Pounamu Resource Management Plan*, 2002, p. 45.

新西兰毛利人**那塔胡**部落的经济变迁

Waewae）氏族的版本：

波提尼（Poutini）是婆纳穆的守护神，在北岛的秃桦（Tuhua）岛遇见一个叫怀泰基（Waitaiki）女子在水中沐浴，她的美丽使波提尼着了魔，于是绑架了她。怀泰基的丈夫塔马阿华（Tamaāhua）发现妻子不见后，借助咒语和一只具有魔力的飞镖追击波提尼，飞镖能锁定波提尼所在的位置。波提尼劫持着怀泰基一路往南走，每到夜晚他就生起篝火，为怀泰基取暖。每天清晨，当塔马阿华找到他们留下的火堆时，会发现灰烬中有一些美丽的石头。就这样一直追到南岛的阿若胡若河。情急之下，波提尼把怀泰基变成他自己原来的本质——婆纳穆，放在阿若胡若河和一条美丽的溪流的交汇处。这条溪流从此成为婆那穆的发源地，至今被称为怀泰基溪流（the Stream of Waitaiki）。波提尼成功摆脱了塔马阿华的追击，顺河而下来到西海岸的海滨，从此日夜守护着婆那穆。南岛西海岸的潮水至今称为波提尼潮汐（the Tides of Poutini）。而每一次他为怀泰基生火取暖的地方，在地图上连接起来，就成为婆那穆在新西兰的分布图。①

这些神话和传说，反过来又强化了人们对婆纳穆的敬畏之心和仰慕之情。在欧洲人到来之前，毛利人只有语言没有文字。毛利人把南岛称为"Te Wai Pounamu"，意为"婆纳穆环绕的水域"。毛利语中"Wai"意为"水"，"Wahi"意为"地方"，如果是"Te Wahi Pounamu"则变成"出产婆纳穆的地方"。当库克船长最初听到毛利人用这个名字指称库克海峡以南的岛屿时，在航海日志上记下"Tovy Poennammoo"。他一直误认为仅是指南岛上某个出产婆纳穆

---

① http：//www.teara.govt.nz/.（新西兰政府百科网站）

第一章　社会一体化的初级形式：那塔胡部落　◆◆◆

的巨大的湖①。在毛利人的记忆中，婆纳穆总是和水有关，仅在河床和海滨被发现，后来的欧洲传道士为毛利人整理文字时，就用"Te Wai Pounamu"来指称南岛。可以说，那塔胡、南岛和婆纳穆正是借由语言的"超越事物的特殊力量"，从涂尔干和莫斯所谓"不加分别的状态"②鼎化而成人、地域和文化的历史三角结构。在毛利宗谱给予的宇宙秩序中，这个三角形是一个稳固而不可分割的整体，南岛就是婆纳穆，婆纳穆就是那塔胡。正是这个"混融"的身份认同基础，决定了婆纳穆未来的命运。

在南岛有部落定居以前，从北岛来南岛找寻婆纳穆是异常艰辛的，这也是婆纳穆具有特别价值的重要原因。弗思在其博士论文中，曾饱含深情地展现了毛利人前往南岛西海岸搜寻婆纳穆的历程：

> 这些探险几乎具有史诗性质。道路的崎岖是令人惊骇的。如果沿着海岸线走，必须经过乱石穿空、峭壁丛生的海滩，爬上高耸的悬崖，穿过茂密森林覆盖的山脉。如果悬崖突出水面，还须使用简易的梯子，把软岩上的裂隙弄大以便立足，一步一步攀上峭壁，沿着峭壁表面狭窄的边缘匍匐爬行。甚至还有更危险的，必须得借助已固定在峭壁上的亚麻绳子，从一个裂隙荡到另一个，最终滑落到峭壁的另一面。在峭壁与峭壁之间，还得借助亚麻茎秆和木板做成的木筏，穿过冰冷湍急的河水和溪流。在坏天气或冬季，40英里这样的路程需要10—11天。整个旅程大部分没有人烟，必须携带许多干粮，甚至主要依靠沿途寻找食物。另外一条从陆路穿过南阿尔卑斯山，虽然没有这样惊骇，但也足够艰辛和令人敬畏。碎石铺成的河床是

---

① Fredak R. Chapman, *The Working of Greenstone by the Maoris*, Wellington: Printed by Geo. Didsbury at Government Printing Office, 1892, pp. 46–47.
② [法]爱弥尔·涂尔干、马塞尔·莫斯：《原始分类》，汲喆译，渠东校，上海人民出版社2000年版，第5页。

新西兰毛利人**那塔胡**部落的经济变迁

唯一的道路,河床两边遍布浓密的原始森林,实际上根本无法通过。位置较低的河道可以使用独木舟,但是当接近山脉时,河道全是湍流、冰水、断崖,以及数不清的从两旁突泻的激流和洪水,使得整个旅程面临巨大危险。知晓了这些,应该很容易理解,为何每个团队每次只能带回数量很少的珍贵石头。①

新西兰不论北岛和南岛,东海岸都是相对平静的港湾,是"女人的海",在夏季很适于航行;但呈直条状分布的西海岸则是"男人的海"。尤其是海拔在3000—4000英尺②的南岛西岸,巨浪滔天且遍布悬崖峭壁,还有无数急流穿行于其间。沿岸线航行到南岛最南端后,必须经过一段死亡之路,才能最终抵达圣地;只有凭借勇气、智慧和坚韧,历经生与死的考验,才能带回少许弥足珍贵的圣物。毛利人心目中婆纳穆的高贵与神性,必定部分地来自这一"史诗"般的探险历程。

在那塔胡部落的传说中,经由著名的"婼瑞卡通道"(Raureka Pass)穿过阿尔卑斯山腹地前往西岸是发现婆纳穆的开端。婼瑞卡居住在南岛西岸的那提怀昂基(Ngāti Wairangi)部落,是她从一条隐秘的小路来到东岸,并向正在制作独木舟的那塔胡人展示了婆纳穆玉斧的锋利。那塔胡人立刻认识到这种石材的价值,于是发动了一系列战争和联姻,最终征服了西岸的所有毛利氏族,控制了婆纳穆资源。但是,不论考古学上的证据还是北岛其他部落的传说,都表明婆纳穆的使用远早于这个时期。因此,婼瑞卡的传说应该只是发现了一条易于找寻婆纳穆的通道。

18世纪初,那塔胡人控制了南岛西部和奥塔戈地区的婆纳穆资源,建立了一个以凯厄波伊为中心的运输网络,垄断了毛石的开

---

① Raymond Firth, *Primitive Economics of the New Zealand Maori*, New York: E. P. Dutton and Company, 1929, p.437.

② Fredak R. Chapman, *The Working of Greenstone by the Maoris*, Wellington: Printed by Geo. Didsbury at Government Printing Office, 1892, p.13.

第一章　社会一体化的初级形式：那塔胡部落

采和运输①。随着毛石数量的增多，那塔胡人逐渐积累了许多关于婆纳穆的切割、琢磨和抛光等技艺和知识②，婆纳穆的加工和制作成为每个村落的"首要关注"③。玉斧和魅瑞的制作相对简单，但仅依靠砂石、水和木棍来加工坚硬的婆纳穆需要相当的工时和技巧，提基就更为复杂，有的甚至需要几代人才能完成。当时，达尼丁附近的谋杀海滩（Murdering Beach）及其周边地区是提基制作最集中的区域④。

凯厄波伊位于基督城以北17公里，靠近怀玛卡瑞瑞（Waimakariri）河的入海口。那塔胡人以此为中心，和来自北岛的部落进行交换，用婆纳穆交换甜薯、独木舟、亚麻披风和垫子等物品。北岛的许多部落，领地内没有适合于制作工具的石头资源，南岛寒冷的气候又不适于甜薯和亚麻的种植，因此，以婆纳穆为对象的、南北岛之间的以物易物，成了毛利社会互惠性交换的主要方式。弗思认为，"如果毛利人有任何规律性的贸易形式，这是最接近的一种"⑤。但又不是严格意义上的易货贸易，因为对所交换物品的品种和数量并未做出明确的规定。当库克船长第一次观察到毛利部落交易婆纳穆时：

> ……他站在夏洛特皇后湾，这是婆纳穆运往北岛的桥头堡。看起来毛利部落编织了一个十分复杂的交换系统，主要是食品的交换，婆纳穆是整个交换的中心。但又不是今天我们所

---

① Riley, M., *Jade Treasures Of The Maori*, Paraparaumu: Viking Sevenseas, 1994, p. 20.

② Te Runanga o Ngai Tahu, *Te Runanga o Ngai Tahu Pounamu Resource Management Plan*, 2002, p. 35.

③ Pearce, G. L., *The Story of New Zealand Jade Commonly Known as Greenstone*, Auckland: Collins Bros. and Co., 1971, p. 54.

④ Fredak R. Chapman, *The Working of Greenstone by the Maoris*, Wellington: Printed by Geo. Didsbury at Government Printing Office, 1892, p. 25.

⑤ Raymond Firth, *Primitive Economics of the New Zealand Maori*, New York: E. P. Dutton and Company, 1929, p. 437.

理解的货币，它没有共同的价值度量，但是又是有最多需求的交换对象。①

婆纳穆从凯厄波伊沿岸线运至南岛最东的夏洛特皇后湾（Queen Charlotte Sound），穿越库克海峡进入北岛，又成为北岛整个交换系统的中心。大部分毛石被运往北岛，在"许多距离婆纳穆发源地几百公里以外的相互隔绝的村落中，被精心加工成具有北岛文化特色的产品"②。当时，一些欧洲人和受欧洲文化影响的毛利人都认为，婆纳穆是毛利货币。弗思反驳了这种观点：

> 婆纳穆绝不是一种共有的价值度量，也不曾充当中介为其他物品的交换提供便利。它只是礼物的互惠交换中牵涉最广的物质，这一事实并没有赋予它含糊地等同于货币所具有的任一功能。③

然而，正如人类历史上的其他早期货币，如中国的贝币、古波斯的牛羊、美洲的烟草等，婆纳穆已经具备早期实物货币的特点。首先，那塔胡人围绕婆纳穆的生产、加工和运输所建立起来的高度复杂的社会体系，说明彼时婆纳穆的生产已经是以交换为目的、有意识的商品生产，而不仅仅是"礼物交换中牵涉最广的物质"。其次，从具体交换的情况来看，婆纳穆无论作为南岛和北岛交换的主要对象，还是作为整个北岛交换系统的中心，都已经是具有普遍需求的商品，是"最可异化之物"，只是尚未最终从商品范畴中分化出来，成为固定充当一般等价物的特殊商品。

---

① Brailsford, B., *Greenstone trails*: *The Maori Search for Pounamu*, Wellington: Reed, 1984, p. 38.

② Beck, J. R. and Mason, M., *Mana Pounamu*: *New Zealand Jade*, 2nd ed., Auckland: Reed, 2002, p. 40.

③ Raymond Firth, *Primitive Economics of the New Zealand Maori*, New York: E. P. Dutton and Company, 1929, p. 402.

除了充当部落之间互惠性交换的主要商品外，婆纳穆制品还是毛利社会仪式性礼物交换的主要对象。玉斧、魅瑞和提基是毛利社会财富、等级和权力的标志，是代代相传的圣物。圣物的赠予要举行盛大的仪式，并且只能交换同类产品。因为所交换的不是物的器用、经济和审美价值，而是物的象征价值及其背后的社会意义，交换的目的仅仅是社会关系的建构和维系，如上文中的魅瑞"伟大的黑夜之女"。更经常的情形是，一件圣物作为赠礼在受礼方保存相当一段时间后又回赠原来的主人。例如，在葬礼上赠出的圣物称为若伊玛塔（roimata），毛利语意为眼泪，有受赠方将这滴泪保留了整整6代人后，在赠予方一个亲属的葬礼上回赠的案例[①]。与太平洋岛屿地区的其他社会一样，圣物的仪式性交换是毛利社会关系整合的重要途径。

当婆纳穆成为南岛和北岛毛利部落之间制度性交换的主要对象后，那塔胡部落内部已经呈现出由于市场分化所导致的原始社会分工的雏形。婆纳穆毛石的生产和运输需要大量的人力和物力，这些劳动力必须从传统的食物生产中解放出来。食物生产的缺口可能是由两个途径来补充：一个是传统生产效率的提高，部落经济剩余增加；另一个是与北岛部落的交换过程中获取部分食物。并且，当婆纳穆成为南岛东岸每个村落的"首要关注"时，已隐约透露出以稀缺性和最大化为导向的原始经济理性。

[①] Raymond Firth, *Primitive Economics of the New Zealand Maori*, New York: E. P. Dutton and Company, 1929, p. 409.

第二章 和欧洲文明的早期接触

一 捕鲸的激情岁月

自1769年库克船长开启了新西兰同西方世界的联系以来，第一批来到新西兰的欧洲人是捕猎者，主要目的是猎杀海豹和捕鲸。当时，悉尼是整个贸易和人员往来的中心。1791年12月，美国人埃伯·邦克（Eber Bunker）指挥英国船"威廉和安"号（William and Ann）第一次驶入新西兰海域进行捕猎。随着东印度公司对南太平洋海域的垄断捕鱼权的逐步解除，以及当时的新南威尔士州州长菲利普·金（Philip King）努力发展捕鲸业，南太平洋海域变得很有吸引力。到19世纪初，已经有大批欧洲人来到南太平洋海域从事捕猎。

捕猎最初从猎杀海豹开始，猎杀海豹是一项很艰辛的生计。猎杀行动通常在晚上进行，猎豹人需要不停地攀爬危险而潮湿的礁石，一不小心就会失足跌入海中。猎豹人大部分由悉尼的公司组织过来，一般由五到八人为一组，在海岸或荒凉的岛屿上一住就是几个月，只能栖居在山洞里或者岩石下避风的地方，缺乏淡水和蔬菜，仅以海豹肉和干粮为生，因此经常患上坏血病。1792年11月，伦敦的萨姆·恩德比父子公司（Sam Enderby and Sons）运送了一支猎豹队到南岛西南角的峡湾。十个月以后，到1793年9月，当猎豹队被接回时，他们已经收获了4500张海豹皮。当时，海豹皮几乎全部销往中国。美洲白银危机以后，海豹皮是英国人和美国人对华贸易的主要商品。此外，海豹油也可以用作照明。

第二章　和欧洲文明的早期接触

　　然而，猎豹人的收入却很少，只有豹皮价值的百分之一左右。对猎豹人来说只够糊口，不足以带来财富。1820年，在做了一段时间的猎豹人以后，约翰·布尔特比（John Boultbee）在日记中写道，他已经"从精致的青年人变成了一件饱经沧桑的粗糙的物品"[①]。

　　欧洲人在新西兰猎杀海豹持续的时间很短，而且大都是在偏远的海豹栖息地，因此，猎豹人与当地毛利人的接触和交往不多。从现存的史料来看，鲜有毛利人参与猎杀海豹的记录。到了19世纪20年代，随着岛上大部分海豹栖息地遭到破坏，海豹已经几乎灭绝。随后，捕鲸成了替代。

　　人类捕鲸的历史可能已经超过1000年，但没有确切的文字记录。早在公元前1000年，传说腓尼基人就已经在地中海东部水域从事捕鲸。到13世纪时出现了最早的文字记录，马可·波罗（Marco Polo）首次描绘了马达加斯加人大量捕杀抹香鲸的情景[②]。地理大发现以后，随着航海探险活动的蓬勃兴起，捕鲸成为全球范围内的重要产业。在石油发现以前，鲸油主要用作照明，可以说点亮了整个世界。此外，鲸油还可用作润滑剂，是工业革命初期机器生产的重要辅助原料。

　　例如，在美国，1847年总共加工了超过43万桶鲸油，是美国鲸油产量最高的一年。但很快石油就代替了鲸油。1860年，石油的产量在第一个运行年度就超过了这个数量。1862年，当美国石油产量达到300万桶时，全美捕鲸业仅出产了15.5万桶鲸油[③]。尤其是在17—19世纪，捕鲸在欧洲殖民和扩张过程中扮演了极为重要的角色，为全球人口的流动、贸易的发展，以及殖民地的繁荣与

[①] June Starke (edited), *Journal of a Rambler: the Journal of John Boultbee*, Oxford: Oxford University Press, Auckland, 1986, p.49.

[②] ［美］埃里克·杰伊·道林：《利维坦——美国捕鲸史》，冯璇译，社会科学文献出版社2019年版，第84页。

[③] ［美］埃里克·杰伊·道林：《利维坦——美国捕鲸史》，冯璇译，社会科学文献出版社2019年版，第435页。

新西兰毛利人**那塔胡**部落的经济变迁

财富积累，都产生了深远的影响。

新西兰及其亚南极群岛横跨了鲸群越洋迁徙的路线。成群的鲸鱼，包括座头鲸、抹香鲸和南露脊鲸，在它们往返南极的季节性旅行中都要经过新西兰海域。并且，鲸群会在迁徙过程中前往散布在这片海域的岛屿和港湾中产犊。因此，在19世纪的头40年间，新西兰成为欧洲捕鲸者的天堂。1839年是新西兰捕鲸的高峰期，大约有200条捕鲸船在新西兰海域内作业。位于北岛群岛湾的科罗拉雷卡港（Kororareka）是南半球最大的捕鲸港，1840年，一共有740艘捕鲸船到访。

在欧洲人到来以前，毛利人不曾猎捕鲸鱼，整个波利尼西亚地区都没有人类猎杀鲸鱼的记录。在毛利传说中，鲸和海神有关。传说那塔胡的祖先——塔胡·波提基的祖父拜克亚（Paikea）驾驶独木舟从哈瓦基前往新西兰，在海上因暴风雨翻船后，就是被一头黑鲸救起，然后骑着它来到新西兰的。这头黑鲸传说就是海神的化身。但是，对毛利人来说，搁浅的鲸鱼是有价值的肉源。此外，毛利人有使用鲸骨做成的器具的记录。欧洲捕鲸者到来以后，毛利人很快参与到捕鲸活动中。

捕鲸分为海上捕鲸和海岸捕鲸。海上捕鲸和海岸捕鲸都需要向捕鲸手支付报酬，捕鲸手在捕鲸过程中所担当的角色和所起的作用不同，获得的酬劳也不同。支付报酬的方式是按照鲸油和鲸骨的"变现收入"（take）的一个固定比率——"拆率"（lay）进行支付的。这是延续了自17世纪以来欧洲人在大西洋捕鲸的惯例。1832年，在澳大利亚的旺斯特德（Wanstead）号船上，制桶手的拆率是1/95，鱼叉手是1/140，普通水手是1/200。和海上捕鲸相比，海岸捕鲸还有更多的工种参与分配，包括木匠、厨师、油漆工和"舌人"（tonguer）。"舌人"负责解剖鲸鱼，作为回报可以得到鲸的舌头，"舌人"往往也担任毛利语的翻译[①]。

海上捕鲸的主要对象是抹香鲸。抹香鲸是海洋传说中的"利维

[①] https：//teara.govt.nz/en/whaling/page-3.

第二章　和欧洲文明的早期接触

坦"（Leviathan），是鲸鱼中的鲸鱼。雄性抹香鲸体长可达15—20米，体重超过50吨；潜水深度可达2000米，在水下可以待两个小时之久。在蒸汽机出现以前，完全凭借人力围猎这种深海中的"怪兽"，可能是我们的祖先所从事过的最伟大的事业之一，集中体现了人类的英雄气概和冒险精神。猎捕过程往往发端于那一声著名的呼喊："她在那儿吹"（There she blows）！这是瞭望哨在海面发现目标时发出的信号，顿时令人血脉偾张！此时，母船会很快放下1—3艘可供6—8人乘坐的小艇，每只小艇通常配备4名桨手，其余是叉手，追逐目标并用带有几百米长的绳索的鲸叉刺入。一旦被刺中，这头怪兽会拍打、翻滚，甚至用尾鳍拍碎船只，或者深潜，把小艇拖入水下……最终，当它筋疲力尽浮出水面时，捕鲸手再用长枪刺入心脏或肺部致死。然后，把猎物拖到母船边上，割下脂肪，直接在母船上熬制鲸油。

抹香鲸拥有一个硕大无比的头部，大约占整个鲸鱼体积的三分之一。头内脂肪俗称脑油，是制作最上乘的工业润滑剂的主要原料，它遇低温会转变成一种液态蜡的存在形式，在抹香鲸深潜和上浮时具有调节鲸体浮力的作用。龙涎香是抹香鲸肠道内的残留物，是乌贼的嘴喙在其体内无法消化、经过细菌和各种酶的复杂加工而形成的蜡状物质，也可由其自行排出体外，经海水冲回岸上。龙涎香具有稳定而持久的香味，价值堪比黄金，古今中外的历史均有记载。

捕鲸船的到来对毛利传统社会产生了深远的影响。首先，捕鲸船的靠岸补给为毛利人提供了早期贸易的机会。毛利人提供猪肉、鱼干、土豆、蔬菜等食物，以及木材、淡水和亚麻绳索等船上补给，和捕鲸者交换火枪及其弹药、金属工具、烟草和朗姆酒等。对西方物质文明尤其是火枪的渴求，反过来刺激了猪肉和土豆等食物的扩大再生产。其次，毛利男子渴望被招募成为海上捕鲸手，以取代那些因病被遗弃的白人船员。可能是因为毛利人骁勇好战的天性使然，捕鲸所带来的刺激和风险让他们兴奋。此外，跟随捕鲸船航行是一个接触外面世界的机会。当时，悉尼成为毛利人访问最多的

新西兰毛利人**那塔胡**部落的经济变迁

海外目的地。最早在 1804 年，就有一艘捕鲸船雇用了一个毛利人的报告。1826 年，一艘英国船雇用了 12 个毛利船员，船东认为他们是"有序而强壮的水手"。1838 年，在霍巴特（Hobart）举行的一个盛大庆典上，30 个毛利人（占现场捕鲸者的三分之一）参加了捕鲸比赛①。最后，毛利女子提供性服务也成为日常交易的一部分。毛利氏族社区支持其妇女与欧洲男子建立关系，提供性服务是一种被接受的交换媒介。一个毛利女子为帕克哈提供两个星期的服务，可以交换一支火枪。

弗思认为，和西方文明的初次接触对毛利人的传统经济生活产生了两个重要的影响。第一个方面，它使毛利人在某种程度上熟悉了西方物品和技术，西方物质文化启发了毛利人，毛利人由此获得的一套全新的经济价值理念激发了他们的雄心和壮志。第二个方面，它使毛利人认识到一个完全不同的经济标准，一种更具个人主义的倾向和行为图式，一个和过去完全不同的关于贸易与交换的原则和体系②。第一个方面毋庸赘言，但更为重要的是第二个方面。传统毛利社会的经济单位是家庭和氏族，主要的经济交换都是以此为单位进行的。当毛利男子充当捕鲸手，毛利女子向帕克哈提供性服务，他们已经意识到，个体的劳动力和生理活动可以作为独立交易的对象。这种以个体为基础的经济活动模式，开始逐步瓦解毛利社会的传统经济体系和价值观念。

19 世纪 20 年代末期，随着南太平洋海域抹香鲸数量的减少，欧洲捕鲸者把目光转向了露脊鲸。露脊鲸也叫黑鲸，是长须鲸的一种，成年鲸体长 15—18 米，体重 70—100 吨，仅次于蓝鲸。虽然露脊鲸鲸油的价值不如抹香鲸，但猎杀一头露脊鲸却能获得数量更多的鲸油。露脊鲸在南北半球都有，但南露脊鲸和北露脊鲸相互从不越过赤道，隔着赤道老死不相往来。这是由于露脊鲸身上厚重的

---

① https://teara.govt.nz/en/whaling/page-4.
② Raymond Firth, *Primitive Economics of the New Zealand Maori*, New York: E. P. Dutton and Company, 1929, p.455.

第二章 和欧洲文明的早期接触

脂肪阻碍了体内散热，赤道附近的温暖水域形成了天然的屏障。在南半球，露脊鲸季节性地迁徙以觅食和生育。夏天在远海开阔水域觅食，冬天出现在近海水域的岛屿、海湾和大陆架附近，这些地区不但有更为丰富的食物资源，也可为产犊提供更好的庇护。

在近海水域产犊的露脊鲸是海岸捕鲸的主要对象。海岸捕鲸也是由岸上的瞭望台发出信号，附近的捕鲸手们立即开始行动，划着五颜六色的小艇出海。但小艇需要悄悄靠近鲸群，因为露脊鲸的听觉很敏锐。露脊鲸生性温顺，而且由于脂肪太厚，被鱼叉叉到后只会在海面上翻滚，不会下潜很深，因而捕杀过程更为容易。捕鲸手们甚至还有更为高明的方法。他们往往瞄着幼鲸下手，当幼鲸被叉住拖往浅水时，母鲸会尾随而来直至搁浅，然后被轻易而残忍地猎杀。这种杀鸡取卵的方法不但不可持续，也使得整个捕猎过程黯淡无光，因为它触碰到人类情感中最脆弱的部分。

1835年，在南岛最南边，奥塔拉（Otara）和布拉夫（Bluff）之间马陶拉河（Mataura）的入海口，一群捕鲸者准备在此建一个捕鲸站。他们刚刚到达就创造了整个新西兰海岸捕鲸的最高纪录，17天之内猎杀了11头露脊鲸！然而，储存鲸油的木桶却一直没有送到，所有的鲸油都浪费了。等木桶送来以后，这片海域却再也没有鲸鱼出现，因为露脊鲸在迁徙过程中总是选择固定的水域产犊。捕鲸站从那以后就废弃了[1]。这是一个人神共怒的结局，因为母爱是圣洁而伟大的，在整个自然界都一样，是动物天性中最柔软的部分，不应该被卑鄙地利用。

1829年，新西兰第一个海岸捕鲸站在南岛西南角的"保护湾"（Preservation Inlet）建立[2]，保护湾位于现今的峡湾（Fiordland）国家公园内。和海上捕鲸相比，海岸捕鲸不用购买船只，投资更小，

---

[1] Edward Shortland, *The Southern Districts of New Zealand*, London: Longman, Brown, Green and Longmans, 1851. pp. 145–146.

[2] 也有人认为，新西兰第一个海岸捕鲸站于1827年在托利海峡（Tory Channel）建立。参阅 A. W. Shrimpton and E. E. Mulgan, *Maori and Pakeha: A History of New Zealand*, Auckland, London: Whitcombe & Tombs, 1921, p. 31.

熬制鲸油更为方便和安全，鲸油也更新鲜。1840年从悉尼出口的价值22.4万英镑的鲸油中，有一半以上来自新西兰。据不完全统计，1827—1847年，全新西兰建立的海岸捕鲸站超过113家①。1830年2月3日，第一批来自南岛的鲸油运抵悉尼，由一艘66吨的小纵帆船"滑铁卢"（Waterloo）号承运。鲸油只有两桶，但不确定是来自海上捕鲸还是海岸捕鲸，同船运抵的还有1185张海豹皮②。

1835—1840年是南岛海岸捕鲸站修建的高峰期。彼时，库克海峡是一个主要的中心，尤其是旺格努伊和托利海峡。从库克海峡沿南岛东海岸往南走，经凯库拉、班克斯半岛再到奥塔哥和位于南岛西南角的峡湾，沿着露脊鲸的迁徙路线布满了捕鲸站。1843年，肖特兰在南岛旅行途中曾做过详细统计③：从班克斯半岛以南一直到峡湾的海岸线上一共分布着12家捕鲸站，1829—1843年，这些捕鲸站总共出产了4836吨鲸油。按照每头鲸平均产油5吨计算，一共猎杀了大约978头露脊鲸④。鲸骨的产量可以按照鲸油产量的5%估计，大约有250吨。肖特兰的记录已经明细到每个捕鲸站雇佣的小艇数量、捕杀鲸鱼的头数和鲸油产出吨数。这个记录不包括外来船只在海湾捕鲸的情况。

在南岛捕鲸站的投资者中，约翰尼·琼斯（Johnny Jones）是个典型。琼斯出生于悉尼，做过猎豹人和海上捕鲸手。20岁时，他就用自己的积蓄投资了三条捕鲸船，1835年起，又开始投资捕鲸站。在鼎盛时期，琼斯在峡湾和奥塔哥之间同时经营着七个捕鲸

---

① B. L. Fotheringham, "The Southern Whale Fishery Company, Auckland Islands", M. Phil. Thesis, Scott Polar Research Institute, Cambridge University, St. Edmunds College, Cambridge, 12 June 1995.

② Robert McNab, *The Old Whaling Days: A History of Southern New Zealand from 1830 to 1840*, Christchurch: Whitcombe & Tombs Limited, 1913, p. 3.

③ Edward Shortland, *The Southern Districts of New Zealand*, London: Longman, Brown, Green and Longmans, 1851, pp. 300 – 301.

④ 1835年马陶拉河的记录已包括在内。

第二章 和欧洲文明的早期接触

站,一共雇用了280个人,其中,毛利人大约占40%。单个捕鲸站的记录中,经营规模最大的是韦勒兄弟(Weller)于1831年在奥塔哥港建立的捕鲸站。1820年代,约瑟夫·布鲁克斯·韦勒(Joseph Brooks Weller)、乔治·韦勒(George Weller)和爱德华·韦勒(Edward Weller)三兄弟先后从英国迁移到澳大利亚,1831年在奥塔哥港建立捕鲸站。1833—1838年,这个捕鲸站累计出产了1521吨鲸油,平均每年捕获50头鲸以上。捕鲸站雇用了70—85个人,其中,毛利人占50%。

捕鲸是毛利人和帕克哈早期接触时的主要经济活动,对南岛的那塔胡人来说尤是如此。捕鲸站通常和那塔胡定居点相邻。最初,捕鲸站的建立可能是选择在那塔胡定居点的附近。后来,也有可能是那塔胡人搬离原来的定居点,逐渐向捕鲸站靠拢。捕鲸站成了那塔胡与欧洲文明的主要接触点。通过捕鲸这种共同的经济活动,两种文化之间的联系日益密切。如果说,毛利人参与早期欧洲人的海上捕鲸是出于交换的目的,那么,当海岸捕鲸站如雨后春笋般蓬勃兴起后,这种交换已经发展成为那塔胡和帕克哈之间规模化的产业分工。帕克哈的初衷只是为了商业利益,并不是要改变毛利社会。甚至,可能都不曾想过要在这个陌生的海岛上长期生活下去。但是,当欧洲男子和毛利女子开始通婚后,情况发生了变化,一个二元定居社会的雏形已经开始显现。

在1843年的南岛旅行中,肖特兰曾经对一个叫作阿帕利玛(Aparima)的捕鲸站留下深刻的印象。阿帕利玛位于雅各布河(Jocab River)的入海口,现今叫作里弗顿(Riverton),是一个位于因弗卡吉尔(Invercargill)以西30公里的小镇。肖特兰这样写道:

> 这是一个小沙洲港,只能接纳20—30吨吨位的船只。居民们的小屋建在一些树木繁茂的小山的南坡上,被刷成了白色,附近有绿色的玉米地和土豆地,在晨曦的照耀下,呈现出你所能想象到的最令人神清气爽的景象。在我的脑海中,我立

新西兰毛利人**那塔胡**部落的经济变迁

刻断定它就是新西兰最可爱的地方之一……

　　大帆船在沙洲外抛锚，像往常一样，我们的到来在这个地方引起了很大的轰动。一桶桶鲸油被绑在木筏上，然后立刻被小船拖走；把货物装上大船的过程花费了几个小时……一个驾驶小船的年轻人，据说是爱尔兰皇家外科医学院的成员，平时他是专业的医生，他有捕鲸好手的美名，并且获得了捕鲸船船长的资格。这个捕鲸站经营得很好、很成功。居住人口如下：

表 2-1　　　　1843 年阿帕利玛捕鲸站定居人口统计①

白人男子	白人女子	土著女子	白人儿童	混血儿童	合计
20 人	1 人	13 人	2 人	12 人	48 人

　　阿帕利玛是那提玛牟伊氏族酋长赫克伊亚（Hekeia）的母亲的名字。晨曦中一个宁静的港湾，海浪轻抚着沙滩，山坡上绿色的玉米地簇拥着几排南向的刷成白色的小屋，面朝大海，还有爬过土坎的土豆、幼童的嬉闹与欢叫……的确，无论谁，第一次就会记住这个美丽的名字。从男人、女人和儿童的数量比例关系上可以判断，这是一个由若干"帕克哈—那塔胡"混血家庭组成的混血村落。捕鲸和农耕是他们的生计来源，这是一个像中国传统社会中男耕女织的自足的命运共同体。两种文化融合以后结出的果实正在茁壮成长，这可能是 19 世纪波澜壮阔的捕鲸运动留给新西兰的最好的遗产。

　　阿帕利玛捕鲸站属于琼斯所有。1835—1836 年，琼斯雇用约翰·豪威尔（John Howell）为船长，率领三条船来到阿帕利玛建立捕鲸站，以取代废弃掉的保护湾捕鲸站。约翰娶了那提玛牟伊氏族酋长坝图（Patu）的女儿过彝（Kohi），以获得坝图的保护和土地使用权。定居点一直被保留下来，后来经过变迁，阿帕利玛捕鲸站

---

① Edward Shortland, *The Southern Districts of New Zealand*, London: Longman, Brown, Green and Longmans, 1851, pp. 149-150.

就变成了现今的里弗顿。无独有偶，韦勒兄弟家的老三爱德华，也是先娶了那塔胡氏族酋长达阿图（Tahatu）的女儿芭芭奴（Paparu），芭芭奴死后又娶了达耶诺阿（Taiaroa）的女儿尼库茹（Nikuru）。

由于露脊鲸被灭绝性地捕杀，经历了1839—1840年的鼎盛时期后，新西兰的捕鲸业迅速走向了衰落。1843年冬天，肖特兰初次拜访奥塔哥的时候，由于天气原因，在韦勒兄弟的捕鲸站住了一个多月。那时，这个位于奥塔哥湾的捕鲸站已经彻底衰败[①]。只有呜咽的海浪日复一日地拍打着废弃的建筑，以及沙滩上半没于水中残留的鲸鱼骨架，仿佛还在诉说着往昔的辉煌。

二　火枪和部落战争

在库克船长到来之前，毛利人还处于石器时代，并且由于没有制陶，传统新旧石器时代的分期不明显。毛利人的原始生计以渔猎采集为主。虽然有小部分甜薯库马拉和芋头的种植，但由于毛利传统禁忌的限制，奴隶和女人不能参与种植，还不足以成为主要的食物来源。欧洲文明带入的铁器、猪、土豆和蔬菜种子彻底改变了毛利社会的生计类型。毛利人的食物结构也得到了极大的改善，尤其是摒弃了过去严重依赖的蕨类根茎，这类植物对人的健康和寿命影响极大。在南岛，土豆和蔬菜的种植以及家禽的饲养已经基本满足人们的食物需求，进入了定耕和畜牧的农业时代。北岛的许多部落走得更远，1840年代开始兴建的许多亚麻厂和面粉厂，还使得毛利社会分享了欧洲工业文明的早期成果。

毛利社会的社会秩序由宗谱和玛纳主导，宗谱和玛纳就是毛利法律。宗谱既解释了万事万物的起源，也规定了每个人在宇宙中的位置，这种规定赋予了每个人、每个家庭和每个氏族所拥有的玛

[①] Edward Shortland, *The Southern Districts of New Zealand*, London: Longman, Brown, Green and Longmans, 1851, p.11.

纳。个人和集体的行为可以增加、减少甚至失去玛纳,因此,所有日常的行为、交往、仪式和活动都指向玛纳的维系和增强。和玛纳相关的有两个概念:"塔布"和"乌突"(utu)。"塔布"是禁忌,玛纳存在的地方成为禁忌,任何危害玛纳存在的行为都受塔布的约束。毛利人的生活也受到了塔布对人和物的限制。塔布控制着人们如何对待彼此和环境,保护着人类和自然资源。"乌突"的狭义理解是复仇。同态复仇法在人类社会的法律实践中普遍存在,古巴比伦、圣经、罗马和伊斯兰法中,这都是一个原则。从广义上来讲,"乌突"是还报,毛利社会普遍存在的礼物交换也是乌突。从这个意义上来讲,乌突就是毛利的习惯法本身。正如埃文斯·普理查德(Evans Pritchard)所说的努尔人的法律,是"一种通过习俗惯例的方法来解决争端的道德义务"[1]。因此,乌突的本质应该是当某种平衡的状态被打破后又重新恢复平衡的过程。

玛纳和塔布的概念是毛利社会秩序和争端的根源,是日常事务中起作用的实际力量。玛纳的维系和增强决定了毛利各个部落之间、各个氏族之间都常年处于竞争状态。反映到日常现实中就表现为部落和氏族之间的长期的冲突和不断的复仇。而冲突往往起因于塔布。例如,对某个氏族酋长的无意识的冒犯和不敬,或者是不小心说出的略带侮辱性的语言,都可能成为冲突的起源。因为触犯了禁忌,对酋长的玛纳构成了危害。酋长是氏族的代表和化身,一个酋长如果失去他所拥有的玛纳意味着他所代表的氏族面临巨大的危险和不安,有可能会遭受灭顶之灾。因此,需要"乌突"或者说还报来重新恢复平衡和秩序。而且,乌突往往需要一个增值的过程,正如礼物交换中回礼需要有超额的部分,复仇也是一样,才能确保平衡和秩序的恢复。

毛利氏族之间、部落之间的争端往往可以追溯到几代人以前,冲突的细节在各个部落或氏族的宗谱里得到仔细的传承。因此,乌

---

[1] [英]埃文斯·普理查德:《努尔人——对尼罗河畔一个人群的生活方式和政治制度的描述》,褚建芳等译,华夏出版社2002年版,第194页。

突与其说是一种复仇，不如说是一种为冲突双方都所期待的责任的履行。因为食物资源的匮乏，传统的毛利人实施"乌突"的时间通常选择在每年的"农闲"时期，错开主要的采集和捕猎期，这对冲突双方都有利。而且，由于氏族间广泛的联姻关系的存在，"乌突"并不是以杀戮为目的的，竞技的成分要多于杀戮的成分。为了玛纳的维系和增强，通过肉搏体现自己的力量和强大。即使有人在此过程中丧命，在仅使用木棒和石器作为武器的情况下，也应该是极其偶然发生的事件。如今广为人知的毛利战舞"哈卡"（haka），可能是毛利传统乌突的最好写照。

然而，当欧洲的火枪到来时，毛利乌突变成了真正的复仇和杀戮。火枪又称滑膛枪，是最早的步枪。有单筒和双筒之分，需要从枪管装入弹药。1815年拿破仑战败后，在整个欧洲有许多长筒火枪闲置下来。1835年，后膛装弹且带有膛线的来复枪发明后，取代火枪成为我们通常所说的步枪。从1807年毛利人初次获得这种武器算起，一直到1845年的近四十年的时间内，新西兰（包括查塔姆群岛）各个毛利部落之间一共发生了3000多次由火枪武装的冲突和战争，史称"火枪战争"[1]。迈克尔·金（Michael King）认为，欧洲人早期带给新西兰的最显著的影响，就是火枪的引进和广泛使用[2]。在1810—1839年，新西兰发生了大约40次大规模的部落冲突，北岛除了后来的"毛利国王领地"外的所有地区，南岛靠北面的一半以上的区域都卷入其中。究竟有多少毛利人在这些血腥复仇中丧命，至今没有确切的统计数据。有的学者认为死亡人数在20000—40000人，有的认为至少有80000人[3]。

最早拥有火枪装备的毛利部落是北岛群岛湾的那普伊

---

[1] Edmund Bohan, *Climates of War: New Zealand Conflict 1859–1869*, Christchurch: Hazard Press, 2005, p. 32.

[2] Michael King, *Maori: A Photographic and Social History*, Auckland: Penguin Group (NZ), 2008, p. 47.

[3] https://en.wikipedia.org/wiki/Musket_Wars. 值得注意的是，1840年全新西兰毛利人口在十万左右。

新西兰毛利人**那塔胡**部落的经济变迁

（Ngāpuhi）部落，这和当时那普伊（Ngāpuhi）部落的酋长弘毅·黑嘎（Hongi Hika）有密切关系。弘毅·黑嘎是第一个访问欧洲的毛利人，对西方文化和技术怀有强烈兴趣。1820年，弘毅·黑嘎在来自新南威尔士的传教士托马斯·肯德尔（Thomas Kendall）的引领下，乘坐"新西兰号"捕鲸船来到英国。他在伦敦和剑桥住了五个月，受到国王乔治四世的接见，国王送了他一套盔甲。弘毅·黑嘎去剑桥是为了协助剑桥大学阿拉伯语教授塞缪尔·李（Samuel Lee）编写第一部毛利语—英语字典。在剑桥，弘毅·黑嘎遇见了当时还是学生的查尔斯·德·蒂埃里（Charles de Thierry）。弘毅·黑嘎用40000英亩土地向查尔斯买下500只火枪和弹药，当他返回时在悉尼提货带回新西兰。之后，弘毅·黑嘎建立了一支有2000人的火枪队，开启了新西兰毛利部落之间大规模杀戮的血腥模式。

随着部落战争的白热化，土地和奴隶有了新的价值。因为每个部落都必须在最短的时间内拥有和对手相当数量的火枪，而这需要用土豆、猪肉和亚麻等产品去交换。部落间的军备竞赛成为扩大再生产的动力，适于耕种的土地和作为劳动力的战俘变得尤其重要。此时，战争的性质已经悄然发生了变化。从单纯的复仇变成了为扩充军备而进行的资源争夺。在此过程中，土豆的种植发挥了关键作用。土豆具有易于种植、产量巨大和便于携带等特点，不仅成为毛利人的主要食物来源，还充当了用作交换火枪及弹药的主要产品。土豆的种植把大量的传统劳动力从食物生产中解放出来，成为专门的战争机器，可以一年到头终日长途征战，从而严重扩大了战争的深度和广度。这和过去仅在农闲时进行的乌突截然不同。因此，也有学者把火枪战争称为"土豆战争"[1]。关于土豆所起的作用，人们可能很容易联想到英国的工业革命。

这时，与帕克哈的关系也发生了变化。为了和帕克哈建立关系，一些原来处于内陆的部落争相往沿海迁移，因为这是获得火枪的唯一渠道。最初，毛利人提到欧洲人都是说"我们的帕克哈"，

---

[1] https：//en.wikipedia.org/wiki/Musket_Wars.

意味着帕克哈是部落的一部分，是部落玛纳和威望的体现。弘毅·黑嘎最初接纳传教士在自己的领地内定居，就是出于这个目的。传教士不仅可以传授西方的知识和技术，也是部落和西方保持稳定联系的重要节点。弘毅·黑嘎终其一生没有接受洗礼，并且对基督教嗤之以鼻，认为是奴隶的宗教。当战争变得愈加残酷时，这种关系也变得愈加不可或缺，弘毅·黑嘎甚至要求新派来的传教士能够修理火枪。

火枪卷入的部落冲突和战争大约持续了30年。如果按15年一代人来算的话，就是两代人的光阴。当每个部落都付出了相当的生命代价后，争夺资源的目的只是保持一定的战备能力，从而不被其他部落复仇。从复仇到不被复仇，毛利人最终意识到部落玛纳的维系和增强不应该以牺牲如此众多的生命为代价。只有当每个部落都拥有了相当数量的火枪武装后，一种势均力敌的和平才会到来。在这点上，毛利的火枪所扮演的角色和我们当今世界军备竞赛的核武器并无二致。

那塔胡在火枪战争中付出了极为沉重的代价。当时，和北岛的许多部落相比，那塔胡还是一个小部落，并且，南岛地广人稀，漫长的海岸线使得各个氏族定居点的分布较为分散。1828—1832年间，以那提陶（Ngāti Toa）部落为首的北岛部落联盟对南岛的入侵带来了灭绝性的屠杀，几乎摧毁了那塔胡对南岛大部分领土的控制。尤其是臭名昭著的"伊丽莎白"（Elizabeth）号事件，"使得19世纪40年代和50年代发生的许多事件黯然失色"[①]。

那提陶部落最早居住在北岛西海岸的怀卡托地区，被泰努伊部落驱逐后一路南下，1820年到了库克海峡地区，卡皮提岛（Kapiti Island）成为那提陶的战略据点。1824年，一个由北岛东海岸、旺格努伊、赫罗范努瓦（Horowhenua District）、南塔拉纳基（Taranaki）等地区的部落和南岛那塔胡组成的部落联盟，曾经对卡皮提岛的那提陶部落进行过一次围剿，但是以失败告终。那提陶部落的酋

---

① Waitangi Tribunal（WAI 27），*Ngai Tahu Land Report*，1991，3.3.9.

长特·劳帕拉哈（Te Rauparaha）能征善战且身材矮小，有"新西兰拿破仑"的美誉。

1828年，那提陶部落入侵南岛，先攻占了那塔胡部落位于凯库拉的据点。位于凯库拉的那提库里（Ngāti Kuri）氏族误把入侵者当成访客，被那提陶人轻易得手。随后，那提陶人继续南下凯尔波伊。凯尔波伊是那塔胡人图阿回瑞（Tuahuriri）氏族的主要据点。在那提陶人和图阿回瑞人商谈婆纳穆贸易的过程中，特·劳帕拉哈的叔叔特·贝伊·库佩（Te Peehi Kupe）在没有得到适当授权的情况下，试图带走一件叫作"卡罗罗"（Kaoreore）的婆纳穆宝物，"低估了婆纳穆在那塔胡人心目中的价值"[1]。婆纳穆是那塔胡象征，具有最高的玛纳。那提陶人因此触犯了塔布，侮辱了那塔胡人及其祖先。那塔胡人先下手为强，特·贝伊（Te Pehi）及其随行的11个酋长一起毙命。特·劳帕拉哈因为没有进入据点而幸免于难，那提陶人暂时撤回了卡皮提。

翌年10月，那提陶人很快进行了复仇。特·劳帕拉哈雇用了"伊丽莎白"号纵帆船的船长约翰·斯图尔特（John Stewart）和船上的12名水手。在特·劳帕拉哈承诺支付50吨亚麻后，斯图尔特答应协助特·劳帕拉哈实施报复。10月29日，"伊丽莎白"号驶往阿卡罗阿（Akaroa），目标是那塔胡氏族酋长特·迈哈拉努伊（Te Maiharanui）。斯图尔特与特·劳帕拉哈合谋，将120个那提陶火枪手隐藏于"伊丽莎白"号的甲板下，以谈火枪贸易的名义将特·迈哈拉努伊诱骗到船上。特·迈哈拉努伊对帕克哈没有设防，上了船才发现中了圈套。一同被捕的还有他的妻子、11岁的小女儿若依玛塔（Roimata）和几个随从。当天夜里，那提陶人血洗了岸上的那塔胡据点。天亮以后，人肉筵席沿海岸一字排开，整个村落都被烧成了灰烬，鲜血染红了河水……

这就是臭名昭著的"伊丽莎白"号事件。根据反复考证，这

---

[1] Te Runanga o Ngai Tahu, *Te Runanga o Ngai Tahu Pounamu Resource Management Plan*, 2002, p. 38.

第二章　和欧洲文明的早期接触　◆◆◆

个阴郁而可怕的日子应该是1830年11月6日[①]。随后，"伊丽莎白"号起锚返回卡皮提，船上载着那提陶人的战利品：特·迈哈拉努伊酋长一家三口和大约二十个俘虏，还有成百篮的人肉。回程途中，已被限制行动自由的特·迈哈拉努伊说服妻子，一同掐死了若依玛塔！"宁为玉碎，不为瓦全"（One die, all die），老酋长最后说道[②]，船上的大副和几个水手为女孩实施了海葬。到了卡皮提后，特·迈哈拉努伊被特·贝伊的妻子和儿子亲手杀死，算是复仇。

随后，特·劳帕拉哈及其部落联盟挥师凯尔波伊。凯尔波伊当时是南岛的贸易中心和集散地，也是那塔胡人最大的聚集区，因此要塞修建得十分坚固。而且凯尔波伊四周都是沼泽，易守难攻。特·劳帕拉哈采用火攻，用灌木把整个据点团团围住，火势引燃了要塞的栅栏，凯尔波伊沦陷。接着，阿卡罗阿港口的欧纳维（Onawe）、西海岸的霍基蒂卡（Hokitika）和奥卡里托（Okarito）相继被攻占，那塔胡人只剩下南部的鲁阿普基岛（Ruapuke Island）。1836年，以那提陶为首的北方部落联盟大举进攻鲁阿普基。鲁阿普基岛是当时著名的那塔胡氏族酋长图阿怀基（Tuhawaiki）的要塞。图阿怀基绰号"血腥杰克"（Bloody Jack），手下有一支由200个人组成的装备了猎豹船和捕鲸船的精锐部队。"血腥杰克"很快粉碎了北方部落联盟的进攻，杀了几个关键的酋长，抓获了大批俘虏，特·劳帕拉哈再次侥幸逃脱。图阿怀基不但是一个卓越的军事领袖，还具有精明的洞察力和交际能力，和帕克哈打交道时显示出非凡的外交能力。

至此，交战双方达成了停火协议，暂时维持一种不稳定的平衡状态。经过近十年的战争，到1840年左右，那塔胡损失了大

[①] Robert McNab, *The Old Whaling Days: A History of Southern New Zealand from 1830 to 1840*, Christchurch: Whitcombe & Tombs Limited, 1913, p. 29.

[②] Robert McNab, *The Old Whaling Days: A History of Southern New Zealand from 1830 to 1840*, Christchurch: Whitcombe & Tombs Limited, 1913, p. 30.

新西兰毛利人**那塔胡**部落的经济变迁

部分人口,领地范围也急剧收缩到南岛南部的几个区域,传统的部落主要定居点班克斯半岛、凯尔波伊和凯库拉都已遭到严重破坏。虽然北方的部落联盟在攻打鲁阿普基失败后主动退出了位于南岛西岸的几个要塞,但是,南岛北方的那塔胡边界依然处于不确定的状态。

"伊丽莎白"号事件引起英国社会的震惊,这是绝无仅有的欧洲人卷入毛利部落冲突的一起事件。事件发生后不久,那塔胡两个酋长来到悉尼,其中一个是特·迈哈拉努伊的弟弟,抗议"伊丽莎白"号在那提陶部落袭击中所扮演的角色。并声称如果殖民地政府不进行惩罚和赔偿,那塔胡将针对南岛的欧洲定居者实施乌图。那塔胡两个酋长的抗议获得了北岛群岛湾毛利部落的支持。时任新南威尔士总督达林(Darling)亲自下令逮捕斯图尔特及另外四人,"考虑这是一个牵涉到国家性质的案件,应尽一切可能将罪犯绳之以法"[①]。但是,由于申请逮捕令的消息外传和时间拖延,除斯图尔特船长外其他水手均已销声匿迹、无影无踪。并且,悉尼刑事法律专员摩尔(Moore)在对斯图尔特的定罪问题上犹豫不决,究竟是定谋杀还是行为不端?斯图尔特在新西兰犯下的罪行,归新南威尔士州还是伦敦管辖?况且,在没有目击证人的情况下,按照当时英国的法律,甚至连行为不端可能都无法定罪。

这里涉及一个基本的法律问题。当时的新西兰并不是英国殖民地,也不受新南威尔士州殖民地的管辖。毛利部落的冲突和争端并不接受英国法律的管辖,毛利人也不受英国法律的保护。当一个英国人和一个毛利人发生冲突时,如果英国人被杀死,对殖民地政府而言,为其复仇是题中之意,并不需要去判断对错;如果毛利人被杀死,只要符合英国人的利益,英国人显然不会被定罪,同样是顺理成章的。但是,当一个毛利人雇佣一个英国人一起去杀死另外一

[①] Robert McNab, *The Old Whaling Days: A History of Southern New Zealand from 1830 to 1840*, Christchurch: Whitcombe & Tombs Limited, 1913, p. 33.

第二章　和欧洲文明的早期接触

个毛利人，在这种情况下，英国人需要接受英国法律的审判吗？英国人的利益也同样存在于其中，他需要在行动之前考虑所能采取的手段必须符合英国的法律规范和最低限度的道德要求吗？抛开道德和伦理的情感因素，摩尔和殖民地政府所面临的法律困境正在于此。

宕开一笔，让我们用另外一起事件来做比较，同样臭名昭著的"博伊德大屠杀"（Boyd Massacre）。1809年12月，"博伊德"号帆船停靠在北岛最北面的旺格罗阿港（Whangaroa）装运木材。当地的那提乌鲁（Nagti Uru）氏族部落袭击了帆船，65—70个欧洲乘客和水手被杀死并吃掉。事件的起因是那提乌鲁氏族酋长的儿子特·奥拉（Te Ara）在"博伊德"号船上做水手，据说是由于行为不端等微小过失，受到船长约翰·汤普森（John Thompson）的鞭刑和禁食的惩罚。"博伊德"号靠岸后，特·奥拉把自己的遭遇告诉了家人，那提乌鲁氏族决定实施乌突。上岸查看货物的汤普森船长及其随从先被杀死并吃掉。等到天黑以后，那提乌鲁人乔装成汤普森船长驾小艇回到大船，杀掉了所有的乘客和船员，整个行动过程干净利落。"博伊德"号船上仅有四五个人因躲藏起来而幸免。

第二天清晨，群岛湾的特·帕伊（Te Pahi）酋长驾驶一艘大型独木舟到来，被眼前的惨案所震惊。特·帕伊曾去过悉尼，长期和欧洲人做生意。他解救了"博伊德"号船上的几个幸存者。但是，这个善意的行为却给他的氏族带来了灭顶之灾。欧洲人后来认错了人，把这场悲剧归咎于他。5条捕鲸船血洗了特·帕伊位于让伊候阿湾（Rangihoua Bay）的据点，60多个毛利人被杀。特·帕伊得知是那提乌鲁人嫁祸于他后，又对那提乌鲁氏族实施乌突，整个地区陷入战争之中。那提乌鲁人在洗劫"博伊德"号船上的弹药时还引发了爆炸，9个那提乌鲁人当场毙命。爆炸又点燃了船上运载的鲸油，"博伊德"号最终被烧毁。

"博伊德"惨案是新西兰历史上单一事件中欧洲人死亡人数最多的一次。上一次记录应该算是1771年，在旺格努伊被杀身亡有

新西兰毛利人**那塔胡**部落的经济变迁

法国船长杜弗雷纳和27名船员。这个惨案产生了深远的影响。欧洲当时甚至出现印刷的小册子,提醒人们新西兰是一个"食人岛",不要轻易接近和靠岸。此后大约三年时间,北岛群岛湾一带几乎没有外国船只靠岸。传教士塞缪尔·马斯登(Samuel Masden)也因此把他到新西兰的行程推迟了整整六年。惨案还引发了新南威尔士州殖民地关于如何在新西兰维持秩序的激烈讨论。

在历史上的不同时期,同类相食虽然在全球都曾经发生过,但一直是人类文明所最为不齿的行为。人类学者应该更为审慎地看待这个问题,可能需要先撇开同类相食所产生的罪恶感,因为这个问题和文化认知有关。历史上的毛利食人习俗来源于整个波利尼西亚地区的文化信仰体系。在这个信仰体系中,个体的死亡并不是灵魂和肉体的分离,而是一同回到世界起源的地方——哈瓦基。只有把敌人变成食物吃掉,敌人才算是真正的死亡;同时,使其与玛纳分离,玛纳为食者所有。例如,特·贝伊的儿子在亲手杀死特·迈哈拉努伊为其父亲复仇时,要把对方的两只眼睛挖出并吞食,以免它们变成天上的星星,每个夜晚都在天空默默注视,那会变成一种今后无法摆脱的诅咒。

仔细分析,"博伊德"惨案之所以发生,同样是因为不同的文化认知。按照英国的法律和传统,对一些没有带来严重后果的不良行为实施鞭刑是一种很正常的处罚。例如,现今的新加坡法律依旧保留了这个传统。但是汤普森船长忽略了特·奥拉是酋长的儿子,也就是未来的酋长。一个酋长如果受到鞭刑的侮辱,意味着他所拥有的玛纳将不复存在,意味着那提乌鲁整个部落都将面临灭顶之灾。还有一个不应该被忽略的事实。"博伊德"号是到旺格罗阿靠岸的第三条欧洲船。一年多前,"商业"(Commerce)号帆船在此靠岸,船上水手带来的传染病暴发,夺走了很多那提乌鲁人的生命。按照毛利人的认知传统,那提乌鲁人认为自己的部落必定是被施加了某种魔咒。这两个事实的叠加和相互印证,促使那提乌鲁人实施乌突,以破除魔咒从而回到平衡状态。因此,实施乌突并不是那提乌鲁人的感性冲动,而是一种为了避免未来更大的灾难降临不

第二章　和欧洲文明的早期接触

得已而为之的"理性"选择；与其说是复仇，毋宁说是责任使然。

比较"博伊德"号和"伊丽莎白"号两次事件中的法律关系，我们可以更为清晰地看到问题的焦点。撇开对毛利习俗不了解不说，汤普森船长要对他所雇佣的毛利人进行处罚时，必定面临和摩尔起诉斯图尔特时同样的困境：处罚的依据和被处罚的对象和行为分别处于两种不同的文化认知体系中。一个是未来的毛利酋长被英国船长所雇佣，一个是英国船长被毛利酋长所雇佣，雇员是否应该适用于雇主的法律？一个是毛利酋长实施乌突杀了英国船长，一个是英国船长按照毛利酋长的指示合谋杀了另外一个毛利酋长，两次事件都夺走了大量无辜人群的生命。根据英国法律，两件谋杀案的杀人凶手必须受到惩戒；按照毛利传统，两件谋杀案都是乌突，乌突本身就是毛利法律，两件谋杀都是对既往行为实施的还报，是避免未来更大灾难降临的必然之举。

摩尔大概只能放弃对斯图尔特的起诉。关于这一点，在达林总督写给殖民地大臣哥德里奇勋爵（Lord Goderich）的报告中得到了验证。斯图尔特在被关押了17天后获释，对他所犯下的罪行甚至连一个形式上的审判都没有，说明当时殖民地政府事实上是放弃了对他的起诉。

消息传到伦敦，举国震惊。国王的辩护律师和检察长的意见与摩尔的意见截然相反：

> 我们认为这是十分清楚的，根据英国的法律，针对特·迈哈拉努伊和他的妻子被谋杀的事实，船长斯图尔特和大副克莱门森（Clementson）作为共犯是有罪的，即使部落的屠杀和他们无关。事实已被充分证明，我们由此感到遗憾的是，新南威尔士州没有采取确保他们将会接受审判的措施。我们建议逮捕他们，并在能找到对他们不利的证人时将他们送交审判。[①]

[①] Robert McNab, *The Old Whaling Days: A History of Southern New Zealand from 1830 to 1840*, Christchurch: Whitcombe & Tombs Limited, 1913, p. 34.

新西兰毛利人**那塔胡**部落的经济变迁

殖民地大臣哥德里奇勋爵毫不掩饰他对斯图尔特船长所作所为的憎恶，在他给达林的继任者伯克（Bourke）总督的回函中，写下了这些令人难忘而又意味深长的话：

> 阅读这些文件所揭露的细节，不能不感到羞耻和愤慨。除非采取一些决定性的预防措施，否则，不幸的新西兰土著恐怕会很快加入野蛮部落的行列。这些野蛮部落在世界各地都有，已沦落为与背负并玷污着基督徒名声的"文明人"交往的献祭。当唯利是图的"欧洲的土著"在野蛮人中间挑拨和煽动，向他们传授那些关于在我们伟大的"城市"中，最下贱的居民的堕落行为和淫荡快感方面的知识，一个不可避免的结局是，经历过各种苦难后的人口迅速下降。[①]

当这些回函和指示到达悉尼时，斯图尔特已不知去向。尽管新南威尔士州殖民地政府立即采取了行动，但已经为时太晚。斯图尔特据说已经葬身大海，但没有确切的时间和地点。然而，他的唯利是图给英国带来的耻辱却没有随之而去，而是持续地发酵，对后世产生了深远的影响。

"伊丽莎白"号事件由于英国人的卷入而变得举世震惊，因此成为毛利人和帕克哈早期接触时期的一个标志性事件，成为后来很多重大历史进程的分水岭。自此以后，阿卡罗阿的那塔胡人始终对英国人怀有敌意，并且，转而向法国人张开了怀抱，阿卡罗阿差点儿成为法国殖民地。英国国内产生了许多积极的影响，促使人们更多地关注新西兰毛利人的境遇状况。正如哥德里奇勋爵所写的那样，经常扪心自问，毛利人是不是沦为了和"欧洲土著"交往的"献祭"。更为重要的是，一些"决定性的预防措施"已经开始酝

[①] Robert McNab, *The Old Whaling Days: A History of Southern New Zealand from 1830 to 1840*, Christchurch: Whitcombe & Tombs Limited, 1913, pp. 34–35.

酿。伦敦和悉尼方面都在思考，随着欧洲移民的增长，如何在新西兰建立起法律规范和秩序。这直接导致了后来《怀唐伊条约》的签订。作为整个殖民进程的一部分，1833年3月，詹姆士·巴斯比（James Busby）被伦敦殖民地办公室任命为英国驻新西兰居民。5月，巴斯比到达群岛湾。

第三章 系统化殖民时期

一 《怀唐伊条约》签订的历史背景

"怀唐伊"（Waitangi）位于北岛的群岛湾，毛利语意为"哭泣的水域"，以流经此地的怀唐伊河而得名。怀唐伊河发源于北岛最北端的奥玛帕利湖（Lake Omapere），从群岛湾流入太平洋。1832年，巴斯比（James Busby）被英国殖民大臣哥德里奇（Lord Goderich）任命为"新西兰居民"。1833年5月，巴斯比抵达怀唐伊。新南威尔士殖民政府为他修建了一幢住宅，后来的《怀唐伊条约》（下称"条约"）就是在此签署。现今，整幢建筑已经被命名为"条约纪念馆"（Treaty House）。

"居民"是英国王室的代理人，负责保护英国在尚未派驻大使或特使的外国领土上的利益。在19世纪上半叶，英国殖民政府在印度普遍使用这种制度。因此，巴斯比当年的任务是保护英国在新西兰和邻近岛屿的商业利益，镇压英国臣民对当地土著实施的不法行为，并在这些地区维持和平。在此之前，巴斯比的临时职位是新南威尔士州税收专管员和土地委员会成员，他本人正在致力于把葡萄种植和红酒生产技术引入澳洲。

巴斯比的任命有两方面的目的。一方面，对毛利人有明显的安抚作用，作为新南威尔士州殖民地政府和新西兰毛利人的桥梁，可以倾听毛利人的不满，起到沟通的作用，让毛利人相信英国政府能够胜任保护他们的愿望。另一方面，对英国在新西兰的定居者来说起到了震慑作用，表明英国法律对定居者仍然适用，以防再出现类

第三章 系统化殖民时期

似斯图尔特船长的事件，在英国政府和毛利人之间制造事端。然而，英国对臣民在非本国领土上针对非本国臣民的犯罪的司法管辖权，是不是只需派驻一个象征性的"英国臣民"在此领土上居住就可以确定？这牵涉英国在整个殖民扩张时期的法律实践，因为没有相关案例，似乎并不是一个能够轻易回答的问题。

除了上述两个方面的考量，巴斯比作为"英国居民"派驻新西兰，还从侧面反映了当时英国政府对新西兰毛利人所持有的犹豫未决的态度。1840年代的英国正处于一个重大变革时期。1830年，辉格党（Whigs）上台，通过支持道德改革，特别是选举制度的改革、废除奴隶制和天主教的解放，恢复了英国国内社会的团结和活力，经济政策向自由贸易和对外开放。"1832年是英格兰历史上伟大的转折点之一"[①]，国会通过了著名的《改革法》（Reform Act），19世纪30年代的悲观情绪逐渐被维多利亚时代的自信所取代，已经逐渐显示出一个鼎盛时代即将到来的预兆。

然而，在对外殖民扩张方面，英国政府却表现出退却和积极性不高的一面。尽管库克船长在1769年就以乔治三世的名义宣布新西兰为英国所有，但是英国政府却没有表现出明显的兴趣。1817年，当"新西兰"这个名字第一次出现在英国的法规中时，是被否认作为英国的殖民地。美国独立战争结束后，英国虽然失去了北美13个殖民地，却在亚洲和非洲重建了第二个大英帝国。在大洋洲，自库克船长1770年发现澳洲东海岸后，新南威尔士成为英国新的罪犯流放地，顶替了原先由美洲种植园所扮演的角色。1778年，第一批罪犯抵达新南威尔士州。美洲殖民地的丧失曾经使英国对扩大殖民失去兴趣，殖民澳大利亚的成功进一步削弱了英国在全球扩大殖民范围的意愿[②]。

[①] ［英］西蒙·詹金斯：《英格兰简史：从公元410年到21世纪的帝国兴衰》，钱峰译，化学工业出版社2017年版，第232页。

[②] H. L. Jones & C. Sherratt, *A History of the British Colonies*, London: University Tutorial Press, 1921, pp. 133–139.

新西兰毛利人**那塔胡**部落的经济变迁

从更深层次来看，当时的英国对进一步扩大殖民版图缺乏动力，还和1776年亚当·斯密（Adam Smith）《国富论》的出版有关。英国对外扩张的主要动力是商业利益。按照斯密的观点，追求商业利益并不一定需要在政治上取得控制权，而只需要营造一个自由贸易的环境。要对一个国家或地区在政治上取得控制权需要付出高昂的成本。因此，最理想的情况是，一个最小的国家和一个商业上自由竞争的国际环境。这是斯密教给当时英国政府的核心原则。从英国政府自身来看，自17世纪以来，如何应对和处理英国主权和殖民政府与全球各地错综复杂的土著法律和财产制度之间的关系，一直是让英国政府感到棘手的事情。随着殖民范围的扩大，英国与非洲、阿拉伯、波斯、东印度群岛、东南亚和北美的非欧洲国家等签订了数百项协议。虽然，在英国以外取得新领土的权力是英国王室（行政机关）的特权。就像处理一般的外交事务一样，获得主权是国家行为，不受英国法院的审查，也不需要议会的授权，但管理如此众多的殖民地也不是一件易事。1830年代，和爱尔兰产生的分歧，以及在印度和加拿大进行领土扩张时碰到的很多麻烦，都使得英国政府在处理殖民地事务上疲态尽显、倦于进取。

以上几个方面的原因，可能可以解释英国政府最初对取得新西兰的领土和主权的积极性并不高。非但不是"认真地承担起系统化地占领新西兰的责任，反而有系统化地放弃新西兰的趋势"[1]。至少，在把新西兰纳入殖民版图这件事上，英国政府内部还没有形成一个统一的认识，还处于观望和犹豫不决的态度。但是，捕鲸所带来的商业利益是巨大的，新西兰亚麻和木材的出口已逐渐形成规模。而且，随着英国人在新西兰定居者的逐渐增多，如何把定居者纳入法治管理的范围，协调和当地毛利人的关系，在双方之间缔造一个良好的社会交往秩序，是确保英国商业

---

[1] T. L. Buick, *The Treaty of Waitangyi*: *How New Zealand Became A British Colony*, Wellington (N.Z.): S. & W. Mackay, 1914, p. 2.

利益的必要条件。因此，巴斯比就这样以英国政府观察员的身份来到群岛湾。

从新西兰各个部落的毛利酋长们的角度来看，和英国政府合作的愿望显得更为迫切，主要有以下三个方面的原因。

（一）毛利人渴望参与世界经济过程，获得西方先进的物质文明和技术。1830年代，南岛的主要经济活动是捕鲸，那塔胡人主要是通过捕鲸的后勤补给和充当水手参与其中。北岛的气候温润、植被茂盛，除了盛产木材和亚麻外，种植业也已经达到了相当的规模。土豆是主要品种，小麦种植也获得了巨大发展，面粉加工作坊如雨后春笋般在各地兴起。1830年，28艘平均重达110吨的船只在悉尼和新西兰之间航行了56次，运送着毛利人种植的土豆和磨碎的谷物①。毛利人手工制作的亚麻具有很高价值，是制造缆绳的上等原料。1831年是亚麻贸易的高峰期，新西兰一共向悉尼出口了1182吨亚胡麻，其中，800吨由英国皇家海军购买②。到1833年，木材已经取代亚麻成为毛利人最大的出口收入来源。但这种贸易并不是长期可持续性的，可持续性的贸易仍然需要农业生产集约化的发展。悉尼海关的统计数据显示，1831年新南威尔士州出口新西兰价值34076英镑，从新西兰进口34282英镑③。火枪和弹药、金属工具、烟草和朗姆酒等，是出口新西兰的主要商品。

然而，毛利人发现如果他们不是既有的国际体系的正式参与者，很难和其他国家进行商业贸易。1830年，北岛酋长洪基昂阿（Hokianga）建造了一艘货船"圣乔治默里"（Sir George Murray）号，用于向新南威尔士州运输亚麻和木材。这艘船及所载货物在新

---

① Hazel Petrie, "Colonisation and the Involution of the Maori Economy", A paper for Session 24 XIII World Congress of Economic History, Buenos Aires, July 2002.
② Hazel Petrie, "Colonisation and the Involution of the Maori Economy", A paper for Session 24 XIII World Congress of Economic History, Buenos Aires, July 2002.
③ Hazel Petrie, "Colonisation and the Involution of the Maori Economy", A paper for Session 24 XIII World Congress of Economic History, Buenos Aires, July 2002.

新西兰毛利人**那塔胡**部落的经济变迁

南威尔士被查扣。根据英国航海法，任何远洋航行的船只都需要正式注册和悬挂国旗。新西兰在国际社会没有任何地位，不可能出具任何合法的文件。这一事件使毛利人意识到组建一个国家是参与世界经济贸易的必要条件。1834年3月20日，巴斯比召集25位北岛的毛利酋长开会，投票决定毛利船只悬挂的"国旗"式样，有当地的传教士、白人定居者和13艘船的船长在场。新西兰的第一面国旗就是在这个时候确定的，并且在巴斯比的斡旋下，得到了英国海军部的承认。

1835年10月28日，在巴斯比的参与和协助下，新西兰北岛的34位毛利酋长在怀唐伊签署了《新西兰部落联邦独立宣言》（下称"宣言"），其文本如下：

（1）我们，新西兰北部部落世袭的酋长和首领，于1835年10月28日在群岛湾的怀唐伊举行集会，宣布我们的国家独立，在新西兰联合部落的名义下成为一个独立国家。

（2）新西兰联合部落领土范围内的所有主权，完全地和唯一地属于世袭的部落酋长和首领们集体所有。这些部落酋长和首领们宣布，不允许任何立法权力脱离这个集体而存在，也不允许在上述领土内行使任何政府职能，除非由他们指定的人在定期颁布的国会法律的授权下进行。

（3）世袭的部落酋长和首领们同意每年秋天在怀唐伊的国会聚会，制定正义分配、维护和平与秩序，以及贸易规则的法律；他们诚挚地邀请南方部落放下私人恩怨，加入联合部落邦联，一同商讨国家安全和毛利人福祉的大计。

（4）部落酋长和首领们同意呈送一个宣言的副本给英国女王陛下，感谢她承认新西兰的国旗，作为友谊和保护的回报。因为他的子民已经在这个国家定居，居住在海滨进行贸易，酋长们请求女王陛下继续作为这个尚处于婴儿期的国家的父母，保护它的独立。

全体一致同意，于 1835 年 10 月 28 日，女王陛下臣民在场。①

这份宣言的目的，明确指向"制定正义分配、维护和平与秩序，以及贸易规则的法律"，并且希望英国作为新西兰的保护国。之后，毛利人的舰船挂上新西兰国旗，新南威尔士的英国殖民地政府事实上承认了作为新西兰毛利人的保护国。

（二）毛利人希望借助英国的力量，来平息部落之间的争端和冲突。持续近二十年的火枪战争，给毛利各个部落带来了巨大伤害。据估计，有 6 万—8 万毛利人在此过程中直接或间接地失去生命。毛利人已经醒悟过来，传统的、为了维持和获得玛纳而进行的乌图行动不值得继续付出如此沉重的代价。正如后来那塔胡部落领袖亨纳尔·芮奇伊黑尔·陶（Henare Rakiihia Tau）在怀唐伊法庭上所做的陈述："那塔胡和全人类所具有的内部的黑暗和负面力量都被释放了，当地氏族之间的长期不和是一种彻头彻尾的愚蠢和纯粹的嫉妒，为特·劳帕拉哈把凯尔波伊夷为平地铺平了道路。"② 然而，在失去了无数人的生命以后，这种"彻头彻尾的愚蠢和纯粹的嫉妒"所导致的"长期不和"已经蜕变成为部落之间不共戴天的世仇，如果按照毛利法律的乌图逻辑，必然要一起走向灭亡。因此，向英国王室寻求帮助从而获得法律和秩序，似乎是历史的必然选择。在 1835 年的"宣言"中，北岛的部落为了"维护和平与秩序"，诚挚地邀请南方部落放下历史恩怨，共同成立新西兰毛利部落联邦，就是这种历史选择的具体表述。

（三）毛利人自身健康状况的恶化，也是寄望于英国人帮助的一个重要原因。新西兰长期与世隔绝，岛上的生物群落单一、生态环境脆弱。库克船长不仅给毛利人带来了马铃薯、小麦、猪和老

---

① T. L. Buick, *The Treaty of Waitangyi: How New Zealand Became A British Colony*, Wellington (N. Z.): S. & W. Mackay, 1914, pp. 46-47.

② Waitangi Tribunal (WAI 27), *Ngai Tahu Land Report*, 1991, 3.3.6.

鼠,也带来了西方世界的病菌。无论毛利人还是帕克哈都没有意识到,这些来自西方的动物、植物和病菌,在一个完全陌生的生态系统中到处散落和传播,"会像在火药库里点燃蜡烛一样容易奏效"①。小麦一年两熟,所有的植物都长得飞快,但还比不上猪、羊、牛、马等引进动物的繁殖速度。来自欧洲的病原菌也是如此,"毛利人像冈茨人、美洲印第安人和澳洲土著人一样缺少 B 型血,这是长期与世隔绝和对流行病缺乏经验的特征"②。除了麻疹、天花、疟疾和伤寒等传染病外,"肺结核和性病是毛利人的最大的天敌,这两种流行病成了 19 世纪毛利历史的基调"③。毛利传统的一夫多妻制,以及部落支持妇女提供性服务和帕克哈做交易的策略,使得性病泛滥,毛利人对此束手无策,严重摧残了毛利妇女的生育能力。1850 年代,旺格努伊地区的抽样调查中,超过一半的毛利妇女要么从未生育,要么没有子女存活下来④。然而,对毛利现存人口而言,肺结核才是最大的杀手,是毛利人死亡的主要病因。即使迟至 1939 年,肺结核还仍然占毛利人总死亡率的 22%。

当时,毛利人中流传着这样一则谚语:"正像白人的老鼠赶走了土生鼠,欧洲的苍蝇赶走了我们的苍蝇,红花草杀死了我们的蕨类植物一样,毛利人也会消失在白人面前。"⑤ 这种悲观绝望的情绪在毛利人中到处蔓延。与此相比,帕克哈的家庭却健康而子女众多。1837 年,巴斯比在给殖民地大臣的一封信中这样写道:"这预示着在不远的将来,这个国家的土著居民将一个不剩……土著人认

---

① [美] 艾尔弗雷德·W. 克罗斯比:《生态扩张主义》,许友民、许学征译,辽宁教育出版社 2001 年版,第 231 页。

② [美] 艾尔弗雷德·W. 克罗斯比:《生态扩张主义》,许友民、许学征译,辽宁教育出版社 2001 年版,第 232 页。

③ [美] 艾尔弗雷德·W. 克罗斯比:《生态扩张主义》,许友民、许学征译,辽宁教育出版社 2001 年版,第 243 页。

④ [美] 艾尔弗雷德·W. 克罗斯比:《生态扩张主义》,许友民、许学征译,辽宁教育出版社 2001 年版,第 257 页。

⑤ [美] 艾尔弗雷德·W. 克罗斯比:《生态扩张主义》,许友民、许学征译,辽宁教育出版社 2001 年版,第 267 页。

为是英国人的上帝要把土著居民灭绝以便为英国人腾出生存空间；在我看来这种观念在他们中间造成了一种普遍的对生命不以为然和冷漠的态度。"①

从上面的分析可知，1840年《怀唐伊条约》的签署有一定的历史必然性，毛利人希望改变自身的生存状况是主要动因。一方面，毛利人渴求加入世界经济交换体系，分享欧洲的物质技术和文化；另一方面，由于常年的部落战争和西方的生态侵入，毛利人的生存境遇每况愈下，亟须借助西方的力量建立殖民政府和法律体系，以化解历史上的部落恩怨，规范社会秩序，维系自己氏族和部落的生存。

1838年，英国政府殖民新西兰的态度突然发生了变化，主要有两个原因触发。第一，新南威尔士州和新西兰之间持续增长的贸易已经显示出巨大的商业利益。英国民间也受此鼓舞，一直主张用特许经营权进行殖民的"新西兰协会"已成立新西兰公司②，准备大量购买土地。彼时，大约有2000英国人在新西兰定居。如何将英国移民纳入法制轨道，在白人和毛利人自发形成的杂居社会中建立社会秩序、规范土地买卖，对英国政府形成倒逼之势。第二，已有消息传来，法国计划在南岛的阿卡罗阿（Akaroa）地区建立一个殖民地，阿卡罗阿是斯图尔特船长犯下滔天罪行并给英国带来耻辱的地方。而美国政府也已经任命了一名新西兰领事，即将被认可为"酋长联合会"的成员。当时，英国同法国以及刚刚崛起的美国之间的对抗，主要体现在殖民势力范围的此消彼长。这两方面的原因，促成了英国政府匆忙采取行动，将新西兰纳入帝国的殖民版图。

---

① T. L. Buick, *The Treaty of Waitangyi: How New Zealand Became A British Colony*, Wellington (N. Z.): S. & W. Mackay, 1914, p. 33.

② 新西兰公司最早成立于1825年，但初期没有建树。1837年，与以韦克菲尔德（Edward Gibbon Wakefield）为首的新西兰协会合并。韦克菲尔德是早期殖民新西兰的代表人物，新成立的新西兰公司成了英国移民和潜在移民的代言人。

二　条约的签订

1839年8月13日，英国皇家海军上校威廉·霍布森（William Hobson）被正式任命为英国驻新西兰的副总领事。14日，殖民地大臣诺曼比（Normanby）指示霍布森前往新西兰完成三个任务：（1）与毛利部落通过条约的形式寻求主权或部分主权的割让；（2）在主权割让的领地上完全控制土地的出售；（3）为已经在新西兰定居的英国人和将要到来的新移民建立一个公民政府。

1840年1月29日，霍布森抵达群岛湾。30日，巴斯比向毛利酋长们发出邀请函，邀请他们于2月5日到怀唐伊集会，会见英国委派的新西兰总督并签署条约。4日，巴斯比起草的条约草案被霍布森船长采纳，除了某些段落细微的措辞外没有做任何修改[1]。霍布森随即请牧师亨利·威廉姆斯（Henry Williams）和他的儿子爱德华·威廉姆斯（Edward Williams）进行翻译，爱德华·威廉姆斯是当时为数不多的精通北岛部落语言的毛利语专家，父子俩花了一个通宵翻译完条约。2月5日，霍布森在集会上向毛利酋长们宣读了《怀唐伊条约》的英文版本，威廉姆斯则宣读了条约的毛利语版本。很多年以后，威廉姆斯回忆起当时的情景：

> 在一片深沉的寂静中，我向全体在场者朗读条约。我告诉大家要仔细倾听，逐条向酋长们解释，提醒他们不要着急。并且，告诉他们，我们传教士完全赞成这个条约。这是女王对他们的一种爱，希望保护他们的财产、权利和特权。这个条约对他们来说是一个堡垒，可以防止任何外国势力想要侵占他们的

---

[1] T. L. Buick, *The Treaty of Waitangyi: How New Zealand Became A British Colony*, Wellington (N. Z.): S. & W. Mackay, 1914, p. 89.

国家的企图，就像法国人占领塔希提（Otiaiti）一样。①

毛利酋长们经过一整天的讨论。2月6日下午，比霍布森计划签署的时间提前了一天，一共有45名酋长在条约上签名。随后，条约的八个副本被分别送往新西兰各地去征集酋长的签名。从1840年2月至9月，在新西兰全国一共举行了50次以上的聚会讨论，征集了近500个毛利酋长的签名。最终，一共有大约540个毛利酋长在条约上画押。其中，条约的英文文本有39个酋长的签名，其余都是毛利文本上的签名。

1840年5月21日，霍布森宣布对新西兰全岛拥有主权。北岛的主权是通过《怀唐伊条约》的让渡条款获得，南岛和斯图尔特岛的主权则是根据发现和先占原则取得。这两个公告于1840年10月2日在伦敦见报②。

早在刚被任命为新西兰副总督时，霍布森就向殖民地办公室表达了北岛和南岛的土著居民具有"本质上不同"的观点。他认为"南岛的野蛮人，看起来几乎不可能遵守条约的形式"，请求依据发现和先占原则宣索对南岛的主权。诺曼比于1839年8月15日回信写道："如果像你所假定的，南岛毛利人因为无知而不能胜任与王室签订任何条约，可以根据发现和先占原则宣告对南岛的主权。"③ 发现和先占原则源自古希腊斯多葛学派的自然法体系，未被开发和垦殖的土地属于"无主土地"，从未被真正占有过。当时南岛广袤的地域几乎完全属于未开垦的状态，如果英国人根据发现和先占原则宣告对南岛的主权，意味着居住在南岛的那塔胡部落根本不能适用《怀唐伊条约》，甚至那塔胡人从来就不曾在这块土地上生存过。

---

① T. L. Buick, *The Treaty of Waitangyi*: *How New Zealand Became A British Colony*, Wellington (N. Z.): S. & W. Mackay, 1914, pp. 100 – 101.
② Waitangi Tribunal (WAI 27), *Ngai Tahu Land Report*, 1991, 4.2.1.
③ T. L. Buick, *The Treaty of Waitangyi*: *How New Zealand Became A British Colony*, Wellington (N. Z.): S. & W. Mackay, 1914, p. 77.

新西兰毛利人那塔胡部落的经济变迁

1840年4月28日,霍布森委派托马斯·邦伯利(Thomas Bunbury)少校前往南岛征集毛利酋长的签名,爱德华·威廉姆斯担任翻译。5月30号,邦伯利乘坐"皇家信使号"沿东海岸来到班克斯半岛的阿卡罗阿(Akaroa)海豹湾。阿卡罗瓦位于班克斯半岛,是离坎特伯雷平原最近的出海口。邦伯利在此征集到氏族酋长约翰·提考(John Tikao)和伊维栝(Iwikau)的签名。在血腥的"伊丽莎白"号事件中,伊维栝曾经被俘虏。6月4日,邦伯利沿东海岸一直驶往斯图尔特岛(Stewart Island)。斯图尔特岛位于南岛以南32公里的南太平洋中,隔福沃海峡与南岛相望。"皇家信使号"在西风湾(Zephyr Bay)抛锚。由于没有前往那塔胡人在岛上帕特森湾(Paterson Inlet)的定居地,邦伯利误以为岛上无人居住,遂依据库克船长是斯图尔特岛的最先发现者而对该岛宣告英国主权。

随后,邦伯利向北折返,前往鲁阿普基岛(Ruapuke Island),去征集著名的"血腥杰克"——图哈怀基酋长的签名。当年,图哈怀基在处于绝对劣势的情况下,率领200勇士挫败了以特·劳帕拉哈为首的北方部落联盟的大举进攻,挽救那塔胡于灭顶之灾。在马尔堡(Marlborough)海岸,他意气风发地登上一艘英国战船,当被问及他是谁时,图哈怀基曾自豪地回答:"我,一直是威灵顿公爵(Duke of Wellington),特·劳帕拉哈仍然是拿破仑。"①

当"皇家信使号"快靠岸时,一艘由一个帕克哈和两个毛利人驾驶的小船驶来。帕克哈登上了"皇家信使号",自称名叫赫斯基思(Hesketh),是悉尼琼斯公司的常驻代理人,与图哈怀基酋长有着密切的业务关系。赫斯基思说,他们期待"皇家信使号"的到来已经有一段时间了。

次日,图哈怀基来访。邦伯利回忆图哈怀基登上"皇家信使号"时的情景:

---

① T. L. Buick, *The Treaty of Waitangyi: How New Zealand Became A British Colony*, Wellington (N. Z.): S. & W. Mackay, 1914, p. 183.

他身穿英国副官的正式制服①,配有金色蕾丝长裤、三角帽和羽毛,由一个穿着相应制服的勤务兵中士陪同。他能说一点英语,看上去很清楚条约的性质,并且毫不犹豫地签了字。图哈怀基还给了我一份用英语写的文件,希望我能签署。这是一份声明,声明鲁阿普基岛是他和部落的财产,也是那些曾得到他赠予的土地之人的财产②。

邦伯利看完以后在文件的背面写道:"我已读过这份文件,但我不准备就其要点发表意见或提供任何信息。该条约保证他们的土地和其他财产完全和专属于土著人。"③ 此外,邦伯利在鲁阿普基岛还征集到另外两个氏族酋长凯库拉(Kaikoura)和泰阿偌(Taiaroa)的签名。

6月13日,邦伯利继续往北到达奥塔戈港(Otago harbour),征集到克若克(Koroko)和卡瑞泰(Karetai)两位酋长的签名。17日,邦伯利沿东海岸航行到南岛最北边的云雾湾(Cloudy Bay),征集到9个酋长的签名。至此,邦伯利一共征集到南岛16个毛利酋长的签名。随后,邦伯利宣读了对南岛拥有主权的公告并举行了一个正式的庆典,还燃放了21响皇家礼炮④。

邦伯利在云雾湾举行的公开宣布对南岛拥有主权的仪式,起到了先发制人的作用,对阻止法国人占领班克斯半岛起到了至关重要的作用。事实上,7月11日,法国武装快舰"拉奥贝"(L'Aube)号就已经抵达北岛群岛湾,快舰装备有22门火炮、载有160个士兵,准备前往阿卡罗瓦,协助那里的法国移民建立一个殖民地。阿

---

① 图哈怀基三月份刚从悉尼返回,这套制服是新南威尔士州总督乔治·吉普斯爵士(Sir George Gipps)送给他的礼物。
② T. L. Buick, *The Treaty of Waitangyi*: *How New Zealand Became A British Colony*, Wellington (N. Z.): S. & W. Mackay, 1914, p. 183.
③ T. L. Buick, *The Treaty of Waitangyi*: *How New Zealand Became A British Colony*, Wellington (N. Z.): S. & W. Mackay, 1914, p. 184.
④ Waitangi Tribunal (WAI 27), *Ngai Tahu Land Report*, 1991, 4.2.2.

卡罗瓦差一点成了新西兰的魁北克。

　　1840年6月28日，邦伯利在写给霍布森的报告中，清楚地表达了他对所遇到的南岛毛利人的积极印象，他们中间的许多人都能使用英语，在理解条约方面和北岛的毛利人没有区别。显然，霍布森对南岛毛利人的预判和假想是错误的。相反，那塔胡人对怀唐伊条约表示出巨大的信赖，像图哈怀基等主要酋长都很乐意地签署了条约。这一事实是对霍布森的建议最好的回答，那塔胡拒绝了王室以发现和先占原则对南岛宣告主权的意图。

三　毛利大宪章

　　《怀唐伊条约》有毛利文和英文两个版本，"一共包括九个文献：最初的英文和羊皮纸毛利文原本，七个毛利文副本和一个英文翻印本"①。这九个文献连同1835年签署的《新西兰部落联邦独立宣言》，如今都在新西兰国家图书馆进行永久性的陈列展示。

　　由于时间仓促，英国政府需要抢在法国人之前宣布对新西兰的主权，条约的起草、拟定和翻译都不够精确和严谨，签署和征集签名过程也是绝无仅有，用今天的眼光来看的确令人匪夷所思。尤其是英文版本和毛利文版本之间存在的重大分歧，使得条约从签订之日起就陷入因各执一词而缺乏相关法律效力的尴尬境地，这一状况一直延续至今。英文版的条约原文抄录如下②：

　　　　序言

　　　　大不列颠及北爱尔兰联合王国维多利亚女王陛下对新西兰土著酋长和部落深表敬意，并渴望保护他们的正当权利和财

---

① ［新］菲利帕·梅因·史密斯：《新西兰史》，傅有强译，商务印书馆2009年版，第53页。
② Treaty of Waitangi Act 1975, Reprinted as at 23 September 2015, pp. 30-31.（http：//www. legislation. govt. nz/act/public/1975/0114/71. 0/DLM435368. html.）

产，确保他们享受和平与良好的秩序。因为女王陛下的许多臣民已经在新西兰定居，来自欧洲和澳大利亚的移民还在迅速扩大，这些移民仍在形成之中。因此，女王陛下认为这是必要的，即任命一名得到适当授权的代表与新西兰土著人交涉，以承认女王陛下对这些岛屿的全部或任何部分的君主权力——因此，女王陛下希望建立一个稳定的公民政府，以避免由于缺乏必要的法律和制度而对土著人民和她的臣民们造成的恶果。我，威廉·霍布森被荣幸地任命为女王陛下的皇家海军领事和新西兰的副总督，现在或以后将由女王陛下授权，邀请新西兰联盟和独立的酋长们同意下列条款和条件。

第一条

新西兰联合部落联盟的酋长们以及尚未成为联盟成员的独立酋长们将所有主权和权力毫无保留地完全让渡给英国女王陛下，包括该联盟或独立酋长分别行使或拥有、可能行使或拥有的，在其各自的领土上的唯一主权。

第二条

英国女王陛下向新西兰的酋长和部落及其各自的家庭和个人确认并保证对其土地和地产、森林、渔业和其他财产享有完全独占和不受干扰的所有权，只要他们愿意，他们就可以集体地或个别地保持和拥有这些权利；部落联盟的酋长和独立酋长们给予女王陛下对所转让土地财产的独占的优先购买权，转让价格由女王陛下任命的购买代理人和各个土地所有人协商确定。

第三条

考虑到这一点，英国女王陛下向新西兰土著人提供王室保护，并赋予他们英国臣民的所有权利和特权。

（签名）副州长威廉·霍布森

因此，我们新西兰毛利部落联盟的酋长们在怀唐伊的维多利亚召开联盟大会，我们是新西兰独立的酋长，对以我们各自名字命名的部落和领土拥有主权。在被要求充分理解上述条约的各项条款后,以条约的精神和意义为证,接受并签署本条约,并分别在指定的地点和日期签字或盖章。

一千八百四十年二月六日于怀唐伊。

条约两个文本之间的第一个重大歧义是对英语"主权"(sovereignty)一词的界定,毛利语中没有对应的概念。毛利酋长们在自己领地内代表氏族行使管辖权,但并不是整个国家的统治者,在当时的毛利语境中,也没有国家和政府的概念。传统的毛利权力形式无法解释英国人的"主权"。威廉姆斯父子把"主权"(sovereignty)翻译为毛利语"卡瓦纳唐戈"(kawanatanga),今天直译为"管辖权"(governance)。在传教士翻译成毛利语的圣经中,"kawana"翻译为"总督"(governor),威廉姆斯据此造出新词"卡瓦纳唐戈"(kawanatanga)来翻译"主权",毛利酋长们理解为"管辖权","管辖权"意味着毛利酋长们所让渡给女王的仅仅是管理的职能。

第二个重大歧义在于英文"property"和毛利语"taonga"没有一一对应,存在歧义性理解。英文版本用"property"指有形的财产所有权,主要是针对土地而言,"所有权"这一术语出自英国习惯法。而在条约的毛利版本中所使用的"taonga"泛指财富,可以是任何毛利人认为是珍贵和值得珍藏的东西,包括语言和文化等无形财富。彼时,对于土地,毛利人的思维和心智中没有所有权这一概念。人是属于土地的,可以在一定期限内使用但不可能具有土地的独占权。

第三个分歧在于土地的优先购买权。英文版本的相关条款表述为"女王独占的优先购买权"(to Her Majesty the exclusive right of Preemption),规定了毛利人的土地只能出售给女王的购买代理人。"emption"来自拉丁语"emptum",意思是"购买"。在英国法律中,优先购买权(Preemption)是指"在新产生的财产能够提供给任何其他人或者实体之前,取得该财产的合同权利"[①]。条约的毛

---

① https://en.wikipedia.org/wiki/Pre-emption_right.

利版本则只是简单地表述为"hokonga",意思是"买、卖和交易"。显然,毛利酋长们理解成先向女王的购买代理人报价,如果价格不满意,还可以再向别人出售。

此外,1840年的毛利社会没有书写的习惯,毛利文字也是在很晚近1810年左右才出现。传统的毛利社会只有语言而无文字,所有的契约都是口头契约,在毛利人心目中并没有书面约定签字为据的概念。毛利酋长们参加集会,主要是来听霍布森和传教士亲口所说,而不是来探讨条约的文字文本和签字画押的。在条约的所有签名中,只有12个毛利酋长的签名使用了拉丁字母,其余或者是通过画上自己面部文身的图案来表达和确认自己的签名,或者是在文件上简单地用"X"标记签名。同样,毛利酋长们签署条约文本时的很多诉求也都是口头提出,然后得到征集签名者代表英国王室做出的口头允诺,像图哈怀基那样要求邦伯利签字画押的,凤毛麟角。但是,在英国人的法律意识中,任何契约的达成势必需要立下书面字据,当书面契约和口头契约同时存在时必然是以书面的为准。在这种情况下,可以说任何口头应诺都是无效的,因而可以随意做出。书面契约和口头契约的文化差异,也是造成后来毛利人普遍认为英国王室违约而英国人不以为然的原因。

霍布森宣告英国对新西兰拥有主权以后,在英国和整个西方世界的概念中,新西兰成为英国的殖民地,英国获得新西兰的统治权,意味着新西兰所有有关政府、法律、财产、军事、外交等事务都由英国掌控。这是一套西方世界认可且熟悉的惯例。但是,当时的毛利酋长们如何理解条约?这个问题后来吸引了大量的学者。后世的学者在研究这个问题时都只能是尽量去揣摩,但往往又不能规避自身带有的感情色彩。当有政治因素牵涉其中时,这些带有感情色彩的各种说辞难免成为某种政治态度和利益的代表,失去了客观性。例如,著名历史学家黑兹尔·皮特里(Hazel Petrie)认为,地方自治权威和互惠义务是毛利人签订条约时所考量的两个基本原则,条约是"在毛利酋长地位和自治得到保证的前提下,英国王室和毛利酋长之间的伙伴关系和互利互惠义务的一个安排"[1]。

对1840年的毛利酋长们而言，要完全理解这套来自西方的复杂的制度和体系实乃天方夜谭，非一日之寒所能冰冻。毛利人可能只是隐约地意识到有这样一个制度和体系的存在，但又不能确定这个制度和体系究竟是什么，更不能确定这个制度和体系将会给他们带来什么样的改变。只是在一种对西方半信半疑而又强烈向往的神秘和不安的情绪中，走进了英国系统化殖民的历史进程。

四　让渡主权：从影子到实质

毛利主权从法律文本的角度，可以追溯到1835年北岛部落酋长们签署的《新西兰部落联邦独立宣言》。宣言第二条："新西兰联合部落领土范围内的所有主权，完全地和唯一地属于世袭的部落酋长和首领们集体所有。"这里的"主权"，毛利语原文是"mana whenua"，玛纳＋土地，直译为"对土地的权利"。因此，在1835年的宣言中，毛利酋长们认为"主权"就是指"对土地的权利"。

因此，现代有的学者认为，条约中的"主权"应该翻译为"玛纳"。因为在1835年的宣言中，威廉姆斯就使用了"玛纳"一词来指代"主权"。然而，对毛利人而言，让一个酋长出让玛纳是完全不可想象的。玛纳是他所代表的氏族与祖先乃至整个世界联系的纽带，失去玛纳就意味着整个氏族的毁灭，变成非其所是的存在，毛利人只会为玛纳而付出生命。因此，如果条约中有这样的表述，条约可能根本不会被毛利人所接受。当年，威廉姆斯父子在翻译过程中是否有此顾虑，现在已不得而知。有的学者认为，整个条约文本没有使用"玛纳"一词，威廉姆斯父子应该"负有相当的

---

[1] Hazel Petrie, "Colonisation and the Involution of the Maori Economy", A paper for Session 24 XIII World Congress of Economic History, Buenos Aires, July 2002.

责任"①。

此外，认为毛利所理解的"主权"就是指"土地权利"还需要考虑两个因素。一是酋长们"集体所有"的概念并未上升到国家的层面，依旧是部落和世袭的；二是宣言是在巴斯比的策划和帮助下拟定的，可以说反映了巴斯比本人的政治智慧，以及他对自己和新西兰的未来期许②。如同历史学家琳赛·科克斯（Lindsay Cox）所言，巴斯比可能希望"在毛利人中间播下国家地位的种子，给予毛利人在国际舞台上一致行动的模式，以及国家行政的可能程序"③，但尚不足以说明毛利酋长们已经把"主权"同"土地权利"完整地联系起来，并由此获得一致的法律概念和形式。

如果毛利酋长们已经把"主权"等同于"土地权利"，根据条约的毛利文版本，条约第一款确认毛利酋长们让渡的就不仅仅是"管理的职能"，而是"土地权利"。但是，条约第二款又明确规定："英格兰女王承认并保证新西兰酋长、部族和所有人民之土地、定居点和所有个人财产完整而至高无上的地位。"因此，可以推定在签署条约时，毛利人所理解的主权的概念并非"土地权利"。

1840年4月，肖特兰和泰勒牧师（Rev. Mr. Taylor）受霍布森的派遣前往北岛北部征集毛利酋长的签名。当他们来到凯塔亚（Kaitaia），向德拉拉瓦（Te Rarawa）部落酋长诺贝拉·帕那卡瑞奥（Nopera Panakareao）征集条约签名时，诺贝拉说出了他对条约

---

① R. M. Ross, "Te Tiriti o Waitangi Texts and Translations", *NZ Journal of History*, Volume 06, No. 2, 1972, p. 141.

② 巴斯比个人对新西兰的政治主张可以说已经反映在1835年的宣言当中，但他一直对当时英国的殖民办公室所赋予他的权力不能满足他所需完成的任务耿耿于怀，毛利人称他为"不带枪的战士"。他本人在条约签订之前已经向毛利人购买了土地，并且还因此起了争端，在自己家门口被一个毛利人暗枪所伤。

③ Lindsay Cox, *Kotahitanga*, *The Search for Maori Political Unity*, New York: Oxford University Press, 1993, p. 42.

的理解:"土地的影子归女王所有,但(土地的)实质却与我们同在。"① 当诺贝拉用"影子"来比喻主权时,他确定这是一个抽象的、不明确的、不牵涉"土地的实质"的概念。这个理解后来被广为流传,可以说代表了当时毛利人对一个国家及其所拥有的主权的模糊的认知。

1914年,别克(T. Lindsay Buick)出版了著名的《怀唐伊条约:新西兰怎样成为英国殖民地》一书。别克认为条约是英国历史上首次和"一个野蛮种族"所直接达成的"外交安排"②。由于它清楚地表明了新西兰如何成为殖民地和单一民族国家的合法性,因此,条约应被视为新西兰建国的奠基性文献。同时,"英国没有任何理由为其获得新西兰主权的方式感到羞愧"③。别克的言下之意是,毛利人在把主权让渡给英国王室之前,理所当然地已经拥有新西兰的主权,至少是拥有名义上的主权。这是条约合法性的基础。

20世纪上半叶的毛利领导人那塔(Apirana Ngata)也认为,条约签署时毛利人已经把主权让渡给英国王室。只是毛利人此时对国家主权的理解,那塔认为是"首要的权力"(chiefly authority),正如"酋长的话就是他的部落的法律,只有酋长可以宣告战争和要求和平"④。那塔出生于1874年,是著名的毛利学者和政治家,也是第一个获得大学本科学位的毛利大学生。那塔于1905年当选为新西兰议员,一直服务到1948年。在四十多年的从政期间,那塔数次进入新西兰内阁,担任部长等政府要职。那塔曾花费大量的精力专门研究条约签署时毛利人对"主权"一词的理解。他认为,"由

---

① T. L. Buick, *The Treaty of Waitangyi: How New Zealand Became A British Colony*, Wellington (N. Z.): S. & W. Mackay, 1914, p.146; Claudia Orange, *An Illustrated History of the Treaty of Waitangi*, Wellington (N. Z.): Bridget Williams Books, 2002, p.38.

② T. L. Buick, *The Treaty of Waitangyi: How New Zealand Became A British Colony*, Wellington (N. Z.): S. & W. Mackay, 1914, preface ix.

③ T. L. Buick, *The Treaty of Waitangyi: How New Zealand Became A British Colony*, Wellington (N. Z.): S. & W. Mackay, 1914, p.122.

④ Apirana Ngata, *The Treaty of Waitangi An Explanation, Te Tiriti o Waitangi, He Whakamarama*, Hastings: Strickland and Bryant, 1922, p.128.

于毛利人在其繁荣强大的时候没有建立一个政府，也没有制定一套法律，因此，毛利人应该接受新西兰的主权随着条约的签订而让渡给英国王室的事实"①。那塔把主权解读为"首要的权力"还有一个原因，在后来新西兰殖民地政府个体化毛利集体土地的过程中，"由于出现了许多问题，需要一个行政的权力来调查和确定谁该获得土地"②。无疑，那塔的"首要的权力"是指凌驾于酋长权力之上的国家行政权力。

别克和那塔都认为在条约签订时毛利人已经把新西兰主权让渡给了英国王室，只是毛利人对主权的理解有所不同。别克认为是名义上的主权，那塔认为是首要的国家行政权力，也即是实质上的主权。并且，两人都引用了著名的"土地的影子"的隐喻，来说明毛利人对"主权"一词的理解。

五 失去土地：从实质到影子

对1840年代的毛利人来说，如果说，主权还是一个较为遥远而模糊的概念的话，那么，土地就是切身之痛了。在1954年的《联合国宪章》颁布之前，对土地的掠夺主要有两种方式。依据欧洲传统的罗马法体系，经由武力征服而占领或割让的土地具有合法的权属关系。此外，源自古希腊斯多葛学派的自然法体系中的"发现和先占"原则，17世纪经由欧洲殖民者牵强而武断地解释——未被开发和垦殖的土地属于"无主土地"，因而从未被真正占有过，谁先开发和垦殖就属于谁，这个解释主导了整个航海时代对新大陆土地的掠夺。

在新西兰，条约签署以后，欧洲移民开始如潮水般涌入，从

---

① Apirana Ngata, *The Treaty of Waitangi An Explanation*, *Te Tiriti o Waitangi*, *He Whakamarama*, Hastings: Strickland and Bryant, 1922, p. 125.

② Apirana Ngata, *The Treaty of Waitangi An Explanation*, *Te Tiriti o Waitangi*, *He Whakamarama*, Hastings: Strickland and Bryant, 1922, p. 126.

新西兰毛利人**那塔胡**部落的经济变迁

1840年的不到2000人上升到1854年的32000人。1861年，新西兰的欧洲人约有10万人，已超过毛利人口总数。到了1867年，整个欧裔人口猛增到30多万人。新移民需要大量土地，但由于条约的存在限制了他们购买土地的自由，这些土地只能向殖民政府购买。殖民政府能否从毛利人那里廉价为新移民购买土地，成为殖民地能否生存的先决条件。

1851年8月，利奇蒙德（J. C. Richmond）在一封私人信件中写道："我想这一天就快要到来了，届时，荒谬的《怀唐伊条约》将被否定。这里有成千上万英亩的土地，覆盖着灌木和蕨类植物，毛利人都还未曾涉足。到那时，他们对这些土地荒谬的占有权，将无法浇灭勤劳的白人移民的热情，也无法限制他们旺盛的精力。"①

1853年，新西兰立宪政府的成立是个分水岭。在此之前，新西兰一共经历了三任总督：霍布森（1841年5月至1842年9月）、罗伯特·菲茨罗伊（Robert FitzRoy）（1843年12月至1845年11月）、乔治·格雷爵士（Sir George Grey）（1845年11月至1853年12月）。1853年以前的土地买卖都是由时任总督直接决定。1853年以后，则是由殖民政府官员唐纳德·麦克莱恩（Donald McLean）负责新西兰的具体土地事务。英国政府并没有针对北岛和南岛分别制定不同的土地政策，但是北岛和南岛之间本身的差别很大。北岛人口相对稠密，是欧洲移民的主要目的地；南岛天气寒冷、地广人稀，那塔胡部落最小一宗土地转让的面积放在北岛都是最大的。

条约所列明的王室具有优先购买权的条款，虽然阻止了土地的私人无序开发，但也使得土地的成交价格丧失了市场基础。1846年颁布的"土著土地购买条例"不仅保证了优先购买权的实施，同

---

① ［新］菲利帕·梅因·史密斯：《新西兰史》，傅有强译，商务印书馆2009年版，第82页。

时规定了租赁毛利土地为非法。因此，毛利人不可能在保留土地所有权的同时通过土地出租获得收入。要获得收入就只能出售土地，并且只能出售给王室。条约因此被刻意边缘化，大规模地强占毛利土地激起了毛利部落的不满和反抗，从1843年到1872年将近三十年的时间内，毛利人和殖民者之间发生了无数次大大小小的冲突和战争，史称"新西兰土地战争"。

新西兰土地战争主要发生在北岛，却是以南岛马尔堡（Marlborough）的怀劳河谷（Wairau Valley）的冲突为标志性起点的。当时，五十多个帕克哈试图凭借虚假的地契向那提陶部落要求土地所有权。双方由此发生冲突，结果造成22个白人和4个毛利人毙命。事后，菲茨罗伊总督对整个事件进行了认真而全面的调查，调查结果证明是帕克哈过失在先。这也是土地战争中唯一发生在南岛的冲突，始作俑者仍然是来自北岛的"拿破仑"——特·劳帕拉哈。

在北岛，战争最初是由有争议的土地购买引发的局部冲突，后来逐渐发展成为英国军队和毛利部落联盟的大规模作战。几乎所有北岛主要的毛利部落都加入了部落联盟。此时，殖民政府已经确信毛利人拒绝出售土地，也就是拒绝承认英国王室对新西兰拥有的主权。在1860年代战争的高峰期，英国投入了18000人以上的兵力，相比之下，毛利部落联盟只有大约4000人的兵力，武器装备悬殊也很大。在著名的塔拉纳基（Taranaki）和怀卡托战役中，毛利部落联盟损失了1800人，英国损失了800人。在整个土地战争期间，大约有2100个毛利人付出了生命的代价。最终，土地战争以毛利部落联盟战败告终，毛利人为守护家园的反抗遭到英国殖民政府无情的镇压。1863年，殖民政府颁布了的"新西兰定居法案"。根据这个法案，北岛大量的毛利部落土地被殖民政府没收。

1858年发生的毛利国王运动也是为了抵制英国殖民政府强行购买部落土地。国王运动由北岛的那提诺卡瓦（Ngati Raukawa）、那提考偌基（Ngati Koroki）和那提法廓（Ngati Whakaue）三个部落发起。那提诺卡瓦部落酋长特费费（Te Whiwhi）自立为新西兰国王，在北岛中部地区寻求其他部落的支持。经过各个部落多次开会讨论后,推选怀卡托(Waikato)部落联盟领袖珀塔陶·特·怀柔怀柔(Potatau Te Wherowhero)为第一任新西兰毛利国王。按照毛利酋长们的意图,毛利国王将和英国女王处于对等地位,国王之于毛利人相当于女王之于帕克哈。推选毛利国王的初衷是为了建立毛利统一主权,抵制强行购买部落土地,以及在部落领土内建立一个平等对待毛利人和帕克哈的法律制度。

毛利国王运动是在毛利人深入理解西方国家主权话语体系后作出的自然反应。在条约签订后短短二十年的时间内,毛利人经历了太多丧失土地的惨痛教训,对国家主权的理解已经彻底改变。参与毛利国王运动的酋长们已经意识到一个统一的新西兰毛利政权的重要性,不仅仅是对土地权利而言,还有在不同种族之间如何维系关系、平衡各自的权力从而可以和平共处的考量。这里是否还透露出毛利人的另外一种思维?既然条约签署的基础是伙伴关系,伙伴关系意味着新西兰应该存在两个不同的权力形式和社会治理体系,毛利传统的酋长自治和英国殖民政府治理处于对等地位。虽然还不能完全确定受这种思维主导,但在部落领土内抵制殖民法律无疑透露出维持毛利自治权力的要求。

从毛利人手中直接购买土地受阻以后,殖民政府于1862年设立"土著土地法庭",1865年立法通过了"土著土地法案(1865)"。设立这个法庭的目的,就是要把毛利各部落的土地纳入到一个统一的自由市场中,把毛利人原来属于集体所有的土地个人私有化。具体的程序是由毛利个人向土地法庭提出对某块土地拥有所有权的申请,经过法庭测量和裁定后向个人颁发地契。"最初,土地法庭采取'十业主'(ten-owner)的规定,即不管有多少人对土地提出申请,法庭都只对前10个申请人进行登记"[①]。对毛利人而言,"这是一个进退两难的境地:为了确认他们对土地所拥有的权利,就必须通过向土地法庭申请获得个人的不动产所有权,这对

---

① [新]菲利帕·梅因·史密斯:《新西兰史》,傅有强译,商务印书馆2009年版,第82页。

传统的土地所有权和部落权威来说都是一种打击"①。并且，毛利个人获得土地的所有权后，又往往不得不立即变卖土地来支付为了取得土地所有权而产生的诉讼费和测量费，因为土地是毛利人唯一可以用来清偿债务的资产。这个制度近乎完美地把原先属于毛利部落的土地，体系化地转移到殖民政府手中。从1870年到1890年二十年间，北岛中部的毛利部落丧失了大部分土地。从1892年到1899年间，殖民政府又通过"土著土地法庭"在北岛获得了270万英亩土地，每英亩土地的平均购买价格为5英镑9便士②。

更为重要的是，这一政策用殖民政府的法律权威取代了部落权威，从根本上否认了条约关于王室保护酋长权利的规定，直接瓦解了传统毛利社会结构中的部落和氏族单位。正如19世纪新西兰政治家亨利·休厄尔（Henry Sewell）所言：

> "土著土地法案（1865）"的目标是双重的：为殖民政策提供北岛大量的土著土地。另一个伟大的目标是去部落化，竭尽全力破坏作为毛利整个制度和社会系统基础的共产主义原则，共产主义原则是把土著整合到我们自身的社会和政治系统的障碍。通过土地的个人私有化，将赋予土著和我们一样的个体所有制……他们的社会地位将和我们一样。③

和北岛的毛利部落不同，此时，南岛的那塔胡已经没有能力借助武力反抗来主张他们的权利。1840年条约签订时，整个南岛只有2000—3000那塔胡人。南岛北部的马尔堡地区都还被北方的那提陶部落强占。与北岛部落的长期征战和外来病菌的肆虐，

---

① [新]菲利帕·梅因·史密斯：《新西兰史》，傅有强译，商务印书馆2009年版，第82页。
② [新]菲利帕·梅因·史密斯：《新西兰史》，傅有强译，商务印书馆2009年版，第110页。
③ New Zealand Parliamentary Debates 1877: 254. https://www.parliament.nz/mi/pb/hansard-debates/rhr/.

新西兰毛利人**那塔胡**部落的经济变迁

使得那塔胡的人口总数急剧下降,大大降低了那塔胡部落的战斗力。这一下降趋势一直到 1850 年代末期才有所企稳。并且,大部分氏族都陷入了严重的贫困状态,每况愈下的社会经济状况同样削弱了那塔胡的谈判能力。因此,那塔胡人在任何谈判中都只能处于具有有限能力的弱势地位。条约成了那塔胡和王室进行土地买卖时唯一可以倚仗的力量,那塔胡甚至只能依赖殖民政府中负责土地购买的官员的良心和善意,来尽量保证他们在交易过程中的权利。

自 1844 年 7 月 31 日,王室向那塔胡人购买第一笔 50 万英亩奥塔戈的土地开始,在接下来刚好二十年的时间内,总计向那塔胡部落购买了 3450 万英亩土地,一共支付了 14750 英镑的对价。整个新西兰的国土面积大约是 6600 万英亩,那塔胡部落所转让的南岛土地,超过了新西兰总面积的一半。如果不算最后一宗斯图尔特岛 42 万英亩的土地对价 6000 英镑的话,那塔胡人转让 3400 万英亩土地只收到王室支付对价 8750 英镑,单价仅合每英亩 0.0618 便士①。至此,那塔胡部落仅保留了大约千分之一的原始土地。

在南岛的整个土地买卖过程中,主权转让后那塔胡是否对荒地拥有所有权是个焦点。按照英国人的观点,那塔胡只是对其实际利用的土地拥有所有权,实际利用的土地仅包括其居住、耕种和放牧的土地,其余尚未开发和使用的土地随着主权的转让应该属于王室。如果这样的话,那就没有必要讨论向毛利购买土地这个问题,更不需要签署条约。因为,那塔胡对土地的利用并不仅仅局限于居住、定耕和放牧,采集渔猎的生计类型决定了南岛广袤的土地和丰富的资源都是那塔胡人赖以生存的基础。并且,这些公共的土地属于部落所有。如果依照毛利人的习俗来解释和理解的话,部落所有权属于私人性质的产权。但是按照西方所有权的概念,"部落财产

---

① Waitangi Tribunal (WAI 27), *Ngai Tahu Land Report*, 1991, preface, p.12.

是公共财产，在主权割让后，公共财产已经被移交给女王"①。因此，部落所有制凸显为两种不同经济文化类型进行交锋的焦点，这也是殖民政府成立"土著土地法庭"的目的和意图。如果部落所有制依旧存在，那么，那塔胡部落所有的土地应该以部落的名义纳入西方私有产权交易体系，殖民政府和新移民势必需要付出相当巨大的代价才能获得这些土地。因此，从英国殖民者的角度来看，为了迅速获得土地安置移民，必须先让那塔胡的部落所有制消失。这种逻辑背后其实隐含着巨大的经济利益。

从另外一方面来看，毛利部落之间由于历史积怨所造成的缺乏信任阻碍了毛利统一阵线的形成，无形中也加快了各个部落组织瓦解的趋势。1860年，112个毛利酋长在奥克兰聚会，商议毛利国王所代表的新西兰统一主权的方向问题，但最终没有形成一致意见。例如，那塔胡部落首领泰阿偌阿（Taiaroa）就拒绝支持这个提议："我不追随国王，我将追随女王……然后我们站在这里的都是国王"②。泰阿偌阿是条约签名酋长之一，他认为如果把部落土地权利让渡给毛利国王，自己将失去在部落内分配土地和资源的权力。他相信在女王的保护下，毛利人能够找到一种更适当的权力形式保持对土地的控制。然而，后来的历史证明泰阿偌阿的判断是错误的。

土地的个人私有化对毛利传统社会的打击是毁灭性的，去部落化瓦解了毛利社会经济政治生活中的集体所有制基础，传统的毛利部落和氏族单位实际上已经形同虚设。自此以后，毛利人开始沦为殖民政府意欲同化和照顾的土著无产者。条约不仅未得到殖民者的尊重，还不断被边缘化。1877年，在著名的"威·帕拉塔（Wi Parata）诉惠灵顿主教"一案中，最高法院的大法官詹姆斯·普莱恩德加斯特（James Prendergast）宣布，在将统治权转让给英国王室

---

① Waitangi Tribunal（WAI 27），*Ngai Tahu Land Report*，1991，5.3.7.
② "Nga Mahi o te Runanga" in *Maori Messenger*, No. 13 – 18，（Manei, 6, Akuhata, 1860），p. 14.

新西兰毛利人**那塔胡**部落的经济变迁

一事上,和"原始的野蛮人"签署的《怀唐伊条约》不过是"一纸空文"[①]。因为在1840年的新西兰,没有一个毛利组织或政治团体有能力将新西兰的主权让渡给英国王室。在英国的判例法体系下,这个判决对后世产生了深远的影响。"土地的影子归女王所有,但实质却与我们同在",诺贝拉后来自己推翻了这个论断——因为事实刚好相反:这片土地确实归了女王,只剩下影子属于毛利。作为新西兰的原住民,毛利人在此后一百多年的时间内受到极为不公正的待遇。

[①] 赵晓寰、乔雪瑛:《新西兰:历史、民族与文化》,复旦大学出版社2009年版,第80页。

第四章　那塔胡现代部落次级法理地位的形成

一　新兴的国家

　　从1840年代中期开始的新西兰的土地战争大约持续了三十年，北岛的大部分毛利部落都卷入进去。整个北岛陷入长期的战乱和动荡之中，经济发展也因此而停滞不前。相比之下，同一时期的南岛由于基本没有受到战乱的影响，经济获得了蓬勃的发展。羊毛已超过木材、亚麻和鲸油，成为新西兰最大的出口产品。坎特伯雷平原也因此一跃而成为新西兰最富有的地区。

　　1861年，奥塔哥中部地区发现黄金，成了新的经济热点，使达尼丁变成了南岛新移民聚居的中心。达尼丁是新西兰最早的人类定居点之一，是猎鹅人的家园，如今还永久保存着几处最大的猎鹅考古遗迹。1831年，韦勒兄弟在那塔胡定居点附近建立捕鲸站。当时，达尼丁就是帕克哈在南岛居住人口最集中的地区，之后又兴建了农场。淘金热吸引了世界各地的大批淘金者前来，这些渴望一夜暴富的淘金者中，不仅有英国人和美国人，还有意大利人、法国人、德国人、黎巴嫩人、犹太人和中国人。中国人当时的聚居点"箭镇"（Arrow Town）遗址现今还保存完好，已辟为旅游景点。新移民的到来极大地刺激了当地经济的发展，达尼丁很快成了新西兰最大的城市。1869年，受惠于淘金热带来的财富效应和人口效应，新西兰的第一所大学——奥塔哥大学在达尼丁成立，标志着西方文明在此生根发芽。

新西兰毛利人**那塔胡**部落的经济变迁

自1886年起,当在新西兰出生的白人数量首次超过新增移民的数量时,整个社会开始安定下来。在新西兰出生的白人,既不是毛利,毛利的原意就是"本地人",也不是过去的帕克哈,但他们是本地人。也许,家庭教育和社区成长的环境告诉他们,他们依旧是英国人,英国是他们的家,但这个家毕竟太遥远了,在地球的另一端,只能存在于想象之中。与英国密切的联系可能会加强新西兰人对帝国的忠诚,但不足以满足其身份认同的客观要求。对在新西兰出生的白人或混血来说,如果要把新西兰人作为自己的身份认同,必然涉及他们是如何看待他们自己和毛利人的。

按照当时西方流行的特里盖尔和史密斯的观点,毛利人的祖先是印度雅利安人,不仅和英国人同种,而且还是失散多年的表亲,很多当时在新西兰定居的英国移民都受此影响。英国人普遍认为,在所有殖民地土著民族中,毛利人对西方文明的领受程度最高,因而有"高贵的野蛮人"的雅号。事实上,除了情感上的因素外,还有一个重要的法律基础作保证。条约第三款规定,"女王给予毛利人英国臣民的权利和特权"。这一点并非霍布森和巴斯比在起草条约时的漫不经意或者任意发挥,在诺曼比给霍布森的信里已有明确的指示。在大不列颠王国的全球殖民版图中,毛利人是唯一享有这个待遇的土著民族。这样来看的话,新一代本地人用新西兰人作为自己的身份认同,在情感上和理智上都不存在任何的障碍。新西兰作为一个新兴的国家,第一次真正拥有了彼此认同的国民。

1890年代,和澳大利亚的各个殖民地相比,新西兰的经济更早地走出了困境。这受益于新西兰国内鼓励发展家庭农场的政策和冷冻技术的出现。1892制定的《土地安置法》(*Lands for Settlements Act*),对所有移民开放了公有土地出租。土地分割为面积不超过320英亩的小型农场,新移民可以以每年5%的低廉租金永久租用。1894年,该法案进一步进行了修订,强制拥有土地数量巨大的土地所有者以指令性的价格出售大部分土地。《土地安置法》以牺牲毛利人的土地权益为代价,为安置新移民和发展家庭农场创造了条件。1894年颁布的《移居者优先法》(*Advances to Settlers Act*)进一步巩固了《土地安置法》，为新移民成为自由的小型农场主提供信贷保证，使新移民能够以合理的利率从政府获得担保贷款。1882年，新西兰向英国出口第一批冻肉。冷冻技术的运用为新西兰最终成为帝国的农场铺平了道路。自此以后，大量的冻肉、黄油和奶酪源源不断地运往欧洲。家庭农场不仅使新西兰从19世纪最后10年的全球经济衰退中率先走了出来，而且也奠定了新西兰进行经济扩张的基础，以及未来在全球产业分工格局中的地位。

《土地安置法》强制毛利部落向新移民租售土地，《移居者优先法》又把毛利人自行耕种土地排除在外。19世纪新西兰打造的家庭所有制经济体系是以牺牲毛利人的土地权益为代价的。农业的产业性质决定，没有信贷资金的支持，毛利人不能成为家庭农场主，只能依靠租售土地维持生计，要么是只有微薄的租金收入，要么是一次性出售土地。出售土地意味着坐吃山空、没有造血机能，而且出售价格完全由政府单方面决定。并且，毛利部落出售土地收入的一半，还被强制性地转入政府代管的毛利公共信托机构。

这种不公正的局面，一直延续到1920年代末期才有所改观。1928年9月，那塔就任联合政府的土著事务部部长后，全力推进全国性的毛利土地开发方案。1929年，政府立法授权那塔以土著事务部部长的身份向毛利农场主发放贷款，贷款金额按照土地价值的60%。虽然和白人农场主相比还有一定差距，白人农场主可以按土地价值的90%申请贷款，但已经比过去有了很大的改观。那塔通过不懈的努力，在政府的政策层面为毛利部落的发展创造了条件，毛利人从只能提供土地供白人农场主使用，变成可以向政府申请贷款自行开发土地，至少在土地开发和使用方面和帕克哈拥有相同的权利。

19世纪末，新西兰在实施以家庭农场为基础的经济扩张的同时，政治和文化领域也逐步朝着成为一个新兴的独立国家的方向发展。1901年，澳大利亚联邦成立时曾向新西兰发出邀请，但新西兰拒绝成为澳大利亚的第六个州。新西兰拒绝加入澳大利亚联邦的原因有很多，主要是因为新西兰人自身拥有的和澳大利亚人不同的身份认同。当时，在很多新西兰人的心目中，澳大利亚仍然是英国罪犯的流放地，澳大利亚人既不能代表英国人也不能代表新西兰人。并且，澳大利亚土著也远远不能和毛利人相比。例如，1893年，新西兰妇女在全国选举中获得投票权，不论是毛利人还是帕克哈都一视同仁，这也是全球首个赋予妇女选举权的国家。与此同时，澳大利亚土著还没有选举权。1907年，新西兰脱离新南威尔士州管辖，成为独立的英国自治领，和澳大利亚、南非、新加坡等平起平坐。这时，一个新兴国家的象征已经出现，包括1902年的新国旗和1911年的新徽章，以及1905年成立的、随后蜚誉世界的"全黑队"（All Black）。

二 两次世界大战与毛利种族运动

两次世界大战是毛利人在新西兰国内政治地位改善的转机。英国在两次大战中都是主要的参战国，为了帝国的利益，在远离本土所经历的血与火的考验中，毛利人凭借与生俱来的英勇和无畏，以及超强的群体凝聚力，赢得了尊重和认同。

第一次世界大战是"新西兰经历中创伤最为深重的事件"[1]，全国大约五分之一的男性参加服役，伤亡人数超过59000人，其中，17000人为帝国献出了生命。英王乔治五世曾言，新西兰军队所展现出来的壮举和英勇，确实证明了他们不愧为帝国子民。新西兰成为英帝国中杰出的"白人自治领"。第一次世界大战对新西兰所产生的巨大影响，进一步强化了新西兰人对自己的身份认同和国家认同。在战争中有超过10万新西兰人前往海外参战，其中大部分人都是第一次前往海外。由于远离家乡，这些新西兰人非常清楚自己是谁，来自哪里，还能在战场和后方与其他国家的人进行比较。新西兰人从这些经历中产生出一种独立的认同感。

---

[1] ［新］菲利帕·梅因·史密斯：《新西兰史》，傅有强译，商务印书馆2009年版，第137页。

第四章 那塔胡现代部落次级法理地位的形成

毛利人内部对是否参与第一次世界大战持有不同的观点，有的赞成、有的反对。但是，当时毛利国会议员一共有四位，全都支持毛利人积极参与这场战争。彼得·巴克（Peter Buck）认为，毛利部落作为一个整体参加战斗，有助于形成一个团结统一的毛利阵线。那塔则相信，如果毛利人和帕克哈并肩战斗，有利于毛利人争取和帕克哈平等的地位。全国一共有2227个毛利人加入了"新西兰（毛利）先锋营"，其中，336人战死，736人负伤，伤亡接近一半①。

第二次世界大战中，一共有11671个新西兰人在战争中被夺去生命。著名的"毛利二十八营"继承了一战时期"新西兰（毛利）先锋营"的光荣传统，因作战英勇而令人敬畏。"毛利二十八营"参加了希腊、北非和意大利的战役，在这些战役中赢得了崇高的声誉。尤其是毛利人的刺刀战术和协作技能，后来不但受到盟军指挥官的嘉奖，甚至还获得德国指挥官隆美尔的高度认可。"毛利二十八营"在整个第二次世界大战期间获得了远高于新西兰其他部队的荣誉，新一代的毛利勇士们再次证明了毛利人所固有的高贵的武士血统和无畏精神。

此外，毛利人与生俱来的部落属性所体现出来的群体凝聚力，也为战时大规模的社会动员立下汗马功劳。1942年成立的"毛利战时努力组织"（Maori War Effort Organization）②，在全国范围内的协调兵源、食品生产、运输等后勤保障工作，动员了27000多个毛利人参与服役，几乎占了当时毛利总人口数的三分之一③。"毛利战时努力组织"证明了毛利人在大规模社会动员方面具有先天优势，战争期间高效运作的毛利组织成为毛利自治的路标，为未来争取毛利事务自治权埋下了伏笔。

---

① https：//nzhistory.govt.nz/classroom/nz-race-relations/1912 – 1945.
② ［新］菲利帕·梅因·史密斯：《新西兰史》，傅有强译，商务印书馆2009年版，第138、140、177、182页。
③ 赵晓寰、乔雪瑛：《新西兰：历史、民族与文化》，复旦大学出版社2009年版，第176页。

新西兰毛利人**那塔胡**部落的经济变迁

第二次世界大战以后，随着欧洲列强在全球的势力衰落，世界范围内掀起了反殖民主义和民族独立解放运动。1947年，新西兰宣布独立，《怀唐伊条约》成为新西兰建国的奠基性文献。条约签订日2月6日成为国家节日，命名为"新西兰日"。同年，工党政府正式使用"毛利"一词取代"土著"一词，这种变化不仅仅是象征性的，而且是明确了毛利人在新西兰所拥有的独特身份和地位。历史证明了那塔的高瞻远瞩，毛利人在战火的洗礼中用自己的行动赢得了应有的尊重。

战争还带来了一个重要转变，极大地提高了毛利人的城市化居住率。第二次世界大战以前，全新西兰只有大约10%的毛利人口居住在城市；战争结束后，这个数字翻了一倍。紧接着，在战后不到一代人的时间内，毛利人口中城市人口的占比达到68%[1]。这和当时"毛利战时努力组织"的运作有关，由于战时大规模的社会动员需要，导致大量毛利人口迁入城市。战争结束后，相当一部分参加服役的毛利人留在了城市。到了1982年，已经有75%的毛利人口从氏族保留地迁移到城市居住[2]。

毛利人迁移到城市带来了几个方面的客观变化。首先，在城市的毛利人大多以核心家庭为单位分散居住和生活，改变了过去以扩展家庭为单位、氏族聚居在一起的生活习惯，传统的毛利氏族和扩展家庭的社会结构淡化了。其次，城市居住使得毛利人更接近政治的中心，和帕克哈密切接触和融合，更为了解和熟悉帕克哈所主导的西方政治体系以及相关的支配和控制手段。最后，来自不同部落的毛利人之间的社会交往增多，促进了毛利人的横向交流。在以帕克哈人口占大多数的城市里，毛利人之间的横向交往有助于摒弃历史上的部落恩怨，转而逐渐形成了统一的毛利认同，为后来的毛利种族运动埋下伏笔。

---

[1] https://nzhistory.govt.nz/classroom/nz-race-relations/effects-of-second-world-war.

[2] Ranginui Walker, *Nga Pepa a Ranginui*, Auckland (N.Z.): Penguin Books, 1996, p. 83.

第四章 那塔胡现代部落次级法理地位的形成

20世纪下半叶兴起的泛毛利种族运动以尊重条约为口号。历史上，由于不公平的买卖、政府没收以及土著土地法院等歧视性政策而被强占的部落土地，是引起毛利人不满的主要原因。到1970年代，毛利种族运动已经相当普遍和多样化，参与运动的团体和组织有保守派、自由派和激进派之分。保守派如"新西兰毛利人理事会（NZMC）"，成立于1962年，它的前身是毛利战时努力组织，在全国有16个地区分会。自由派如"毛利妇女福利联盟"（Maori Women's Welfare League），成立于1951年，是毛利人按照西方的游戏规则形成的第一个毛利组织。惠纳·库珀（Whina Cooper）是首任总裁，该组织旨在协助毛利人适应城市生活，为毛利人在住房、教育和医疗等各方面碰到的问题提供帮助。"毛利妇女福利联盟"发展迅速，到1950年代中期，已拥有88个地区分部和300多个分支机构，惠及4000多个会员①。1970年，在奥克兰大学成立的学生组织"那塔玛塔阿"（Nga Tamatoa）属于激进派，意为"战士之子"。这个组织成员大部分是"毛利二十八营"老兵的后代，是一群受过良好教育的毛利青年。"战士之子"因为策划了两个重要的历史事件而著名。一个是1971年向国会递交"毛利语请愿书"，要求把毛利语纳入新西兰教育体系。1987年，国会通过了"毛利语法案"，正式承认了毛利语和英语一样作为新西兰官方语言的地位。另一个是策划并组织实施了1975年的新西兰"毛利土地游行"。

1975年举行的"毛利土地游行"，深受印度"盐游行"和美国"华盛顿游行"的影响。1930年，圣雄·甘地（Mahatma Gandhi）领导和组织的印度"盐游行"，最终导致印度于1947年宣布独立，结束了被殖民的历史进程；1963年，马丁·路·德金（Martin Luther King）领导和组织的"华盛顿游行"，使得美国黑人人权成为全世界关注的焦点。通过这两次运动中，"战士之子"从中认识到，采取和平抗议的方式也同样可以实现毛利人的政治诉求。

"毛利土地游行"的直接起因，要追溯到1967年国会通过的

---

① https://nzhistory.govt.nz/classroom/nz-race-relations/effects-of-second-world-war.

《毛利事务修订案》。当时根据这个法案,政府计划把150万英亩毛利土地转到毛利信托自组织名下,然后,通过支付少许费用后,把属于毛利部落的土地变为政府可以出售的普通土地。为了阻止政府继续通过立法剥夺毛利土地,1975年9月14日,由德高望重的库珀率领的50人的游行队伍,从北岛的最北端出发,徒步1000公里。库珀时年80岁,一路上,游行队伍均下榻在沿途各个毛利会堂,广泛地和各个毛利部落讨论游行的目的,争取支持和扩大阵营。10月13日,当游行队伍到达惠灵顿国会所在地时,已经征集了大约60万人的签名,其中包括200个毛利人长老。这场声势浩大的游行示威的基本诉求是要求政府尊重条约,停止通过立法强占毛利土地。许多帕克哈正是通过这场游行,才了解到毛利人历史上所受到的种种不公正待遇,转而支持毛利人的诉求。

"毛利土地游行"是20世纪七八十年代毛利种族运动的高峰,游行的直接后果导致了条约地位的复苏。从长期来看,当时执政的工党用多元文化政策取代了国家党一直以来采用的对毛利人的同化政策,成为新西兰国内民族政策变化的一个重要分水岭。

三　条约地位的复兴

"毛利土地游行"取得了具有历史意义的积极成果,促使新西兰国会于1975年10月10日通过了《怀唐伊条约法案》(下称"法案")。法案的通过还原了条约本来应该具有的历史地位。1840年签署条约时,条约的具体内容甚至签订过程本身,并未经过英国国会讨论。因为,当时英国政府认为对外殖民是王室所拥有的特权,只需要内阁自行决定和处置即可。如果说,1914年别克首次提出条约应被视为新西兰建国的奠基性文献,还只是从讨论主权让渡的角度证明英国拥有新西兰的主权的话,那么,1975年的法案才真正算是确立了条约作为新西兰立宪基础的法定地位。保罗·哈默尔(Paul Hamer)曾用简洁的语言来描述条约地位的复兴:从

"象征的姿势"到"虔诚的尊重"①。

法案是"为了遵守和确认《怀唐伊条约》（以下简称《条约》）的各项原则而制定的法案，通过设立一个法庭，就与《条约》实际适用有关的索赔提出建议，并确定某些事项是否不符合《条约》各项原则"②。根据法案成立了"怀唐伊法庭"，作为一个特设的调查法庭，接受并调查1975年以后针对王室违反条约而提出的索赔，审视这些索赔中的各个事项是否因为不符合条约的原则从而违背了条约的初衷，然后出具相应的法庭调查报告。既然《怀唐伊条约》是英国王室和毛利人所签署的一份国际条约，是新西兰建国的基础，从这个意义上来讲，"怀唐伊法庭"是一个国际法庭，不仅不受新西兰国内立法、司法和行政机构的约束，还可以根据条约的原则针对关于立法、司法和行政行为的索赔进行裁决。虽然，法庭的调查结果对新西兰政府没有约束力，仅仅起到建议的作用。但是，法庭对条约体现在两个文本中的歧义在具体个案中的明确意义和影响具有专属裁决权③，这既是法庭司法权限的主要指向，也是条约正义观念的具体体现。该法案的提起人，当时的毛利事务部部长洪·马修·拉塔（Hon Matiu Rata）认为，这是新西兰"社会和政治成就的里程碑"④。

---

① Paul Hamer, "Chapter 1: A Quarter-century of the Waitangi Tribunal", *The Waitangi Tribunal*, Edited by Janine Hayward & Nicola R. Wheen, Auckland (N.Z.): Bridget Williams Books Ltd., 2004. (http://waitangitribunal.bwb.co.nz.ezproxy.canterbury.ac.nz/AQuarter-Cen.)

② Treaty of Waitangi Act 1975, Reprinted as at 23 September 2015, p.6. (http://www.legislation.govt.nz/act/public/1975/0114/71.0/DLM435368.html.)

③ Geoff Melvin, "Chapter 2: The Jurisdiction of the Waitangi Tribunal", *The Waitangi Tribunal*, Edited by Janine Hayward & Nicola R. Wheen, Auckland (N.Z.): Bridget Williams Books Ltd., 2004. (http://waitangitribunal.bwb.co.nz.ezproxy.canterbury.ac.nz/AQuarter-Cen.)

④ Paul Hamer, "Chapter 1: A Quarter-century of the Waitangi Tribunal", *The Waitangi Tribunal*, Edited by Janine Hayward & Nicola R. Wheen, Auckland (N.Z.): Bridget Williams Books Ltd., 2004. (http://waitangitribunal.bwb.co.nz.ezproxy.canterbury.ac.nz/AQuarter-Cen.)

新西兰毛利人**那塔胡**部落的经济变迁

法案通过几个月后,国家党当选。在 1975—1984 年,由于国家党政府控制财政支出,经费不足限制了法庭的运作能力。然而,法庭所做的一些早期调查也很重要。例如,条约签订的历史背景、承认条约的毛利文本以及毛利人和欧洲人对条约的不同理解,尤其是关于主权和自治权问题的解释等。法庭的调查结果得到了学界的支持和帮助。例如,罗斯(Ruth Ross)1972 年发表的文章"怀唐伊条约:文本和翻译",成为综合双方意见对条约历史进行修订的起点①;奥兰治(Claudia Orange)1987 年出版的专著《怀唐伊条约》,探讨了 1840 年条约签署期间所发生的辩论②;以及其他从条约的视角探索新西兰历史的学者,如沃德(Alan Ward)、宾尼(Judith Binney)、帕森(Ann Parsonson)和威廉姆斯(David V. Williams)等③。

1984 年,新当选的工党政府着手实施它在 1975 年执政时未尽之事,授予法庭接受和调查针对自 1840 年条约签订以来王室违约的毛利索赔的权力。工党议员菲图·提内卡特尼·沙利文(Whetu Tirikatene-Sullivan)向国会保证,这一措施并不会打开索赔的闸门,但会为平息毛利抗议运动中积压已久的愤懑提供一种机制④。提内卡特尼·沙利文是那塔胡籍议员,她是著名的毛利政治家,新西兰

---

① Ruth Ross, "Te Tiriti o Waitangi: Texts and Translations", *New Zealand Journal of History*, 6, 2 (1972).

② Claudia Orange, *The Treaty of Waitangi*, Wellington: Allen & Unwin, 1987.

③ Alan Ward, *A Show of Justice: Racial Amalgamation in Nineteenth Century New Zealand*, Toronto: University of Toronto Press, 1973; Judith Binney, *The Legacy of Guilt*, *A Life of Thomas Kendall*, Auckland: Oxford University Press, 1968; Judity Binney, Gillian Chaplin and Craig Wallace, *Mihaia: The Prophet RuaKenana and His Community at Maungapohatu*, Auckland: Oxford University Press, 1979; Ann Parsonson, "He Whenua Te Utu (The Payment will be Land)," Ph. D. thesis, University of Canterbury, 1978; David V. Williams, *Te Kooti Tango Whenua: The Native Land Court 1864 – 1909*, Wellington: Huia Books, 1999.

④ Paul Hamer, "Chapter 1: A Quarter-century of the Waitangi Tribunal", *The Waitangi Tribunal*, Edited by Janine Hayward & Nicola R. Wheen, Auckland (N. Z.): Bridget Williams Books Ltd., 2004. (http://waitangitribunal.bwb.co.nz.ezproxy.canterbury.ac.nz/AQuarter-Cen.)

第四章 那塔胡现代部落次级法理地位的形成

最高荣誉勋章的二十名获得者之一[①]。当时，国会两党的大部分议员都认为，针对条约的索赔案数量有限。他们没有预见到各个毛利部落针对失地的索赔范围，几乎涵盖了全国的土地。少数反对的意见主要集中在四个方面：（1）应赔偿多少不清楚，该用现金还是土地赔付；（2）赔付没有解决社会平等问题；（3）新的权利可能会引发毛利人不切实际的期望；（4）赔付抑制了毛利人通过个体努力来改善自身的地位。

1986 年的《国有企业法》（State Enterprises Act）是新西兰政府按照新自由主义模式进行变革的主要措施之一。政府解散了过去持有土地的相关部门，把土地所有权转移到国有企业，按照市场化运营来取代原来的政府职能。这项法令宣布，王室的任何行为都不能违反条约的基本原则，尤其是与立法有关的行为。对此，法庭负有裁决权和解释权。这个规定使得条约得到了中央和地方政府的广泛重视。

1987 年，上诉法院针对"毛利委员会诉总检察长"案件的判决具有划时代的意义。根据这个判决，政府在处置土地等国有资产之前，必须考量这些资产历史上所涉及的毛利权利。1988 年，国会修订通过《怀唐伊（国有企业）法案》。该法案进一步规定：针对政府和国有企业应返还毛利的土地，法庭的裁决和建议具有约束力。这个法案具有里程碑式的意义，至此，新西兰政府最终被迫承认了一个多世纪以来一直被无视的毛利人对土地的传统权利。

此时，毛利索赔的闸门打开了，历史证明沙利文的预判是错误的。1989 年中期，法庭受理的索赔案件已达到 100 个。法官人数先从 3 人增加到 7 人，1988 年又增加到 17 人。到 1991 年 2 月，法庭受理的索赔案件已增至 200 个。法庭成为毛利人积压已久的愤懑和委屈的泄洪口，"站在一个国家首次痛苦地反省自己的过去的最

[①] 第一次大战期间，提内卡特尼·沙利文的父亲英瑞拉·提内卡特尼（Eruera Tirikatene）在毛利先锋营服役，1932 年当选为南方毛利选区的议员，一直到 1967 年去世。

前沿"①。

然而，沙利文也是对的。这样一个可以公开委屈和不满的场所和机制，极大地消除了毛利人过去只有通过游行才能表达的挫折感。尤其值得赞赏的是，法庭对书面和口头证据的搜集和采纳方式，允许用英语或毛利语进行陈述，很多听证会都是在和索赔相关的毛利会堂举行，法庭的诉讼程序还采纳了毛利传统的议事程序。如果考虑到1840年，条约在全国征集签名也是在各个毛利会堂举行，然而，当时英国人却无视毛利人口头允诺的传统，那么，法庭现今所采纳的程序就是一种意味深长的回溯和呼应。这种回溯和呼应，既是对条约地位本身的尊重，也是对条约正义观念的坚守。更为重要的是，对毛利文化的尊重。

条约两个文本产生歧义的根本原因在于文化差异。无论是两个文本针对英语核心概念"主权"的歧义性解释，还是关于毛利语"财富"（taonga）的对立性条款，以及毛利人不同于英国人的口头订立契约的传统，都表明"条约"双方当时还处于两种未经交融的异质文化当中，导致双方对条约内容大相径庭的理解，从而留下一个因人因时因地而变化的巨大的解释空间：

> 在这个国家的历史上，没有任何其他的文件被写得这么多，或产生了这么多的争议，或似乎开放到能够容纳这么多截然不同的解释。②

条约并非两种异质文化进行充分交融以后自然结出的果实，而刚好只是文化融合的起点。条约只是宣告了未来双方交往关系的原则和框架，宣告的意义大于约束。这一原则和框架或者说条约的基

---

① Paul Hamer, "Chapter 1: A Quarter-century of the Waitangi Tribunal", *The Waitangi Tribunal*, Edited by Janine Hayward & Nicola R. Wheen, Auckland (N. Z.): Bridget Williams Books Ltd., 2004. (http://waitangitribunal.bwb.co.nz.ezproxy.canterbury.ac.nz/AQuarter-Cen.)

② Waitangi Tribunal (WAI1040), *The Declaration and the Treaty*, 2014, 1.2.

第四章 那塔胡现代部落次级法理地位的形成

本精神，需要结合具体的场景和案例，秉持条约所固有的正义观念进行发掘和诠释，正义观念是条约基本精神得以发展和演化的源泉。既然判断王室立法、司法和行政的行为是否符合条约的基本精神是法庭进行调查和行使裁量权的依据，那么，确立条约的基本原则就成为法庭的首要任务，这本身是一个不断发展和与时俱进的过程。迄今为止，伙伴关系和互惠原则可以说是条约基本精神确立和发展的两个里程碑①。

1987 年，上诉法院的判决确立了条约的第一个基本精神：条约是英国王室和毛利酋长为在新西兰建立一个联合政府而结成的伙伴关系（partnership）。伙伴关系要求双方以最大的诚意彼此善待对方，并且创造了一种类似于信托关系的责任义务，王室作为受托方有义务保护毛利人的财产不受侵犯。根据这一基本精神，1989 年，政府在司法部名下成立了专门机构"怀唐伊条约政策组"（Treaty of Waitangi Policy Unit），负责联系和协调各个部门处理条约索赔。政策组起草了五项原则来指导和规范政府针对条约的行为：王室主权的原则、毛利自治权的原则、平等原则、合作原则及赔偿原则。1991 年，三卷本的"那塔胡调查报告"发布，报告中确立了条约的第二个基本精神：互惠原则。那塔胡索赔是法庭受理的第一个部落索赔，以"九棵大树"著称，包括南岛的八宗土地交易和部落的食物采集地准入，后文将详细介绍。由于条约双方是交换的关系，交换的内在逻辑以互惠为基础。互惠原则创造了在这样一种诠释条约的语境：任何明显失去公平的对价，都不符合条约的基本精神。

法庭举办的众多听证会还产生了一个意外的后果，把一个毛利版本的新西兰历史单独呈现出来。截至 2015 年法庭成立 40 周年，一共受理了 2501 件索赔，对其中的 1028 件进行了全部或部分报

---

① Janine Hayward, "Chapter 3: 'Flowing from the Treaty's Words'", *The Waitangi Tribunal*, Edited by Janine Hayward & Nicola R. Wheen, Auckland (N.Z.): Bridget Williams Books Ltd., 2004. (http://waitangitribunal.bwb.co.nz.ezproxy.canterbury.ac.nz/Flowing-froH.)

告，提出了123份最终报告，覆盖了新西兰79%的国土面积。法庭从书面和口头采信的历史证据，是通过条约的角度来看待和解释的，是根据"历史语境中的案例而不是历史本身来做出评估和判断"[①]的。这样，针对每个事件所形成的多重证据体系本身就是一次重新书写的历史。法庭产生的具有重大意义的报告群，形成了一个独特的、从毛利人的角度进行讲述的新西兰历史。其中的许多史实，不仅普通的新西兰人闻所未闻，甚至连专业学者和政府官员都毫不知情。这或许是法庭、新西兰政府和毛利索赔人都始料未及的。

随着条约地位的复兴，毛利主权又重新回到人们的视野和舆论中。1982年，唐娜·阿瓦特里（Donna Awatere）出版了《毛利主权》一书，该书由阿瓦特里发表在女性主义杂志上的系列文章组成，标志着毛利极权主义的形成。阿瓦特里是毛利学生组织那塔玛塔阿的领导成员，她的父亲是第二次世界大战中著名的毛利二十八营的指挥官。她在书的开篇写道："本质上，毛利主权所寻求的仅仅是一种承认，即新西兰是毛利人的土地，进一步地，寻求返还这些土地。"[②] 阿瓦特里所大声疾呼的是：毛利人根据条约所应得到的权利，自1840年以来从未实现过。阿瓦特里所言新西兰是毛利人的土地，并不仅仅是从财产权的角度，而且是说新西兰就是毛利的。她希望通过这本书唤起公众意识，关注毛利人所拥有的条约权利，积极倡导把新西兰变为单一毛利民族国家的政治理论。

历史学家理查德·希尔（Richard Hill）就此评论道："现代学者尤其是毛利作家，强调土地和权力的内在联系。"[③] 希尔也是怀

[①] Grant Phillipson, "Chapter 4: Talking and Writing History", *The Waitangi Tribunal*, Edited by Janine Hayward & Nicola R. Wheen, Auckland (N.Z.): Bridget Williams Books Ltd., 2004. (http://waitangitribunal.bwb.co.nz.ezproxy.canterbury.ac.nz/Talkingandwr.)

[②] Donna Awatere, *Maori Sovereignty*, Auckland: Broadsheet, 1984, p. 10.

[③] Richard Hill, *State Authority, Indigenous Autonomy: Crown-Maori Relations in New Zealand/Aotearoa 1900 – 1950*, Wellington: Victoria University Press, 2005, p. 65.

第四章　那塔胡现代部落次级法理地位的形成

唐伊法庭的法官之一，他认为这些毛利学者的观点是十分清楚的，毛利权力的实现深植于土地。政治史学家安德鲁·夏普（Andrew Sharp）认为，1970—1980年代围绕毛利主权的论战说明，新西兰的主权具有两个权力体系，"毛利人所争论的是领土内不受白人和王室控制，以及在领土内为管理他们的教育、健康和社会福利政策的权力"[①]。他认为无论过去还是现在，毛利人所索要的并非是如阿瓦特里所说的毛利极权主义，而是毛利领土内的自治权力。

从某种意义上可以说，毛利主权概念的演变构成了近一个半世纪以来毛利政治理论发展的主线。从历史发生的角度看，毛利主权经历了一个从无到有的认知和演变过程，从没有明确定义的"土地的影子"到土地的实际权利，从氏族酋长的个人权力到部落集体的自治权力。而部落主权和毛利国家主权又是完全不同的范畴。这条主线可以从三个方面来总结。第一，毛利人对主权的理解是在全球化过程中逐渐发生和发展的，是毛利传统权力和西方政体两种制度两种文化相互斗争、妥协和调适的结果。这一过程尚未结束，仍然处于历史进程之中。第二，1835年签署的《新西兰部落联邦独立宣言》和1840年签署的《怀唐伊条约》都表明，毛利人对主权的理解和土地权利密切相关。土地是毛利社会政治经济制度的基础，毛利社会深植于传统的土地权利之中。毛利人最初可能有一种隐忧：主权的让渡是否意味着土地权利的丧失？这一隐忧在1865年的"土著土地法案"颁布后变成了现实。个人地契摧毁了毛利土地集体所有制，瓦解了部落和氏族的传统社会结构，把毛利人变成了土著无产者。第三，1970—1980年代以前，毛利人对主权的认知和想象仅仅局限在部落或氏族领土之内，没有形成毛利统一民族国家的萌芽。1980年代以后，向政府索偿历史上被强占的集体土地，要求部落领土内的自治权，成为大多数毛利的主流现实要求。

[①] Andrew Sharp, *Justice and the Maori*, Oxford: Oxford University Press, 1990, p. 251.

四 新自由主义和"罗杰"经济学

1973年全球发生第一次石油危机后,西方主要资本主义国家的经济都陷入了严重的衰退,成为新自由主义登上世界舞台的历史背景。1970—1980年代,凯恩斯主义经济政策的表现不尽如人意,导致了西方主要资本主义国家的经济政策变革,从传统的凯恩斯主义向新自由主义进行范式转换。英国的"撒切尔主义"和美国的"里根经济学",主导了这次全球性的政策变革。著名的"华盛顿共识"是新自由主义经济变革的政策结晶。总体而言,就是主张政府的角色最小化、快速私有化和市场完全自由化。这次变革意义深远,对世界的影响巨大。西方发达国家纷纷摒弃了1930年代大萧条以来以凯恩斯主义为主导的政府计划经济体制,苏联在1990年代的解体,以及中国1978年开始实行的改革开放,都佐证了这一变革。全球性变革的理论基础是以哈耶克(Friedrich August von Hayek)和弗里德曼(Milton Friedman)为代表的新自由主义经济学。

1944年出版的《通往奴役之路》是哈耶克的代表作品之一,和1936年出版的凯恩斯(John Maynard Keynes)的《就业、利息和货币通论》一起,并列20世纪对人类社会产生最深影响的两部著作[1]。哈耶克写作该书正值第二次世界大战期间,纳粹德国给欧洲人民带来了巨大灾难。哈耶克通过反省纳粹集权体制的社会主义起源,力图证明计划经济是通往奴役之路。"自由市场是迄今所能发现的唯一能达致参与民主的机制"[2]。因为经济自由和政治自由密切相关,前者是后者的基础和必要条件,放弃了经济上的自由无

---

[1] [英]弗里德里希·奥古斯特·冯·哈耶克:《通往奴役之路》,王明毅、冯兴元等译,中国社会科学出版社1997年版,第2页。
[2] [英]弗里德里希·奥古斯特·冯·哈耶克:《通往奴役之路》,王明毅、冯兴元等译,中国社会科学出版社1997年版,第251页。

以谈个人或政治上的自由。"国家一旦负起为整个经济生活制订计划的任务,不同个人和集团的应处地位就必不可免地成了政治的中心问题。由于在计划经济中只有国家的强制权力决定谁拥有什么,唯一值得掌握的权力就是参与行使这种命令权"①。在哈耶克看来,计划经济甚至不具备道德上的合法性,"谁行使这个管理权,谁就有全权控制我们"。只有私有财产制度才是自由最重要的保障,每个人无须因为生计问题而听命于其他权力,每个人独自决定自己要做什么,对自己的行为和财产负责。正是由于每个人都对自己所拥有的财产和资源负责,并且可以自由地处置它们,微观意义上的市场交换才是最真实而有效的。宏观而论,自由市场经济因此也是人类迄今为止最有效率的资源配置方式。

1947 年,哈耶克创办"朝圣山学社",旨在为全世界支持自由市场制度的顶尖哲学家、经济学家、新闻工作者、政治家和慈善家提供一个国际交流的场所。长期以来,朝圣山学社一直被认为是"新自由主义"社会哲学诞生的源头②。学社的早期会员们的共同目标就是为自由市场奠定哲学基础,重建资本主义的核心假设。朝圣山学社的另一个创始人李普曼在其《论美好社会的原则》一书中,曾经对新自由主义做过一个十分贴切的类比:"作为一个自由主义者,不能听任汽车随意向各个方向胡乱行驶,那肯定会造成交通堵塞并导致无数事故;也不能像'中央计划者'那样,规定每辆车的出发时间和行驶路线。自由主义者要做的是实施交通规则。"③这个"交通规则"界定了新自由主义与凯恩斯主义和自由放任主义之间的界限。"交通规则"的具体内容不仅成为朝圣山学社会员们往后一直争论不休的中心问题,即使在今天的世界学术界和各国政

---

① [英] 弗里德里希·奥古斯特·冯·哈耶克:《通往奴役之路》,王明毅、冯兴元等译,中国社会科学出版社 1997 年版,第 129 页。

② [美] 安格斯·伯金:《伟大的说服——哈耶克、弗里德曼与重塑大萧条之后的自由市场》,傅瑞蓉译,华夏出版社 2014 年版,第 12 页。

③ [美] 安格斯·伯金:《伟大的说服——哈耶克、弗里德曼与重塑大萧条之后的自由市场》,傅瑞蓉译,华夏出版社 2014 年版,第 82 页。

府的政策实践中，依旧是一个尚未完成的历史课题。

20世纪60年代初期，哈耶克离开芝加哥大学前往德国弗莱堡大学。弗里德曼接替哈耶克成为朝圣山学社的领袖。这位新生代经济学的核心人物，抛弃了他的前辈学者们常用的那些抽象而模棱两可的术语，转而使用通俗易懂、极具大众亲和力的例子来阐明自己的观点，使自由市场的主张拥有了一种全新的确定性。弗里德曼关于自由主义最广为人知的理论就是树叶分布理论：一棵树上树叶的分布，是为了追求落在树叶上的阳光面积的最大化。这个论断应是自由市场经济的精髓所在，极简却又深邃之至。

1952年，弗里德曼发表了《实证经济学的方法论》一文，是经济学方法论领域最具争议性的文章。弗里德曼深受波普尔的影响，他认为科学结论必须经过证伪，但是永远无法最终证实。这个观点后来成为自由市场理论的方法论基础。在宏观经济领域，弗里德曼最有洞见的理论是把货币作为资产，以货币供给量代替利率作为政府调控的目标。这一理论已成为现代经济中的主流货币学说，如今被世界各国政府广泛运用于实践。1962年出版的《资本主义与自由》一书全面总结了弗里德曼的政治哲学。该书将市场原则推广到各种领域，取消农业价格补助、解除关税和其他出口限制、废除最低工资制、废除社会保障和公共住房制度等。弗里德曼积极倡导小政府、大市场，让市场自发调节和管理社会，从而限制政府的权力以保障人民的自由。沿袭哈耶克的传统，弗里德曼同样责难计划经济过程中政府权力的道德合法性。在《国富论》出版200周年纪念大会上，他指出，"政治领域的'看不见的手'"，恰恰是"市场领域'看不见的手'的反面"[①]。政治家首先也是理性地追求他们自身利益的行动者，政治过程的内在逻辑必然会导致政治家们实施一些有悖于公共最大利益的政策。

1980年代前后，在新西兰，以哈耶克和弗里德曼理论作为基

---

① ［美］安格斯·伯金：《伟大的说服——哈耶克、弗里德曼与重塑大萧条之后的自由市场》，傅瑞蓉译，华夏出版社2014年版，第248页。

第四章　那塔胡现代部落次级法理地位的形成

础的新自由主义变革进行得更为彻底，史称"罗杰经济学"，以主导变革的工党财政部长罗杰·道格拉斯（Roger Douglas）的名字命名。

1970年代，新西兰的国内经济已经陷入严重的衰退。在此之前的1950—1960年代，新西兰的经济繁荣主要是建立在稳定的英国羊毛市场基础上的，当时国际羊毛市场的价格高企，羊毛为新西兰贡献了超过三分之一的出口收入。1967年年末，羊毛出口价格下跌了30%，引发国内失业率和通货膨胀率上升。1975年，英国加入欧洲经济共同体，取消了从新西兰进口农产品的特别优惠，这一"背叛"行为给"帝国的奶场"单一产业的经济结构带来沉重的打击。英国在新西兰出口中所占的份额从1965年的略高于50%下降到1980年的不到15%。新西兰在经合组织（OECD）中的人均收入排名也同步下滑，1965年，新西兰是全球人均财富排名第6名的国家；到了1980年，下滑至第19名，濒于"第一世界"的边缘。

1973—1978年的石油危机进一步恶化了新西兰的国际收支状况，愈发凸显出产业结构单一的国民经济的脆弱性。1982年6月，总理兼财政部长罗伯特·马尔登（Robert Muldoon）宣布冻结工资和物价。马尔登所执行的政策是福利经济学的典范，马尔登本人坚持"社保是一种权利"[1]，奉行从摇篮到坟墓的超级社会保障计划，笃信政府可以解决一切社会问题。1975—1984年，马尔登政府为了减少对能源进口的依赖，实施了一系列政府投资项目，如生产甲醇和尿素的化工厂、扩建国营炼油厂和钢铁公司，以及兴建大型水电站等[2]，这些项目"好高骛远"，相对于新西兰的经济总量来说大而不当，进一步加剧了国内的经济危机。总体而言，国内产业结

---

[1] ［新］菲利帕·梅因·史密斯：《新西兰史》，傅有强译，商务印书馆2009年版，第222页。
[2] ［新］菲利帕·梅因·史密斯：《新西兰史》，傅有强译，商务印书馆2009年版，第223页。

新西兰毛利人**那塔胡**部落的经济变迁

构单一和国际能源价格高企带来的国际贸易失衡，从而引起国内经济整体上不适应国际环境的变化，改革势在必行。

1984年7月，工党政府上台后立即着手进行改革，马尔登时代受到严格管制的经济发生了转变。首先，解除了政府对金融市场的管制，让汇率自由浮动，对于商品价格、工资、利率、租金和信贷的管制也一并解除。其次，取消出口补贴和进口限制政策，大幅调降进口关税。与此同时，实施税收改革，扩大课税基础，降低边际所得税税率，从最高66%降到33%。对很多政府部门进行公司化和商业化，许多政府职能重组和外包，要求国有公司像私营公司一样在纯商业化的市场竞争环境下运营，其中的一些国有公司随后被出售给私人。这也是1986年"国有企业法"和1988年"国有企业（怀唐伊）法"两个法案通过的历史背景。

实现充分就业被降级为一项公共政策目标，这是对新西兰长期奉行的凯恩斯主义传统最具决定性的突破，目的是为货币主义政策保持稳定的价格服务体系。但是，这一点对毛利人的就业影响较大，很多政府部门的公务员职位不再是铁饭碗。到1992年，全新西兰的失业率达到10%的时候，毛利人的失业率已经飙升至25%。这些放松管制和政府回退的政策措施，与其他国家的新自由主义改革所采取的措施非常相似，尤其是撒切尔夫人主政的英国政府。由于新西兰是岛国经济，要素市场相对封闭，因而实施新自由主义政策的变革更为彻底。自此以后，"新西兰从世界上管制最多的国家之一变为最为自由的经济体之一"[1]，其体制比其他任何西方国家更接近于纯粹的小政府加自由市场经济的新自由主义模式。这个新自由主义模式，构成了新西兰政府处理毛利条约索赔的政策背景。

---

[1] ［新］菲利帕·梅因·史密斯：《新西兰史》，傅有强译，商务印书馆2009年版，第233页。

第五章　那塔胡索赔谈判和赔付方案

一　那塔胡部落委员会的法理地位（政治性）

1986年，芮奇伊黑尔·陶代表全体那塔胡向怀唐伊法庭提出索赔。索赔由九个部分组成——以"那塔胡的九棵大树"① 著称。其中，前八棵大树分别代表了1844—1864年和殖民政府进行的八宗土地交易，在这些交易中，王室没有遵守承诺把所交易土地面积的十分之一留作那塔胡的保留地；第九棵大树代表被强占和禁止那塔胡人进入的遍布南岛的食物采集地（Mahinga Kai）。那塔胡索赔是法庭面临的第一个部落索赔，"毫无疑问，那塔胡索赔将是本法庭所面对的最大的索赔。它几乎涵盖了整个南岛，涉及一百多年来在南岛所发生的事件"②。

1987—1989年，法庭一共举行了23个听证会。1991年2月，法庭发布了三卷本的调查报告"那塔胡土地报告（WAI 27）"。这是迄今为止法庭所发布的最详尽的调查报告，涉及900件物证、262个证人和25个法人机构。报告认定王室在土地交易过程中，"有失公平，屡次违背条约的精神"③，建议对那塔胡进行实质性赔偿。

在那塔胡索赔听证期间，新西兰国会、高等法院和上诉法院以

---

① http://www.nzhistory.ney.nz/.（新西兰历史在线）
② Waitangi Tribunal（WAI 27），*Ngai Tahu Land Report*，1991，1.1.
③ http://www.nzhistory.ney.nz/.（新西兰历史在线）

及政府内阁部门等，都在同时处理条约立法、毛利人的捕鱼权和国有企业立法等重大事项。这些事项和那塔胡索赔都有很强的相关性，有些甚至就是由那塔胡索赔所引发出来。那塔胡索赔对法庭的听证和调查程序、条约原则的确立和演化，以及政府针对所有毛利索赔的政策制定都产生了巨大影响。

1991年9月，那塔胡组建了正式的索赔谈判团队。团队成员有奥瑞根和芮奇伊黑尔，当时两人分别担任那塔胡毛利信托董事会的主席和副主席；法律顾问尼克·戴维森（Nick Davidson），是贝尔谷巴德尔韦尔律师事务所的一名杰出律师；商业发展顾问斯蒂芬·詹宁斯（Stephen Jennings），是瑞士信贷第一波士顿投资银行的经济学家，曾在新西兰财政部工作；那塔胡毛利信托董事会秘书希德·阿什顿（Sid Ashton），组织和参与了所有的那塔胡索赔法庭听证会。

王室谈判团队分A、B两组，A组由专门负责怀唐伊条约谈判的内阁部长道格拉斯·格雷厄姆（Douglas Graham）和司法部长大卫·瓦顿（David Oughton）组成。格雷厄姆是1984—1999年的国家党议员，全程参与了那塔胡索赔的谈判。B组由条约政策组牵头，来自王室法务办公室、财政部、毛利事务部、环保部、首相内阁部等不同政府部门的数十个官员针对不同的议题组成专家小组。1995年，条约政策组正式改名为"条约和解办公室"（Treaty Settlement Office），成为专门处理条约和解及赔付的内阁部门。

双方分别由奥瑞根和格雷厄姆负责召集，每月举行定期会议。谈判的第一个议题就是那塔胡部落的法人地位。那塔胡部落具有法人地位是那塔胡和王室进行索赔谈判的基础，这一点分别得到了怀唐伊法庭和上诉法院的支持。但是，那塔胡要取得法人地位必须经过国会的批准。在提交国会的议案中，那塔胡要求最终经国会批准的法案文本中必须声明那塔胡的"自决权"（rangatiratanga），因为那塔胡的"自决权"不仅是国会批准这个法案的基础，而且代表着一部浓缩的历史——那塔胡的"自决权"希望得到认可已经很多年了。

第五章 那塔胡索赔谈判和赔付方案

王室法律办公室担心，如果确认那塔胡拥有的"自决权"，将来可能会被法庭解释成王室应该给予那塔胡在部落领土内立法和司法的权力，将会造成严重的宪法问题。在不使用"自决权"（rangatiratanga）一词的情况下，王室同意给予那塔胡部落的法人地位。副总检察长麦格拉（J. J. McGrath）认为，在法律文件中使用"自决权"（rangatiratanga）一词之前，需要谈判双方对这个词的明确意义进行界定，并取得一致的认可。毛利事务部也持同样的观点，认为没有办法严格地界定"自决权"（rangatiratanga）的明确意涵。但奥瑞根坚持强调，法案中应该包括"那塔胡的自决权在怀唐伊条约签订之前就已存在"和"怀唐伊法庭确认和保证那塔胡的自决权"的表述，因为在条约签署时，如果那塔胡的酋长们对其土地和族人没有自决权的话，就不可能代表氏族签署条约。那塔胡可以按照自己的方式界定这个词，它的定义并不取决于全体毛利人是否接受[1]。

在那塔胡取得法人地位的提案上，双方就此僵持不下。1992年年初，对那塔胡谈判小组来说，更大的麻烦来了。那提玛牟伊、怀塔哈和图胡如（Tuhuru）三个氏族不同意那塔胡代表他们行使"自决权"（rangatiratanga）。三个氏族都认为历史上他们和那塔胡是不同的部落，具有不同的玛纳。这些反对的意见得到了两个那塔胡籍议员提内卡特尼·沙利文和桑德拉·李（Sandra Lee）的支持。桑德拉属于那提玛牟伊氏族，两人都是"毛利事务特别委员会"的委员。她们明显反对以奥瑞根为首的那塔胡谈判小组，认为整个过程操之过急[2]。如果那塔胡内部还有分歧的话，是不可能继续和政府进行谈判的。这种内外交困的情况给谈判小组带来了前所未有的

---

[1] Martin Fisher, *Balancing Rangatiratanga and Kawanatanga: Waikato-Tainui and Ngāi Tahu's Treaty Settlement Negotiations with the Crown*, Ph. D. dissertation, Victoria University of Wellington, 2014, pp. 85–87.

[2] Martin Fisher, *Balancing Rangatiratanga and Kawanatanga: Waikato-Tainui and Ngāi Tahu's Treaty Settlement Negotiations with the Crown*, Ph. D. dissertation, Victoria University of Wellington, 2014, p. 90.

压力。1994 年 8 月，双方谈判部分因此而中断①。

1996 年年初，双方重新回到谈判桌上。这个彼此妥协的过程花去了将近一年半的时间。那塔胡依旧声明部落的法人地位是继续谈判及最终索赔达成和解的必要条件，但已不再坚持要求关于那塔胡"自决权"（rangatiratanga）的表述。谈判小组尽力向那塔胡各个氏族的所有族人解释，要求一个统一的那塔胡部落法人地位，主要目的是为接受资产赔付和未来进行商业运营搭建一个平台，在此基础上，再争取尽量扩大部落的区域自治权。这次的提案得到了新任首相吉姆·博尔格（Jim Bolger）、毛利事务部部长道格·基德（Doug Kidd）以及格雷厄姆的支持。1996 年 4 月 26 日，国会正式通过了《那塔胡部落委员会法案》，"那塔胡部落委员会"（Te Rūnanga o Ngāi Tahu）取代了"那塔胡毛利事务委员会"，正式确立了那塔胡部落的法律地位。

《那塔胡部落委员会法案》第 6 款规定：

> 为了全体那塔胡人的利益，作为全体那塔胡人的代表，而创立法人实体"那塔胡部落委员会"。该实体具有永久继承权和法团印章，有权购买、接受、持有、转让和出租财产，起诉和被诉，享有和自然人一样的所有权利。②

《那塔胡部落委员会法案》第 7 款进一步规定了"那塔胡全体"的成员资格的认定方式：

> 1848 年在世的那塔胡部族成员，他们的名字清单列在《那塔胡人口普查委员会 1929 年备忘录》中的第 92—131 页，该书现存于基督城毛利土地法庭的登记办公室。③

---

① 谈判中断还与双方对赔付金额的差距太大有关，后文详述。
② Te Runanga o Ngai Tahu Act 1996, p. 5.
③ Te Runanga o Ngai Tahu Act 1996, p. 6.

法案同时也赋予了那塔胡部落委员会对符合条件的族人身份的审查和认定的权力。如果那塔胡族人身份申请人对部落委员会的认定结果有异议，可向毛利土地法庭申请听证和仲裁，土地法庭裁定结果为最终结果。

那塔胡部落委员会具有双重身份。一方面，部落委员会由遍布南岛的十八个氏族的氏族代表组成，每个氏族代表由其所在氏族成立专门的任命委员会来任命。任命委员会的委员必须由各个氏族社区通过"邮递选票、民主直选的方式产生"[1]。部落委员会代表全体那塔胡人，是那塔胡的最高权力机构。另一方面，部落委员会具有公司法人地位，是那塔胡对政府赔付资产进行资本化运作的主体。换句话说，它就是一个集体所有制的公司，可以从事生产盈利活动并负责部落内的利益分配。

近代公司起源于17世纪英国、荷兰等西方国家进行的海外殖民扩张过程。当时，经过远洋航行去新的大陆进行贸易风险很大，需要大量的资金和面对无数的不确定性，但是利润也是惊人的。资金筹措和风险分摊的客观需要产生了股份公司这种实体形式，如英国和荷兰的东印度公司。1807年，《法国商法典》首次对股份有限公司作了法律上系统的规定。股份公司成为资本主义时代进行投资和贸易等商业运作的普遍形式。

那塔胡部落是新西兰政府确认其法律地位的第一个毛利部落。公司法人地位是那塔胡人以部落的名义统一接受王室赔付资产的前提条件。1986年，当芮奇伊黑尔·陶首次向怀唐伊法庭提出部落索赔时，无奈是以个人名义提出的。如果没有这个部落统一的法人地位，王室即使愿意赔付，也将面对为数众多的那塔胡氏族、家庭和个人，这对新西兰政府而言是不可能做到的。进一步地，那塔胡部落委员会也是将这些资产进行资本化的公司实体，是部落集体资本的持有人和管理者。部落资本需要进行商业运作保值增值，赚取利润以回报族人。一个真正代表那塔胡全体的部落法人组织走上了

---

[1] Te Runanga o Ngai Tahu Act 1996, p. 12.

历史舞台。

二 那塔胡索赔的具体赔付方案（经济性）

除了部落法理地位的认定，经济赔偿是那塔胡索赔的主要内容。索赔的主要依据是王室应该把1844—1864年那塔胡出售土地的十分之一，保留为部落用地，供那塔胡人永久使用。按照八宗土地大约3400万英亩面积计算的话，那塔胡部落应保留340万英亩自用。与当时那塔胡实际37,492英亩[①]的保留用地相比差异巨大，对那塔胡来说无疑是一笔巨大的财富。

倘使那塔胡应该保留这340万英亩土地，按照1848年整个那塔胡部落大约3000人来计算，相当于人均应该拥有1133英亩土地。王室既然行使了条约中规定的"优先购买权"，那就应该承认其所具有的相应的对等义务，为那塔胡当时和未来发展的需要提供足够的土地。法庭报告回顾了新西兰公司在条约签订前所执行的土地购买政策，即把从毛利部落手中购买的土地的十分之一授予该公司，以毛利信托的形式持有，造福于该部落的未来利益。例如，新西兰公司在惠灵顿的土地买卖中留下十分之一的保留地，后来就是属于毛利受益人。此外，菲茨罗伊总督在1844年的豁免公告中也曾设想，成交土地的十分之一将由王室受托人代持，用于毛利人的利益和公共目的。毛利出售土地的十分之一作为部落保留地的政策有先例，也有王室的政策制定构想，但对那塔胡部落来说，以此索赔没有书面的证据。法庭报告对此的具体表述也因此而语焉不详：

> 鉴于那塔胡无疑拥有这块土地，他们所占用的土地面积约为每人1133英亩，特别是与欧洲定居者认为适合其需要的更为广泛的土地需求相比，这几乎不可能被视为慷慨。法庭在此仅仅是举例说明，并不是因为法庭认为这是应该留给那塔胡的

---

① Waitangi Tribunal（WAI 27），*Ngai Tahu Land Report*，1991，16.3.6.

土地的适当比例。①

1991 年双方正式谈判开始，关于损失的确认就一直是那塔胡单方面的热切希望。评估 340 万英亩的土地现值是一个浩大工程，需要聘请专业的评估机构来进行。但王室认为，鉴于条约索赔的政治属性，没有必要进行这项工作。所谓"政治属性"意味着未来可能的赔付金额仅仅是政治意义上的，至少不会按照实际发生的金额来赔付。那塔胡坚持应该以自己所应得到的权利来计算赔付金额，并且聘请了一个专业评估师，按照 1990 年的荒地价格来计算，八个地块初步估值 130 亿新元，十分之一的话就是 13 亿新元。王室则认为应该以需求为基础来进行计算，也就是全体那塔胡人获得适度和有尊严的生活需要多少金额。以权利为基础的索赔和以需求为基础的索赔，成为双方关于赔付金额谈判的主要焦点。然而，那塔胡谈判小组的经济顾问詹宁斯发现，如果以需求为基础来计算，赔付金额还会更高。"假设目前那塔胡有 6 万人，按每人每年补贴 1500 新元计，每年需要 9000 万；税后 9000 万的利润按照 6% 的年均回报率所需要的资产规模是 15 亿新元"②。

1992 年 2 月 7 日，奥瑞根写信给格雷厄姆，书面提出那塔胡索赔 13 亿新元的赔偿要求。奥瑞根按照王室的意见以需求为基础来计算赔付金额，"这是为达到那塔胡人民经济健康和自给自足的目标所需要的资产包的规模"。同时，奥瑞根也声明，这个金额也是"按照非常保守的计算方法对那塔胡领地（应该获得）的土地价值的估计"③。

---

① Waitangi Tribunal（WAI 27），*Ngai Tahu Land Report*，1991，16.3.6

② Martin Fisher，*Balancing Rangatiratanga and Kawanatanga：Waikato-Tainui and Ngāi Tahu's Treaty Settlement Negotiations with the Crown*，Ph. D. dissertation，Victoria University of Wellington，2014，p.106.

③ Martin Fisher，*Balancing Rangatiratanga and Kawanatanga：Waikato-Tainui and Ngāi Tahu's Treaty Settlement Negotiations with the Crown*，Ph. D. dissertation，Victoria University of Wellington，2014，p.108.

新西兰毛利人**那塔胡**部落的经济变迁

几天后,双方谈判人员举行例会。王室不同意那塔胡提出的建议,因为"没有客观的方式确定,如果土地一直由那塔胡保有而不是由他人开发,则目前尚未授予那塔胡的土地价值在何种程度上会和现在的价值相似"①。这样的辩词事实上已经彻底堵住了按照土地价值来计算索赔赔付金额的可能。王室强调由于国内经济不景气所导致的财政上的困难,提出给予那塔胡1亿新元的赔付。2月27日,奥瑞根再次写信给格雷厄姆,把赔付要求降低了一半,6.5亿新元。王室再次拒绝了那塔胡谈判小组的要求。而且,针对那塔胡的两次要约报价,王室都没有书面回复,谈判就此陷入僵局。

从王室的角度来看,最终的赔偿数额完全是一种政治决定而非经济意义上的历史损失量化和估值,象征的意义远远大于实际上的经济考量,无论是"以权力为基础"还是"以需求为基础"计算的赔付要求都不会认真给予考虑。除了政府财政方面的限制,王室对条约索赔的赔付金额还有以下几点考虑。第一,无论赔付多少,这个解决方案都必须是终局性的解决方案,是针对那塔胡历史上所受到的所有不公正待遇一次性的永久解决方案。第二,因为那塔胡索赔是法庭受理的第一个部落索赔,对后续索赔具有示范作用。王室需要综合考虑法庭已经受理和将会收到的所有索赔,避免在全国各个毛利部落之间出现厚此薄彼的情况。第三,王室必须考虑帕克哈的感受,需要一个全体公民都可以接受的赔付方案。

王室在和那塔胡进行谈判的同时,还在进行另外两个谈判,毛利捕鱼权和北岛泰努伊部落的索赔谈判。毛利捕鱼权索赔以海王交易(Sealord Deal)著称。早在1986年,作为"罗杰经济学"的改革措施之一,工党政府试图通过配额制将捕鱼权私有化。奥瑞根当

---

① Martin Fisher, *Balancing Rangatiratanga and Kawanatanga: Waikato-Tainui and Ngāi Tahu's Treaty Settlement Negotiations with the Crown*, Ph. D. dissertation, Victoria University of Wellington, 2014, p. 109.

第五章　那塔胡索赔谈判和赔付方案

时任"毛利渔业委员会"主席，代表新西兰全体毛利人向怀唐伊法庭提出申请，要求保护毛利传统的捕鱼权。"精明的奥瑞根抓住这个千载难逢的机会"①，因为，配额捕捞制的公开出售明显违反了条约第2款。泰努伊部落的索赔，是针对领土内的煤矿和土地战争期间被王室强行没收的土地。泰努伊部落的索赔没有经过怀唐伊法庭的调查和听证，是和王室直接进行谈判的。王室在权衡那塔胡索赔的赔付方案的同时，也需要把这两个索赔案一起加以考虑。

1992年9月，关于毛利捕鱼权索赔的谈判有了结果，政府赔付"毛利渔业委员会"1.7亿新元，用于购买海王产品有限公司（Sealord Products Ltd.）50%的股份，意味着新西兰全国近海捕鱼配额有一半的权益属于毛利。

1993—1994年是新西兰政府针对怀唐伊索赔的重大政策转变时期。在1994年年初公开发布的"王室关于解决怀唐伊条约索赔的建议"②中，王室"承认历史上曾经发生过不公正的事情；承认自己有责任利用公平和可以负担的解决方案做出赔偿，并消除不满情绪；承认通过赔偿的解决方式必须对不同的毛利部落一视同仁，保持一致和公平"③。在尝试对所有索赔进行固定数额的赔付的同时，政府制定了赔付金额上限，这就是所谓的"财政信封"（fiscal envelope）政策。政府同意成立赔付基金，针对所有毛利索赔设置赔付金额上限为10亿新元，即所谓的"财政信封"，然后规定单笔最大赔付金额不超过1.7亿新元。"财政信封"政策可以方便政府为所有索赔的赔付方案有计划地安排赔付资金。更为重要的是，它

---

① [新]菲利帕·梅因·史密斯：《新西兰史》，傅有强译，商务印书馆2009年版，第255页。

② Department of Justice, *Crown Proposals for the Settlement of Treaty of Waitangi Claims*, 1994.

③ Martin Fisher, *Balancing Rangatiratanga and Kawanatanga: Waikato-Tainui and Ngāi Tahu's Treaty Settlement Negotiations with the Crown*, Ph. D. dissertation, Victoria University of Wellington, 2014, p. 95.

是政府"向包括毛利和帕克哈在内的公众推销整个和解谈判政策的主要说辞"①。

"财政信封"政策受到毛利方面的广泛批评。奥瑞根称之为"抢夺棒棒糖的混乱"（lolly scramble），王室强迫毛利部落之间为争夺总体有限的经济补偿而相互起意争斗。奥瑞根指责时任政府采取了与19世纪王室代表沃尔特·曼特尔（Walter Mantell）和詹姆斯·麦凯（James Mackay）相同的殖民立场。毛利事务和渔业部前部长马提乌·拉塔认为，对赔付金额的限制无法保证能够达成一次性的最终解决方案。拉塔指出，"在海王渔业索赔的解决方案中提到的一揽子财政信封政策的想法，政府事先并没有就此与毛利进行讨论"②。政府制定这个政策完全是一个内部决策的过程，没有与索赔人和公众进行广泛协商。那塔胡拒绝接受王室的"财政信封"政策。1994年8月，双方谈判破裂。

1995年，怀卡托-泰努伊部落赔付方案达成和解之后，政府内部也产生了尽快解决那塔胡索赔的压力。1996年年初，政府谈判小组向那塔胡抛出了橄榄枝，承诺归还婆纳穆矿产资源的所有权。婆纳穆是那塔胡人心目中的圣物，归还婆纳穆意味着承认那塔胡人作为婆纳穆守护者的地位，意味着从名义上承认了那塔胡部落所拥有的玛纳和自治地位。对那塔胡来说，这是一个不可抗拒的诱惑，那塔胡因此而重新回到了谈判桌上。并且，政府在这个决定中所展现出来的希望达成最终解决方案的诚意，还起到了戏剧性的效果，促成那塔胡谈判小组说服部落内部持有异议的氏族，同意以一

---

① Martin Fisher, *Balancing Rangatiratanga and Kawanatanga: Waikato-Tainui and Ngāi Tahu's Treaty Settlement Negotiations with the Crown*, Ph. D. dissertation, Victoria University of Wellington, 2014, p. 162.

② Martin Fisher, *Balancing Rangatiratanga and Kawanatanga: Waikato-Tainui and Ngāi Tahu's Treaty Settlement Negotiations with the Crown*, Ph. D. dissertation, Victoria University of Wellington, 2014, p. 117.

第五章　那塔胡索赔谈判和赔付方案

个统一的那塔胡部落的名义接受赔付①。

1996年6月，双方签署了"分期赔付协议"（A Deed of 'On-account' Settlement），意味着最终和解方案的达成。根据这份协议，政府先归还婆纳穆矿产资源，并向那塔胡先行支付1000万新元，作为最终和解方案的首期赔付。1997年，国会通过《那塔胡（婆纳穆特别保护权）法案》。然而，关于赔付金额谈判的天平逐渐向政府倾斜，那塔胡谈判小组不得不接受和毛利渔权及泰努伊部落同样的条件，"财政信封"政策框架内单个索赔的最高赔付金额1.7亿新元。

那塔胡只能在已经被人为设定的赔付框架内，最大限度地争取赔付利益。经过后续艰苦的谈判，那塔胡谈判小组争取到以下一些补充条款。

第一，"相对性条款"（Relativity Clause）。"相对性条款"是那塔胡在"财政信封"政策下的必然要求。即在未来50年的时间范围内（直到2047年），如果政府对整个毛利索赔的赔付金额超过10亿新元，那塔胡的赔付金额应该按照超过部分的16.1%的比例进行追加②。随着毛利索赔案件的增多和赔付范围的扩大，"相对性条款"估计最终至少可以向那塔胡再提供一个1.7亿新元的赔付金额③。第二，"优先购买权"（Right of First Refusal）条款。那塔胡对南岛范围内政府拟出售的物业和土地拥有"优先购买权"。第三，"延迟选择购买权"（Deferred Selection Process）条款。那塔胡对南岛境内政府持有尚不出售的物业和土地拥有"延迟选择购买权"，即拥有以市价购买后再返租给政府使用的权力，购买这部分

---

① Gibbs, M., The Ngai Tahu (Pounamu Vesting) Act 1997, *New Zealand Journal of Environmental Law*, 2000, Vol. 4, p. 262.

② 原来应该和泰努伊部落一样是17%，由于签订赔付协议的年度不同，以新西兰元计价的币值不同，导致赔付的实际价值有区别，从而调整为16.1%。

③ Martin Fisher, *Balancing Rangatiratanga and Kawanatanga: Waikato-Tainui and Ngāi Tahu's Treaty Settlement Negotiations with the Crown*, Ph. D. dissertation, Victoria University of Wellington, 2014, p. 163.

物业的最高金额不超过0.8亿新元。那塔胡的"优先购买权"和"延迟选择购买权"条款可以视作条约中王室优先购买权的对等条款,虽然王室的自愿出售和那塔胡当时的被迫出售不可同日而语,但还是在一定程度上回溯和呼应了条约的相关条款。此外,还有农场、森林、湖泊等和定居点保留地有关的传统财产,以及在那塔胡文化中具有独特价值和意义的婆纳穆矿产资源,都返还给那塔胡。新西兰的最高峰库克山(Mt. Cook)——那塔胡的圣山也物归原主,又由那塔胡捐赠给国家。

最终,这场让人"身心俱疲"的谈判在1997年11月达成一致①。奥瑞根在签字时说,这个赔付方案虽然可以接受,但完全是不公平的。有些人认为这是奥瑞根再次从政府手中赢得谈判的结果。但是,也有人认为对那塔胡来说谈判是失败了。由于政府单方面的"财政信封"政策,以及最终的赔付金额和那塔胡最初的索赔期望之间的巨大差异,使得很多那塔胡人并不满意整个谈判过程。一个氏族代表当时曾经这样评论:

> 我觉得部落委员会在某种程度上是失败了。我不能责备他们,事情已经发生了。他们没有意识到正在发生什么。他们没有回到所在的氏族和那塔胡人充分讨论所有问题……这是部落委员会失败的原因之一……没有成为那塔胡氏族的声音。②

这个氏族代表的意见可能反映了那塔胡部族成员普遍的心声。由于没有充分沟通,他们感觉到自己被排除在有关自身的重大决策之外,被边缘化了。相对于部落委员会而言,谈判团队更为了解现

---

① 格雷厄姆语,参见 Martin Fisher, *Balancing Rangatiratanga and Kawanatanga: Waikato-Tainui and Ngāi Tahu's Treaty Settlement Negotiations with the Crown*, Ph. D. dissertation, Victoria University of Wellington, 2014, p. 162.

② Alexandra Emma-Jane Ijighman, *Te Iwi o Ngai Tahu: An Examination of Ngai Tahu's Approach to, and Internal Expression of, Tino Rangatiratanga*, Master Degree thesis, University of Canterbury, 1997, p. 71.

第五章 那塔胡索赔谈判和赔付方案

代政治和经济的运作方式和法律体系，也更擅长于部落索赔这样大型的商业谈判。但是，事先征求各个氏族委员会的意见、通过氏族委员会征求全体那塔胡人的意见是必需的。在毛利传统中，酋长做出任何决定之前都必须征求氏族公众的意见，酋长的权威是在公众意见的监督下发挥作用的。

芮奇伊黑尔·陶作为实际的原索赔人，曾试图代表图哈回瑞氏族禁止签署这个赔付协议，他曾经对部落委员会提出如下批评：

> 部落委员会的决策流程上有不清楚的地方，从自然公正的角度讲，关系到受益人。任何将要和王室达成的政治水平上的协议内容，应该先返回部落委员会，通过部落委员会的委员们，返回各自的氏族征求公众的意见并获得他们的授权指令，最后经部落委员会批准。这些流程是否被采纳？然而，实际情况却是部落委员会的委员们没有征求他们各自氏族的意见就做出决定。我们（谈判团队）需要通知部落委员会，不是通过电话交谈而应是开会讨论。然后，委员们必须得到各自氏族的授权指令。但这个流程没有被采纳。[①]

由于新西兰政府的强势政策，夹在政府和那塔胡族人中间的部落委员会和谈判小组处于相对弱势地位。在做出任何重大决定之前，部落委员会必须先和各个氏族委员会的代表及时沟通，这个代表还需要回到他所在的氏族地区和族人广泛交流和征求意见。这个决策过程的确需要耗费相当的时间和精力。如果因为没有及时沟通而匆忙决策的后果不尽如人意时，部落委员会自然变成了发泄不满的对象，背负没有充分履行职责的骂名。

然而，那塔胡此时需要面对的首要问题，已经不再是为了讨论

---

① Alexandra Emma-Jane Ijighman, Te Iwi o Ngai Tahu: An Examination of Ngai Tahu's Approach to, and Internal Expression of, Tino Rangatiratanga, Master Degree thesis, University of Canterbury, 1997, p. 75.

新西兰毛利人**那塔胡**部落的经济变迁

正义与否而纠结于历史，而是需要为部落的发展达成一些切实可行的目标，尽快改善和提高族人的经济状况和生活水平。这是当时部落委员会大部分委员的共识，也代表了大多数那塔胡人的心声。从新西兰政府的角度，格雷厄姆认为，那塔胡的最终赔付方案完美体现了新西兰人本身固有的公平和正义观念，"这是世界上最伟大的国家。我们拥有一切，但如果我们不能和睦相处，不能带有尊重和尊严地生活，那将只是因为我们自己的愚蠢"[①]。仁者见仁，智者见智，无论如何这都是一个多方博弈的历史性结局。坎特柏雷大学那塔胡研究中心的研究员马丁·费希尔（Martin Fisher）认为，从条约正义的观念出发，这个谈判结果既有一定的必然性，也是各方可以接受的：

> 王室单方面决定的 10 亿新元的财政信封的政策，以及任何单个索赔不超过 1.7 亿新元的赔付金额上限，是王室压倒性主权权威的证明；尽管如此，优先购买权、延迟购买权、利息及相对性条款是谈判过程中那塔胡部落某种程度的自治权的体现[②]。

这个过程既是新西兰国内族群关系和政治经济博弈的历史演变，也是非西方文明对近代以来西方资本主义主导的全球化进程的本土化适应。各方博弈的结果，不仅仅和政府与那塔胡有关，也对新西兰社会中其他不同的社会团体之间的相互关系产生了深远的影响，如毛利和帕克哈之间的关系、那塔胡和其他毛利部落之间的关系，以及那塔胡内部各个氏族之间的关系等。

---

① Martin Fisher, *Balancing Rangatiratanga and Kawanatanga: Waikato-Tainui and Ngāi Tahu's Treaty Settlement Negotiations with the Crown*, Ph. D. dissertation, Victoria University of Wellington, 2014, pp. 159 – 161.

② Martin Fisher, *Balancing Rangatiratanga and Kawanatanga: Waikato-Tainui and Ngāi Tahu's Treaty Settlement Negotiations with the Crown*, Ph. D. dissertation, Victoria University of Wellington, 2014, p. 163.

三　那塔胡族权形成的基础及其本质

那塔胡索赔的最终赔付方案在新西兰国内引起了巨大的争议，批评主要来自两种观点。以伊丽莎白·拉塔（Elizabeth Rata）为代表的批评者把这一重新部落化后所形成的组织形态称为"新部落资本主义"，以区别于传统的毛利部落。这一组织"新"的本质特征在于：（1）它是作为部落传统共有资源被资本化和商品化后所形成的集体资本的法定所有者，被假定为复兴传统部落集体所有制所需要的社会结构，经由法定过程被制度化为国家结构的一部分；（2）毛利社群中必然会分化出一个精英群体，对生产资料和集体资本享有独占和特权关系①。

拉塔相当敏锐，"新"部落组织为了维系公有制而被制度化为国家结构的一部分的观点发人深省。"新部落资本主义"的本质是经由法定过程复兴的传统部落公有制。部落集体所有的传统资源在被纳入现代经济体系的过程中，经由货币化和资本化后形成新的部落共有资本。但是，这一被"假定"的重新以亲缘关系为基础的社会结构并不真实存在。也即是说，拉塔认为，虽然政府赔付资产兑现为部落共有产权，但是，社会组织重新部落化依然是那塔胡回不去的昨天。并且，在此过程中所形成的新的阶级关系被新传统主义的意识形态所掩盖，预埋了破坏既有的社会平等的风险。

这种观点的背后可能倾向于那塔胡以个体产权的方式组建公司，赔付资产个体资本化而非部落资本化。既符合了新自由主义所极力主张的现代社会结构，又避免了部落内部产生新的阶级分化。从政府的角度看，以个体资本化的方式进行赔付的确可以一劳永逸地解决历史问题。然而，资本必然服膺于逐利的内在法则，个体资本的最大化指向是个体利益而非集体利益。从那塔胡的立场来看，

---

① Elizabeth Rata, The Theory of Neotribal Capitalism, *Review* (Fernand Braudel Center), Vol. 22, No. 3, 1999, pp. 231 – 232.

新西兰毛利人**那塔胡**部落的经济变迁

如果股权持有人均可任意转让或处置其股权的话，可以预见，假以时日部落公司将变成一个和那塔胡无关的普通企业实体，这无疑和部落复兴的目标背道而驰。

另一方面，关于部落内部阶级分化的担忧是否存在。在笔者看来，那塔胡部落委员会不同于传统毛利部落之处在于，"新"部落的政治表达用现代民主集中制取代了毛利传统的酋长制。酋长是毛利氏族土地权威和利益的代言人，是氏族玛纳的象征。从历史上看，部落社会是人类社会早期自然形成而广泛存在的社会分层，在石器和铁器时代，一直是当时新兴的城邦制和集权社会施以变革的对象。1840年条约签订时，毛利酋长们代表各个氏族转让主权的同时，也从法律上使每个毛利人获得了英国臣民的地位和待遇。1996年那塔胡部落委员会成立，西方的政治选举制度进一步强化了那塔胡人的族属身份和地位，把原来属于氏族酋长的权力赋予了部落委员会。事实上，精英分化存在于任何社会中。人们宁可要公平的不平等，也不要不公平的平等。主流社会同样存在少数精英阶层，但是在现代社会治理模式下，并不意味着就必然会转化成对社会具有危害性的阶级分化。

另一种批评的观点处于另外一个极端。以简·凯尔西（Jane Kelsey）为代表的批评者认为，毛利部落接受这样一个赔付方案是一种历史的倒退。因为这个赔付方案意味着一个面向市场的货币主义的范式转换，彻底改变了条约索赔的传统诉求。这种观点坚持认为新西兰的主权从来都只应属于毛利人，条约索赔的目标就是要求王室返还毛利主权。而那塔胡接受这样一个赔付方案彻底改变了毛利人关于条约索赔的初衷，意味着一个以经济发展取代政治诉求的"范式转换"（paradigm shift）。她不无失望地写道："包括部落领袖、政策和法律顾问、经济师和分析师在内的新一代创业精英们正在摩拳擦掌，对这个即将到来的市场范式感到欣欣鼓舞。"[1] 毛利

---

[1] Jane Kelsey, Maori, Te Tiriti, and Globalization, *Waitangi Revisited, Perspectives on the Treaty of Waitangi*, Michael Belgrave ed., Oxford University Press, 2004, p.82.

主权的永恒理念和民族自决的终极目标被简化为部落自治和商业意义上的成功。

对此，坎特伯雷大学那塔胡研究中心主任特·马瑞（Te Marie Tao）是这样评论的：

> 在这些宽泛的评论中，凯尔西对毛利人如何看待自己未来的观点的估计是部分准确的。毛利人的确把一个外来侵入性状态的终结看作是某种程度上可以宣告自己主权的机会。这个主权自19世纪中叶以来就已经失去。但是，如果没有经济地位，毛利的其他方面又能怎样发展？只有政治地位或者文化地位，过去都曾经尝试过，都曾经失败了。如果说从移民政府那里有什么教训可以吸取的话，那就是政治主权属于王室。毛利人发现，政府是一个可以迂回的问题，而不是正面的挑战。如果这个民族国家已变成一个濒临倒闭的简陋小屋时，为何还要担忧它的主权呢？[①]

特·马瑞的评论其实是一个婉转的回答，可能代表了毛利人的主流观点。作为当代著名历史学家，他参与了部落的整个索赔和谈判过程。特·马瑞的父亲就是部落领袖芮奇伊黑尔·陶。他的回应甚至隐隐透着几分苍凉，没有经济基础无以谈政治或文化诉求，"一个濒临破产的棚屋"的隐喻，的确反映了政府赔付前那塔胡的真实境况。从过去的经验来看，极权主义并未带来真正的发展，毛利人要发展首先是经济上要获得发展，主权属于王室并不意味着政府成为不可逾越的障碍。如果条约双方是为了共同在新西兰组建一个政府的话，政府和毛利部落之间就不完全是对抗的关系，而是合作的关系。采取这种与历史和解的现实主义取向，才能形成迈向未来的坚实基础。

1865年的"土著土地法案"和1996年的"那塔胡部落委员会

[①] 笔者对特·马瑞的访谈，采自2014年12月电子邮件记录。

新西兰毛利人**那塔胡**部落的经济变迁

法案"互为历史的参照点。前者瓦解了部落组织，后者重构了部落实体。在整个 1865—1996 年，毛利部落组织在新西兰没有法律地位，只是简单地不被承认，更谈不上在族群中发挥作用。在此期间，只有由王室指定的代理机构代办毛利事务。最典型的就是毛利信托董事会，毛利信托董事会对毛利事务部部长负责，代表王室和政府管理部落，任何 200 新元以上的开支都必须经过部长批准。没有经济基础支撑的部落组织形同虚设，任何来自政治和文化方面的诉求面对政府的强势都显得苍白无力，如同一盘散沙。"只有政治地位或者文化地位，过去都曾经尝试过，都曾经失败了"，特·马瑞的感言道出了其中的无奈。

回顾这段历史，可以更好地理解"那塔胡部落委员会法案"所具有的重要意义，不仅是对那塔胡人也是对新西兰的所有毛利部落。毛利人天生就是部落的，当需要在国家层面上进行社会动员时，其部落属性非常明显。第二次世界大战时期成立的"毛利战时努力组织"，能够在很短的时间内动员将近三分之一的毛利人口参战就是一个例子。随着那塔胡赔付方案的实施，全国大大小小的毛利部落都紧随这一步伐，先后通过法制化过程获得部落组织的法定地位，进而向王室索赔并将赔付资产进行部落资本化，重建毛利传统的集体所有制经济。这种与生俱来的部落属性在经历了一个多世纪的沉寂之后又重新回到了历史舞台。

这一意义深远的标志性事件，与当时全球政治和经济政策的新自由主义走向密不可分。"罗杰经济学"所主导的新自由主义模式，总体而言，就是主张国有企业私有化、市场完全自由化和政府角色最小化，从两个方面促成了那塔胡部落的现代回归。一方面，部落获得法人地位，以法人公司的名义管理和经营部落资产，符合去国有化和市场自由化的导向。王室和那塔胡部落达成的赔付方案的理论基础事实上是新自由主义经济学的"涓滴效应"理论，该理论是 1980 年代美国"里根经济学"的重要组成部分。"涓滴效应"理论认为，社会和文化问题取决于政府创造和产生社会总体财富的能力。社会财富会像水一样在社会各阶层中逐级渗透，政府毋需对社会分配进行干预也能实现社会平等。在这种情况下，部落可以发挥一个额外政府的社会福利功能。这是那塔胡部落公司法人形成的现代语境。另一方面，新自由主义主张政府最小化，减少政府在公民生活中的作用。1984 年，政府在罗托努阿（Rotorua）召开的毛利经济峰会上宣布，把处理社会公共事务的权力移交给地方毛利部族机构。部族机构在社会服务和地方立法方面的权力扩大，标志着毛利事务和政策的重大转变，为那塔胡实现部落区域自治创造了条件。

如果把这个过程置于一个更广阔的历史背景中来考察，还有一些更为深刻的启示。近代民族国家的形成，始于 1648 年起象征欧洲三十年战争结束而签订的一系列和约，史称"威斯特伐利亚和约体系"。随着欧洲最重要的、统治地域最广的哈布斯堡王朝的衰落，以法国、荷兰、瑞典等为代表的近代民族国家，作为天主教的对立面，开始登上历史舞台，标志着以主权国家作为行为主体的全球交往体系的建立。和约体系确立了平等和主权至上的国际基本原则，国家主权作为最高权力，主权之上再无权威，国家主权获得了最高法理地位。如果说，国家主权之下的公民（法人）权具有一般法理地位的话，那么，那塔胡部落经由法治化过程所获得的法理地位就是一种介于二者之间的次高法理地位。它居于国家主权之下但超乎于公民（法人）权之上，这种法理地位本质上就是一种族属权利。

从表面上看，那塔胡部落族权是部落资本主义在发展过程中"被制度化为国家结构的一部分"而获得的一种自治权力。这种权力源自条约中王室有责任保护毛利人的各种有形和无形的财产不受侵犯的相关条款，经由新西兰政府所实行的新自由主义经济模式催化而形成。然而，这种自治权力并未构成对现行国家主权的挑战，国家主权仍然属于新西兰议会，它只是国家主权之下的一种次生权力。

从本质上来讲，族权的核心指向仍然是那塔胡对参与世界经济过程的主体性交换地位的诉求。这个诉求发端于库克船长的首次登陆，贯穿于那塔胡与西方社会交往的整个过程。当赔付资产形成部落资本，在资本的推动下，这种次生权力自然会演化成部落在现代经济过程中进行资源博弈的工具。但它又不仅仅只是一种工具，而是毛利社会在后殖民时期对西方资本主义制度所产生的一种现代适应。它是否能够反映那塔胡现代部落的发展，或者仅仅是一种对19世纪以来殖民霸权的胜利宣言，完全取决于这个适应过程的未来走向。

第六章 那塔胡部落的现代一体化形式

一 那塔胡现代部落组织的发展历程

1996年4月，那塔胡部落委员会正式取代那塔胡毛利信托理事会成为部落的管理机构。部落委员会是作为全体那塔胡人的代言人，是部落集体利益的守护者。1993年起草的《那塔胡部落委员会章程》（以下简称"章程"）规定了部落委员会和各个成员（氏族委员会）之间的权利、义务和运作方式。部落委员会负责处理国家层面的政策问题，氏族委员会负责和地方政府进行广泛沟通和协商。部落委员会由十八个氏族代表组成，每个氏族代表由其所在氏族选举产生，整个选举过程完全遵照西方现行的选举制度执行。十八个氏族社区在南岛的地理分布如图3所示。

1998年，国会批准了"那塔胡部落赔付法案"。在"财政信封"政策的框架内，王室赔付那塔胡部落1.7亿新元的现金资产。那塔胡部落委员会以那塔胡全体族人的名义和法人公司的身份接受赔付资产。从法律文本的角度解读，这些赔付资产是1848年在世的1551个那塔胡先民及其后代的财产权。那塔胡部落委员会面临的问题是，如何代表当时登记在册的近40000那塔胡人管理这些资产并进行财富分配。

当时，部落委员会成立了集团管理部（group management）和部落委员会办公室两个部门。章程草案明确把部落委员会的责任划分为商业经营和部落发展两个方面。据此，集团管理部分别成立了

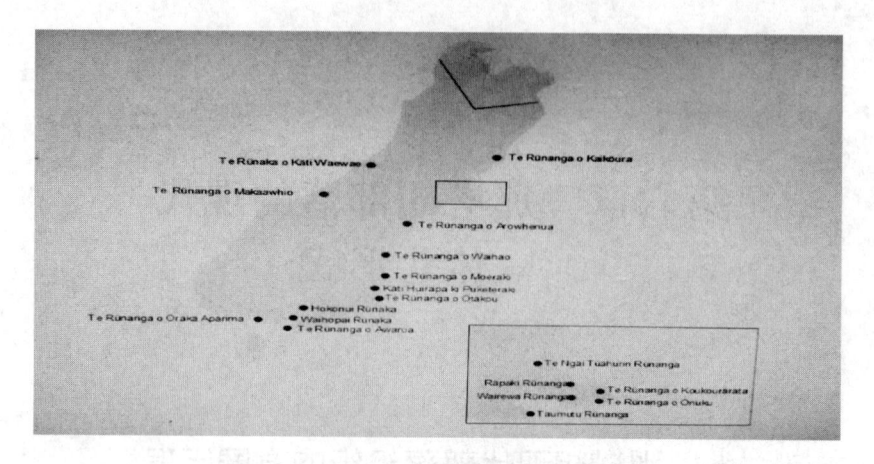

新西兰毛利人**那塔胡**部落的经济变迁

图3　那塔胡部落十八个氏族社区分布地图

资料来源：*Te Runanga o Ngai Tahu Pounamu Resource Management Plan*，2002，p. 19。

那塔胡控股有限公司和那塔胡发展有限公司。控股公司通过商业运作管理和经营资产，发展公司负责部落分配，从而满足部族成员的需要，实现那塔胡部落的社会和文化发展的目标。集团管理部对控股公司和发展公司行使行政管理权，向两个公司传达部落委员会的指令。很明显，部落委员会创立控股公司和发展公司，实际上就是为了把生产经营和部落分配分设为两个独立的单元，实行分责管理。部落委员会办公室主要负责制定部落的战略规划和进行日常的行政管理，下设战略部、利益分配部、仪式圣地部、法律部、人事绩效部和企业服务部。

控股公司的职能是"代表部落委员会谨慎地使用和管理资产，进行盈利和高效的商业运作"①。控股公司的基本功能是通过渔权、地产、林地和农场、旅游和股权投资5个领域的商业经营，重建那塔胡部落的经济基础。控股公司董事会由6名董事组成，这6名董事都是有专业技能的职业经理人，由部落委员会聘任，提佩内·奥瑞根爵士任董事会主席。

---

① Te Runanga o Ngai Tahu, *Draft Charter*, 1993, p. 5.

第六章 那塔胡部落的现代一体化形式

发展公司的职能是"代表部落委员会谨慎地使用和分配资产，确保由部落委员会不时制定的社会和文化发展及环境保护的目标，和那塔胡慈善信托基金的慈善要求和目标相一致"[1]。简而言之，发展公司的基本功能就是通过分配和使用来自控股公司的利润，支持那塔胡部落、氏族和家庭的社会和文化复兴。发展公司主要设立两个部门：社会发展部和氏族发展部。社会发展部除了负责落实部落的教育和健康项目计划外，还致力于复兴那塔胡和毛利传统文化。氏族发展部负责部落集体管理部和各个氏族委员会的沟通和交流，同时，也致力于促进氏族的文化复兴和发展。和控股公司一样，发展公司董事会也是由部落委员会外聘的6名董事组成，董事会主席由芮奇伊黑尔·陶担任。

至此，一个按照西方政治制度和经济治理模式构造的部落组织宣告成立。从库克船长首次将新西兰放置于世界地图之中算起，这个模式才算真正标志着那塔胡以平等的身份参与到现代世界经济过程中来。正如那塔胡宪章中所明确规定的那样，部落委员会的职责分为商业经营和部落发展两个方面。控股公司通过商业运作管理和经营资产，部落发展公司负责实现那塔胡部落社会和文化发展的目标，满足部族成员的需要。以今天主流社会的眼光来看，创建这个充满现代意味的部落组织可能是顺其自然、水到渠成的。然而，如果考虑那塔胡当时的情况，所谓部落资本主义还不是一个意识形态中的理论问题，而是历史发展进程中所面临的巨大挑战。

挑战主要来自三个方面。在创建新的部落组织的过程中，最大的困难是如何把传统的氏族单位纳入新的部落组织框架中来。在毛利传统社会中，社会政治和经济的基本单位是氏族而不是部落。在欧洲人到来之前，毛利社会的经济形态还属于采集渔猎经济，没有大型哺乳动物，除了少量美洲甜薯外农耕尚未出现。这种经济文化类型决定了社会生产处于极度的分散和流动状态。因此，对生存资源的控制集中在氏族和扩展家庭层面，社会治理同样也是由各个氏

---

[1] Te Runanga o Ngai Tahu, *Draft Charter*, 1993, p. 7.

族自主决定。只是在有外敌入侵的情况下，一定区域内的若干氏族才自发联合成部落以抵抗外敌。当战争结束，这个部落组织即自行解散。即使在战争期间，社会生产和经济活动仍然处于各个氏族控制之中。因此，在毛利传统社会中，部落只是一个暂时的军事联盟，而非一个长期存在的政治和经济单位。但是，如今的部落委员会按照部落集中化的原则要求每个氏族都必须让渡其财产权和自治权。

事实上，在1980—1990年代，毛利部落的发展能否采取公司的形式就已成为新西兰社会广泛讨论和热议的话题，无论是在偏远的毛利氏族村落，还是在代表国家层面的议会。诚然，在法定族权的制度框架内，由部落委员会统一经营族属资产和管理内部事务，有利于部落的整体发展和资产的保值增值，从而实现部落利益的最大化。但是，政治和经济资本的部落集中化，剥夺了毛利传统社会中氏族享有的自治权利和财产权利。还在1980年代，为了构建新的部落组织，芮奇伊黑尔·陶就曾经设想过"塔胡议会"的模式。正如每个氏族都有自己的圣地——毛利会堂一样，每个氏族就是一个自治单位，都有自己的财产权和自治权。土地、水域和海床等属于氏族集体所有，个人和家庭只有使用权。即使是氏族酋长，个人并没有因其地位而拥有任何氏族土地的所有权。氏族酋长只是其领土和居住在其领土内的毛利家庭的守护者。当时，芮奇伊黑尔·陶的设想是为了向氏族委员会传播新组织的运作机制，希望用现代西方政治制度影响那塔胡人。当他以个人名义向怀唐伊法庭递交"那塔胡索赔"时，他曾向氏族委员会强调，他们在自己领土内的自治权不会因为统一索赔而受影响。为了在族人中建立现代组织的系统概念和思维，部落委员会通过各种可能的途径，诸如在各个毛利会堂举行会议、图表讲解、广泛的讨论、那塔胡年报等，以各种形式向那塔胡人宣传新的部落组织机构，讲解和说明组织机构的各个层级治理关系。

从那塔胡各个氏族自身的角度来说，从索赔开始，氏族联合起来通过部落统一索赔无疑具有很多优势。例如，政治上，部落集中

第六章　那塔胡部落的现代一体化形式

化客观上强化了那塔胡人由宗谱主导的亲缘关系，可以形成更大的合力争取权益。经济上，统一的谈判团队可以大大节约相关的法律和行政成本。并且，对氏族来说，更为重要的是，可能他们自身本来就无力支付这些成本。在这种情况下，部落集中化可以说是必然的选择。各个氏族对外事务的行政自治权集中到那塔胡部落中心化的组织机构中来。

第二个方面，当时部落的大部分氏族散布在南岛偏远贫穷的农村地区，沿袭着毛利人传统的自发式管理。在这些传统的氏族自治机构中，没有一个机构管理的现金超过10000新元[1]。依托那塔胡自身的力量来经营和管理赔付资产显然力不从心。长期地被边缘化，使得大部分那塔胡人贫穷且未受过教育，许多人直到现在仍然是这样。甚至从未听说过公司的概念，更无从想象公司将会给他们的生活带来怎样的影响。部落委员会的大部分董事委员只是高中毕业，没有任何职业证书，更谈不上有过董事的工作经验。并且，他们大部分事实上是体力劳动者，或者是家庭农场主，还在为生计奔波，经济没有保障[2]。作为那塔胡部落委员会的董事委员，可以说只是他们的兼职工作。在这样的现实条件下，那塔胡部落的领袖奥瑞根和芮奇伊黑尔·陶都十分清楚，如果不采取部落集中化的政治体制和聘用职业经理人形成专业团队，部落现有的传统结构和分散的农村社区没有能力管理赔付而得的巨额资产。

第三个方面，部落集体资产运营所产生的年度收益如何进行分配？分配主体方面需要确定氏族、家庭和个人之间的分配比例，收益使用方面需要确定福利、教育、聚落保护、文化复兴等公共开支

---

[1] Te Maire Tau, "Tribal Economy?" Nilakant, V. ed., *Managing Responsibly: Alternative Approaches to Corporate Management and Governance*, 2012, Taylor & Francis Group, p. 128.

[2] Te Maire Tau, "Tribal Economy?" Nilakant, V. ed., *Managing Responsibly: Alternative Approaches to Corporate Management and Governance*, 2012, Taylor & Francis Group, p. 119.

之间的比例。姑且不论具体方案的优劣好坏，在十八个氏族社区4万多族人中间能够就某一方案达成共识都不是易事。这个命题事实上已经超出那塔胡部落的讨论范畴。在现代社会，无论任何形式的现代组织，只要是一个经济单位，大到一个国家，小到一个公司或一个氏族村委会等，都面临这个问题。它的起源在于组织内部必然存在的利益冲突，个体利益和群体利益之间的冲突，长期利益和短期利益之间的冲突，以及这些冲突在民主决策过程中被抚平以后体现出来的公平与效率。

以上三个方面的挑战，其实不仅仅是那塔胡部落委员会在成立之初所面临的挑战，而且是需要部落长期面对并持续进行完善和优化的课题。

特·马瑞曾言，"那塔胡是在没有任何理论指引和经验借鉴的情况下创建了那塔胡部落的现代模式"①。那塔胡部落委员会是一个制度创新，但任何创新都不会是一帆风顺的。新组建的部落各级组织之间需要有一个适应期。部落委员会和集团管理部之间，集团管理部和氏族委员会之间，都需要一段时间的磨合来确定各自的边界和职责，以及信息沟通的方式。在这个磨合过程中，氏族委员会和部落委员会之间充满了对抗和冲突。这些对抗和冲突聚焦于氏族委员会的传统权利的让渡和部落委员会新权利的集中。

部落委员会的双重性直接体现在十八个氏族委员代表的身份和职责上，这十八个委员究竟是公司董事还是各个氏族的代言人？这个从形式上看似微小的变化，其实对各个董事委员的心态来讲至关重要。特·马瑞曾经犀利地指出：

> 一旦你从国会议员（即部落委员会委员）变成公司董事，整个意象和幻觉（imagery and illusion）都发生了变化。他们认

---

① 笔者对特·马瑞·陶的访谈，2014年12月16日于昆明。

第六章 那塔胡部落的现代一体化形式

为他们负有商业和财务的责任,但至关重要的是他们首先是议员。[1]

"议员"或者说部落委员会委员和公司董事的角色定位和心态是有本质区别的。董事的职责必须服膺于公司经营利润的最大化,目标和结果单一,只要服务于这个目标就是正确的选择,不必屈从于自身所处的政治环境。部落委员会委员则完全不同,他的职责首先是代表他所在氏族的利益,他必须以氏族的自治和获得财产权利为首要目的。但是,部落整体可用的资源是有限的,而十八个氏族分布在南岛的不同地区,每个氏族领地内所具有的资源禀赋、人口结构和数量、未来发展的方向和潜力等都不尽相同。当部落利益和氏族利益或者氏族之间的利益发生冲突时,这个矛盾就体现在了作为部落最高决策机构的18个董事委员的身上。撕裂或是调适,可以说从心态上很难找到一个恰如其分的位置去面对大大小小的决策。当他们在诸多两难的决策中选择中立和责任分散时,一个精英团队被"俘获"的土壤就已经生成。

任何一种制度创新都必然会经历一段艰难的时期。鉴于部落委员会委员身份的特殊性,章程专门对部落委员会委员的履职责任做出规定:每个委员都须秉诚公正,并以个人合理的预判能使那塔胡利益最大化的方式行事,不允许对任何特定氏族采取或同意采取带有不公平的偏见和歧视的行动[2]。部落委员会的角色定位和心态,以及在未来部落发展中的责任担当,只有在部落集中和氏族传统自治的对抗过程中,通过持续的沟通和理解才能获得更加清晰的表达和界定。

经过近二十年的探索和努力,持续不断的改进和优化,那塔胡

---

[1] Alexandra Emma-Jane Ijighman, Te Iwi o Ngai Tahu: An Examination of Ngai Tahu's Approach to, and Internal Expression of, Tino Rangatiratanga, Master Degree thesis, University of Canterbury, 1997, p. 69.

[2] Te Runanga o Ngai Tahu, *Charter of Te Runanga o Ngai Tahu*, p. 23.

部落委员会如今已日趋成熟和完善。作为一个集体所有制公司，它永久服务于两个股东：十八个氏族委员会和全体那塔胡人；作为那塔胡的代表和最高权力机构，它有三个角色定位：（1）部落发展战略的制定和实施；（2）支持氏族社区的发展；（3）为所有那塔胡家庭谋福利。为了完成这三方面的职责，与此对应的扁平化、高效率的组织结构如图 4 所示。

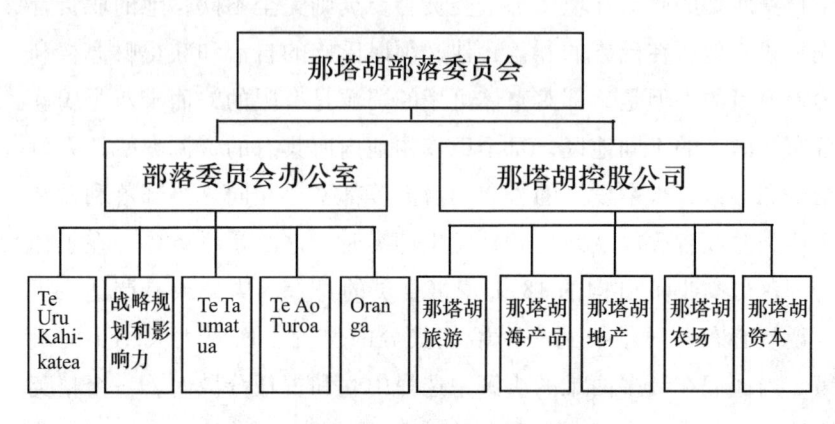

```
                    那塔胡部落委员会
                   /              \
          部落委员会办公室        那塔胡控股公司
         /    |    |    |    \    /   |    |    |    \
    Te Uru  战略规 Te Ta  Te Ao Oran  那塔 那塔 那塔 那塔 那塔
    Kahi-  划和影 umat  Turoa ga    胡旅 胡海 胡地 胡农 胡资
    katea  响力    ua                 游   产品  产   场   本
```

图 4　那塔胡部落委员会组织结构图
资料来源：那塔胡部落主页，https://ngaitahu.iwi.nz/。

部落委员会办公室下设五个部门，各个部门及其主要职能如下：（1）"Te Uru Kahikatea" 毛利语原意是 "鸡毛松的松冠"[①]，引译为综合事务部，负责法律、塔胡电台、人力资源、合规监控和提供共享咨询服务；（2）战略规划和影响力部，负责组织制定和实施部落的发展和公共关系管理。一方面，是推进那塔胡与王室之间条约赔付后伙伴关系的维系和发展；另一方面，通过建立和管理其他重要的外部公共关系，帮助那塔胡各个氏族更好地融入当地社区结构。在此过程中，重点是保护那塔胡的权利，包括按照《那塔胡索赔解决法案》所衍生出来的权利，以及最大限度地对国家利益做

---

① 鸡毛松是新西兰特有的针叶松，高大、叶片呈鳞状、修长且柔软。

出贡献。(3)"Te Taumatua"原意是"为种植甘薯举行仪式的圣地"①，引译为档案文化部，负责传承那塔胡部落的文化和精神，并把这种文化和精神植入部落的各项活动中去。宗谱、部落历史档案、族属身份确定、毛利会堂维护、塔胡语言和文化复兴都属于这个部门，专注于那塔胡文化发展的"那塔胡基金会"也由这个团队管理。(4)"Te Ao Turoa"，直译为自然环境部，负责那塔胡传统食物采集地、自然资源和环境的保护，确保各项保护工作被纳入部落的长期和宏观发展战略。(5)"Oranga"，原意为"幸存者、生计、福利、健康等"，引译为家庭福利团队。家庭福利负责在部落层面实施战略规划，为那塔胡家庭的教育、就业、理财、创业等各个方面提供帮助，管理怀诺瓦（Whai Rawa）储蓄基金。早在 2000 年，那塔胡部落委员会就创建了名为"幸福婆纳穆"（He Oranga Pounamu）的社会服务组织，为所有那塔胡家庭提供具体帮助，事无巨细、有求必应。2015 年，该组织的具体操作层面下放到各个氏族委员会进行运作。但部落层面的长期战略和宏观政策还是由这个部门统一制定。

2000 年，部落委员会颁布了指导部落发展的体制性文件《那塔胡 2025》，作为那塔胡掌控自己的命运，实现个人、家庭、氏族和部落梦想的行动指南。《那塔胡 2025》的形成基础是通过部落委员会任命的"愿景聚焦小组"（the Vision Focus Group），广泛征求和汇集那塔胡家庭和氏族的意见后形成初稿，初稿于 2000 年在凯库拉召开的部落年会上首次公布。之后，又在南岛各个毛利会堂进一步公开征求意见，前后举行了 14 次专门会议进行讨论。2001 年 3 月，部落委员会批准实施。毫无疑问，在部落内部广泛而深入的对话和协商，不仅使《那塔胡 2025》具有坚实的群众基础，而且整个协商过程在凝聚人心和达成共识方面，也发挥了重要作用。

---

① 弗思曾详细记录毛利人种植甘薯时的巫术仪式，分别在播种、耕作和收获三个时段进行，每个时段都有独特而冗长的仪式程序、咒语和祷文。

新西兰毛利人**那塔胡**部落的经济变迁

文件明确提出了那塔胡部落的价值观："为了我们和后代子孙。"① 这个价值观规定了每一代那塔胡人的使命不仅仅是在代内体现公平，还需要在代际传递公平。文件还指出，部落的经营目标从资产增值的单一经济指标，转向包括族人发展、文化传承、自治权利的维护等部落发展的长期多元目标。并且，从九个方面系统地制定了部落的发展战略规划：（一）自然环境保护；（二）部落沟通与参与；（三）文化和身份认同；（四）部落影响力；（五）氏族社区建设；（六）部族家庭发展；（七）教育；（八）部落管理和部落组织建设；（九）投资计划。每个方面，又分别梳理和制定五个具体的方面：（1）关键问题；（2）主要设想；（3）5年目标；（4）25年目标；（5）那塔胡家庭、氏族和部落各自需要实现的目标。部落委员会各个部门和团队，以及那塔胡控股公司的各个子公司，每年都需要对照这九个方面制定具体的工作策略，年底进行评估。这样把整体目标细化分解，每5年修订一次，使《那塔胡2025》成为全体那塔胡人实现个人、家庭、氏族和部落理想的行动指南。

从部落的九个战略目标来看，大体可以分作三个层次：第一个层次是"自然环境保护""部落沟通与参与""文化和身份认同"三项。如果说南岛的自然环境是部落存在的物质基础，那么，通过"部落沟通与参与"所形成的"文化和身份认同"就是那塔胡作为一个整体存在的精神基础，人与自然融为一体不可分割。遍布南岛的"食物篮子"和氏族圣地留下了那塔胡祖先的足迹，是那塔胡精神、历史、文化和社会存在的基石。那塔胡人对部落文化和身份的认同不仅仅是源自宗谱的先赋身份，而且是用一生去守候的自觉追求和自致责任。那塔胡部落的社会和经济基础和族人的福利计划构成了目标体系的第二个层次，这个层次包括"部落影响力""部族家庭发展""氏族社区建设"和"部落组织建设"四项。这个层次的目标体系主要面向当下，通过形成有效的部落治理结构和管理体

---

① Mō tātou, ā, mō kā uri a muri ake nei-For us and children after us.

系，把部落共有产权的优势转化为部族家庭生活福利水平的提高，促进氏族社区的发展，在部落层面形成强大的社会影响力。第三个层次是"教育"和"投资计划"两项。"教育"既是面向未来的投资，也是后代子孙建立自身福祉的重要条件。只有从整体上提高部族成员的素质，才能使他们更多地参与到部落事务中来。部落的长期发展和代际经营需要以部族成员的受教育程度为基础。经济意义上的代际资本投资所能带来的长期而稳定的回报，是实现部落愿景的物质基础。

二 适应市场经济的抉择

那塔胡控股公司是管理部落赔付资产和进行商业运营的平台，那塔胡部落委员会的章程规定，其职责是"代表部落委员会谨慎地使用和管理资产，进行盈利和高效的商业运作"。按照这个职责和定位，那塔胡控股首先是一个家族企业，所有经营活动必须符合那塔胡部落的价值取向，为那塔胡部落管理财富和创造财富。控股公司既是一个投资公司，又是一个产业运营公司，兼有资产管理和发展特定产业的任务。作为一个代际资本投资公司，那塔胡控股关键要考虑部落资产的优化配置，维持长期可持续的年度投资回报。作为一个产业运营公司，那塔胡控股致力于利用部落特有的优势资源，发展特定产业并做大做强。

1998年，那塔胡部落委员会接收价值1.7亿新元的王室赔付资产，以及附加的"优先购买权"条款、"延迟购买权"条款和随后逐步兑现的"相对性条款"，形成了那塔胡控股的初始资产。当年，那塔胡控股分别成立了那塔胡地产、那塔胡海产品、那塔胡旅游和那塔胡资本四个子公司。2016年，部落名下的农业和林业资产从那塔胡地产公司剥离，单独成立了那塔胡农场公司。下面分别介绍各个子公司。

新西兰毛利人**那塔胡**部落的经济变迁

（一）那塔胡地产公司

那塔胡地产公司是南岛最大的地产公司，是南岛住宅用地的主要供应商。在南岛建立了一个规模庞大、收益稳定的地产投资组合。投资组合包括三种类型的地产物业：王室租用物业、商业地产和住宅开发。

王室在南岛基督城、达尼丁和皇后镇等地长期租用的物业，是那塔胡地产公司投资组合中收益最为稳健的核心资产。这些资产的形成大部分是根据赔付协议中的"延迟购买权"条款由那塔胡购买后返租给政府使用。例如，基督城的市政大楼，一个建筑面积为23000平方米的六星级城市综合体，是基督城城市中心的地标建筑，目前有超过1200个政府职员在此办公；基督城法院综合体，包括四幢建筑，由司法部长期租用；基督城环保部大楼；达尼丁警察局；皇后镇警察局和法院等。

除了王室长期租用的资产外，还有一些大型的商业投资项目。例如，皇后镇邮局多功能区，位于皇后镇中央商务区的中心地带，一共4364平方米，提供写字楼、零售和餐饮等服务，是皇后镇中央商务区的主要建筑群。该建筑群由五个部分组成，是那塔胡地产公司的首个标志性项目。整体设计注入了那塔胡的传统文化元素。由那塔胡艺术家罗斯·赫梅拉（Ross Hemera）设计的视觉艺术作品，从建筑物的名称到标志性的钢制光球，讲述了那塔胡祖先哈基特库拉（Hakitekura）的故事。毛利人有人与自然融为一体的悠久传统，历史上那塔胡人每迁移到一个新的地方，都通过命名的方式把部落的宗谱和历史融入进去。该项目是那塔胡传统文化和现代商业完美结合的示范，代表了未来那塔胡地产发展商业项目的方向。

此外，那塔胡地产投资的大型商业项目还有位于基督城火车站的高塔连接区域的商业零售中心；新西兰血液中心（基督城），3800平方米的建筑包括献血中心、制样和检验中心、储血中心和行政办公楼等。截至2015年年底，那塔胡地产一共投资了26个租用物业，包括政府租用和商业租用，总价值大约在3亿新元，实现了百分之百的出租率。

自 2005 年以来，那塔胡地产公司也努力发展住宅地产的开发。"威格拉姆天空（Wigram Skies）城市中心"住宅区是南岛有史以来最大的住宅开发项目。威格拉姆天空原来是一个空军基地，政府在国有资产公司化的过程中，那塔胡根据赔付协议中的优先购买权条款购买。项目总体设计开发需要 12 年完成，最终可以容纳 4000 人居住，是一个集住宅、办公、超市和精品购物、餐饮、运动休闲为一体的大型综合社区。这个充满活力的大型住宅公园的设计以其丰富的航空遗产为核心内涵，将补充该遗址的历史、事件和集体记忆。同时，通过大量种植南岛本土植物和扩大现有的自然水体，来恢复该区域的生物多样性。

法瑞基（Te Whāriki）是一个占地 118 公顷的住宅开发项目，位于林肯市中心，由那塔胡地产和林肯大学合资兴建。项目容纳 900 户家庭，包括公园、步道、自行车道，主体设计以文化多样性和美学为主要元素。普雷斯顿（Prestons）是一个位于基督城东南的都市村庄住宅项目，开发用地 203 公顷，规划超过 2300 幢别墅，可容纳 8000 人居住。在地广人稀的新西兰，2011 年地震前基督城人口只有 30 多万，如此规模的住宅项目属于巨无霸，即使在墨尔本、悉尼、奥克兰等大洋洲的中心城市也不多见。其中可能有一个原因，基督城地震后重建的住宅市场需求强劲。那塔胡地产公司作为南岛主要住宅开发商的地位可见一斑。

（二）那塔胡海产品公司

那塔胡海产品公司总部设在基督城国际机场，在布拉夫、凯库拉和皮克顿设有分支机构。经营的产品类别主要有岩石龙虾、新西兰特有鲍鱼、牡蛎、蓝鳕鱼和青口等。除青口有人工养殖外，其余产品的年度捕捞和经营数量根据新西兰政府分配给部落的年度商业捕捞配额确定。政府每年根据上一年度的捕捞情况和存余资源确定当年的总捕捞量，然后分配给各个海产品公司。

新西兰的渔权捕捞配额管理制度一直处于争议之中。20 世纪

新西兰毛利人**那塔胡**部落的经济变迁

70年代，国家党执政期间，政府大量投资捕捞行业，并且给予巨额补贴，使得整个行业生产能力相对过剩。80年代工党执政后实行新自由主义的经济政策，最先针对深海捕捞实行年度配额管理，政治上和生态保护上都取得了巨大的效益。但是，当把这一模式复制于近海捕捞时，私有化的渔权却把大量包括毛利人在内的中小渔民排除在外，威胁到他们的生计。

1989年，以奥瑞根为首的"毛利渔业委员会"正式向怀唐伊法庭申请索赔，要求停止执行政府关于渔权配额的可转让配额系统。他们代表占新西兰人口总数15%的毛利人向政府要求，认为政府实行联合国制定的国家渔权资源管理，违反了条约关于政府应该保护毛利人财产的规定。因为，近海捕鱼一直是毛利人传统生计中的重要食物来源。

1992年9月，法院做出了有利于毛利渔民的判决。双方谈判的结果是，毛利人整体获得现行所有捕捞种类的10%的配额，未来新增种类的20%的配额，并且政府赔付"毛利渔业委员会"1.7亿新元，由"毛利渔业委员会"用这笔钱购买海王产品公司50%的股份，这就是著名的"海王交易"。然而，全国有超过95个毛利部落，在毛利人自身没有建立一个在各个部落之间进行分配的方式以前，这些资产由毛利信托代持。毛利信托没有自己的渔船，只能把所持配额租借给出价最高的渔业经营公司。毛利集体所有的渔业配额毛利人自己尚未经营。现行系统更多地把渔权配额作为一种投资资产，而非利用资源的权利。在毛利各个部落之间进行渔权配额分配的依据是部落人口和领土内的海岸线长度。因此，一方面，各个部落都努力通过宗谱识别扩大本部落的人口规模。另一方面，各个部落之间关于岸线和边界的谈判直到今天仍然还在继续。

那塔胡是第一个获得渔权配额的毛利部落。设在基督城的那塔胡海产品公司总部负责协调国内运营和出口市场。在基督城还设有龙虾加工厂，新鲜龙虾在此经过包装后出口到国际市场。布拉夫位于南岛最南端，和斯图沃特岛遥相呼应。主要产品是标志性的布拉夫牡蛎，因牡蛎个儿大而得名。此外，布拉夫也出产岩石龙虾、本土特有黑金鲍鱼和蓝鳕鱼。那塔胡海产品公司在布拉夫设有保鲜工厂，利用海湾的纯净海水进行产品保鲜。位于东海岸的凯库拉主要出产龙虾。毛利语"Kai"意为"食物"，"kula"意为"龙虾"，因此，凯库拉就是出产龙虾之地。那塔胡海产品公司在凯库拉设有龙虾捕捞和保鲜工厂，服务于当地大多数捕鱼船队。皮克顿位于南岛北端的马尔堡海峡，主要出产深海鱼类和鲍鱼。此外，公司在皮克顿附近的贝娅特丽克斯湾（Beatrix Bay）建有青口养殖场。

2008年，那塔胡海产品公司启动了"南岛南部渔业发展联营"项目，利用部落的捕捞配额支持南岛南部那塔胡氏族和家庭的发展。公司为那些年轻的那塔胡渔民创造机会，让他们能够建立个体经营的渔业公司，从而参与使用部落的捕捞配额，最终确保南岛南部地区海鲜产业的长期可持续发展。当年，有10个年轻的那塔胡渔民参与了这个项目，由位于布拉夫的捕捞专家进行指导，那塔胡海产品公司给予为期三年的捕捞配额。

近年来，中国国内消费能力的高速增长，使中国市场逐渐成为那塔胡海产品公司最重要的海外市场。2012年6月，那塔胡海产品公司首席执行官布赖恩·莫里亚蒂（Brian Moriarty）随同毛利事务部部长皮塔·夏普莱斯博士阁下（Hon Dr. Pita Sharples）应邀访问中国，那塔胡部落委员会以"水怪（Taniwha）与龙相遇的地方"报道了这一新闻。布赖恩认为："显而易见的是，中国人和毛利人之间有着强烈的文化共鸣，中国政府对夏普莱斯部长和新西兰代表团非常尊重。这次访问不仅对与中国建立关系非常宝贵，而且对推进与其他毛利企业的合作也非常重要。"[1]

（三）那塔胡旅游公司

那塔胡旅游公司是新西兰最大的旅游公司之一，每年接待游客人数超过一百万。公司拥有一批新西兰标志性的旅游体验项目，如

---

[1] Te Runanga o Ngāi Tahu, Annual Report 2012, https://ngaitahu.iwi.nz/investment/ngai-tahu-annual-reports/ngai-tahu-2012-annual-report/.

沙特欧瓦（Shotover）河快艇，新西兰徒步，达特河（Dart）探险，弗朗兹·约瑟（Franz Josef）冰川和温泉，霍利福德（Hollyford）徒步，罗托努阿（Rotorua）彩虹泉公园和爱歌顿（Agrodome）农场等。

（1）沙特欧瓦（Shotover）河快艇

"沙特欧瓦河快艇"号称"世界上最刺激的快艇体验"项目，源自新西兰的经典喷射快艇技术和古老的冒险文化的有机结合，在壮观的沙特欧瓦河峡谷中垄断经营。该项目是皇后镇兴建的第一批旅游体验项目之一，自 1965 年以来游客总数已经超过 300 万。现在已成为新西兰旅游业的名片，是新西兰旅游的必游之地。

（2）新西兰徒步

"新西兰徒步"提供步行进入皇后镇和峡湾地区的路线，游客除了可以体验俊秀的冰川、雄伟的峡谷、美丽的湖泊和原始的热带雨林等雄伟壮观的风景和千姿百态的地貌之外，还可以跟随导游追溯和了解那塔胡人在南岛生活的历史和风俗习惯，体验一百多年前那塔胡人每年固定进行的长途跋涉，前往峡湾以南猎捕红嘴海燕的奇妙体验。

（3）达特河（Dart）探险

"达特河探险"是世界自然遗产和文化遗产的双重体验项目，综合了世界自然遗产景观、荒野探险和毛利文化传统中高贵的婆纳穆。很多年以前，达特河河谷是那塔胡人在东岸发现出产婆纳穆的唯一河谷。这个项目已经运营了 25 年，以位于瓦卡提普（Wakatipu）湖顶端的小镇格伦诺基（Glenorchy）为起点。格伦诺基处于达特河河谷腹地，是一片未开化的原始土地，最早是一个大约有 300 人居住的那塔胡村落。2016 年，"达特河探险"项目在北京荣获"最受中国旅游者欢迎的产品创新类"金奖。

与格伦诺基隔达特河相望的是一个小村落，名叫"亲锁"（Kinlock）。2020 年 1 月，笔者慕名探访时曾在此小住一宿。子夜时分，白雾在低垂的星幕和寂寥的沙洲之间徜徉，河水温柔地流向天际。清冷而凄美，惊为"天籁村"。如果译作当地语言，应该是

"Pa of Nature"。但只有一个配备十几间客房的家庭旅馆提供食宿，未来的发展潜力还很大。

(4) 弗朗兹·约瑟（Franz Josef）冰川和温泉

"弗朗兹·约瑟冰川"被誉为南岛西海岸冰川中的"钻石"，集中体现了西海岸的冷峻崎岖之美。弗朗兹·约瑟冰川之旅提供山谷漫步、直升机远足和冰川攀岩等不同层次的旅游体验需求。远足归来，还可以回到位于弗朗兹·约瑟村的温泉进行另外一种体验。在宁静的星空高大的阔叶树树冠下，让自己浸泡在舒缓温暖的泉水中，身心两方面都得到净化和恢复，那会是一个迷人的夜晚！

(5) 霍利福德（Hollyford）徒步

霍利福德峡谷位于南岛西南角壮观的峡湾国家公园内，是积淀了厚重的那塔胡部落历史和文化的圣地。当地的湖泊和海滨是重要的食物采集区，茂密的森林为制作独木舟提供木材。此外，最重要的是，霍利福德峡谷是当初那塔胡人前往西海岸找寻婆纳穆的必经之地，沿途的所有地名都是由那塔胡人命名。游客参与为期三天的徒步探险，不仅能够沿途欣赏南阿尔卑斯山雪峰、古老的热带雨林、原始的河流和湖泊，以及"男人之海"、西海岸陡峭崎岖的礁石和海浪，还能够真正体验到当初那塔胡人去南岛西海岸寻找婆纳穆的艰辛和困苦，即弗思曾经饱含深情叙述的"具有史诗性质"的探险之旅。专业的导游将景观、植被和野生动物的多样性，以及早期那塔胡先人们引人入胜的故事带入旅途。沿途还设计了许多精致的小屋驿站，提供那塔胡的传统美食，这是一个地地道道的那塔胡文化旅游项目。

(6) 罗托努阿（Rotorua）彩虹泉公园和爱歌顿（Agrodome）农场

这是那塔胡旅游公司投资在北岛罗托努阿地区的旅游项目。罗托努阿是新西兰旅游中集中展示毛利文化的旅游项目。彩虹泉公园是一个以宣传环境保护为目的的大型野生生物公园，展示新西兰国鸟几维（Kivi）鸟的孵化和饲养设施，以及各种新西兰独有的植物、鸟类和鱼类。

新西兰毛利人**那塔胡**部落的经济变迁

爱歌顿农场距离罗托努阿大约10公里，占地160公顷，是一个规模庞大、经营非常成功的家族企业。自1971年开业以来天天开放，从未有过歇业，用独特的新西兰农场生活体验吸引来自世界各地的游客，尤其在中国和其他亚洲市场迅速增长的游客中广受欢迎。爱歌顿农场的商业体验项目内容广泛，包括屡获殊荣的活羊羊毛剪切、奶牛挤奶、完整的新西兰犬测试、农场之旅、日本特许农场运营展览和湖上游轮晚餐等。2011年，作为罗托努阿地区旅游产品组合的关键战略，那塔胡旅游公司收购了爱歌顿农场。爱歌顿农场和彩虹泉公园共同组成的产品组合，极大地提升了那塔胡旅游公司在罗托努阿地区乃至新西兰的旅游竞争力，一条龙的配套服务给游客带来更好的体验。

那塔胡旅游公司经营的这些项目，通过讲述故事的方式带给游客不同的旅游体验，让游客在欣赏新西兰俊美秀丽的自然风光的同时，还分享了那塔胡部落的历史和文化。通过这种方式，那塔胡在打造新西兰商业旅游名片的同时，也重塑了自身文化与新西兰的山、水、土地之间特有的亲密关系。

（四）那塔胡农场公司

那塔胡地产公司在北坎特伯雷地区拥有17,000公顷的农业和林业用地，具有开发农牧业产业的巨大潜力。自2010年起，那塔胡地产公司在坎特伯雷以北40公里的埃雷韦尔（Eyrewell）地区，与当地的图哈回瑞氏族、林肯大学的农牧业专家密切合作，开发环境友好、可持续发展的试验性奶牛场，由此启动了那塔胡控股公司进军乳制品的产业发展战略。乳制品产业是新西兰的传统产业，历史上曾经十分辉煌，作为"帝国的奶场"而形成稳定的全球产业分工格局。这是由于新西兰独特的地理环境和自然条件所造成。新西兰地广人稀、降雨充沛，境内水体密布，气候也十分适合于发展农牧业。且南北半球反季，发展农牧业本身就具有得天独厚的互补性。因此，从长远来看，这一比较优势依旧存在。那塔胡发展农牧业产业的战略目标不是追求短期效益，而是考虑更为长远的代际资

第六章 那塔胡部落的现代一体化形式

本投资，为未来财富的代际传递打下基础。

2015年7月1日，那塔胡控股投资成立全资子公司那塔胡农场公司，作为部落发展农牧业产业的战略平台。那塔胡所有的农地和林地资产正式从那塔胡地产公司剥离，注入那塔胡农场公司。这些资产包括：（1）位于埃雷韦尔地区的6个正在运营的奶牛场，平均每个奶牛场养殖有1400头奶牛，总面积达2000公顷。在这个地区，未来的农牧业用地总面积可扩大到6700公顷，其中包括150公顷的原生灌木。（2）位于瓦卡提普地区的3个山区牧场，养殖着6000多只派伦代尔（Pylendale）绵羊和650头安格斯（Angus）牛，占地面积为36000公顷。（3）巴尔莫勒尔（Balmoral）地区9400公顷的土地，其中，2000公顷牧场用地和7400公顷林地。（4）西海岸从霍基提卡到韦斯特波特（Westport）占地面积为48300公顷的林地。（5）奥塔哥地区占地面积为4800公顷的林地。

那塔胡农场公司的发展目标定位是全球"最佳实践农场"，使用当今全球最先进的技术，包括可变速滴灌、土地水分监控、天气预测、卫星定位施肥、三阶段污水处理、棚内饲养和库存有效管理系统等，在最大限度地提高产出的同时，尽量减少对环境的影响，通过农场的经营，持续地提高相关地区的环境、文化和经济等方面的社会发展水平。

那塔胡农场公司的专家团队包括来自林肯大学、南岛奶业发展中心的成员和畜牧草场方面的专家。公司和林肯大学建立了校企合作关系，利用当今相关领域内的高端和前沿技术，开展旨在保护土地的一系列合作研究，确保子孙后代的持续生存和发展。目前已经开展的项目有两个：（1）土壤中的硝酸盐滤取监控；（2）草场复植的效果评估。

2014年3月20日，那塔胡位于坎特伯雷平原的莫卡蒂尼（Mokatini）农场获得新西兰"最佳排放水质奖"。这是一个分别于2007年和2011年用林场改造成的牧场，占地300多公顷，拥有1300头奶牛，是一个规划清晰的大规模林场改造的典范，也是按照那塔胡农场公司发展目标定位的样板农场。附录中第三部分完整记录了笔者在这个农场考察的田野记录。

2016年是那塔胡农场公司作为独立企业开展运营的第一年，乳制品行业的低迷和牛奶消费水平的降低，导致公司开局受挫，经营持续面临着压力。然而，由于牛肉和原木价格的坚挺，公司仍然勉力获得了13.9万新元的净营业利润。在市场环境极度低迷的时候进入某个产业并非坏事，尤其是在把这个产业作为长期发展战略的情况下。公司目前正在进行巴尔莫勒尔森林改造项目，计划把总计8000公顷的林地改造成包括13个奶牛牧场和7个肉牛牧场的农场集群。如今项目已经进行过半，形成了7500头奶牛和6000头肉牛的养殖规模，整个项目完成后，将跻身新西兰前三大农场。

那塔胡农场公司的发展目标是通过农牧业和乳制品业的可持续发展产生可观的代际资本投资回报，为那塔胡人创造就业机会。同时，采用和追踪全球最先进的技术，持续地保护和改善自然环境，充分发挥部落作为南岛"守护者"的作用，把那塔胡部落核心价值观"为了我们及后代子孙"贯彻到整个那塔胡农牧业产业发展的过程中去，引领整个新西兰农牧业的发展。

（五）那塔胡资本公司

那塔胡资本公司是一个股权投资公司。股权投资的目的是在主营业务以外进行集团资产配置的多样化，增加资产的流动性，降低由于宏观经济的周期性变化带来的主营业务的市场波动风险。

那塔胡资本公司最成功的投资是1998年以740万新元的价格入股雷曼保健有限公司，获得该公司20%的原始股权。雷曼保健是新西兰最大的健康养老公司，1999年在新西兰股票交易所上市，由于经营业绩卓著，2003年入选新西兰股票指数50，2009年入选新西兰股票指数10。这项投资为那塔胡带来了丰厚的回报，从雷曼保健上市以来，除了每年不低于200万新元并且逐年增长的股息分红外，股价也翻了若干倍。那塔胡1998年投资740万，单是股息收入早已数倍收回了投资，2014年变现1500万后还持有雷曼医疗5.5%的股权，价值2.35亿新元。

第六章 那塔胡部落的现代一体化形式

那塔胡资本公司的第二大股权投资项目是新西兰著名的"凯库拉观鲸"（Whale Watch Kaikōura），持有该项目43%的股权。"凯库拉观鲸"项目始于1987年，是新西兰标志性的旅游项目。由于凯库拉的地理位置正好处于大陆板块碰撞的位置，自然形成了纵深的海底峡谷，犹如高耸的山峰坠入大海，洋流在此汇合，因而成为抹香鲸和露脊鲸年度迁移的必经之地。而新西兰悠久的捕鲸历史和文化也成为这个项目的深厚历史背景。

2011年4月17日，华奥物种集团、新希望集团和那塔胡资本合资成立华奥物种亚洲投资有限公司（Agria Asia Investment Co. Ltd.），那塔胡出资1500万美元，间接入股PGG赖特森有限公司（PGG Wrightson）。华奥物种亚洲投资有限公司是PGG赖特森有限公司的控股股东（50.01%），PGG赖特森有限公司位于新西兰南岛坎特伯雷地区，是专营草种的种子公司，也是新西兰最大的农业公司之一。这项投资符合那塔胡控股公司的农牧业发展战略，对牧场而言，草场是最重要的原料。并且，这一投资可以加强那塔胡和亚洲市场的联系。

2014年，那塔胡资本公司进行了两项新的投资。一项是联合泰努伊（Tainui）集团控股和先锋资本，并购了位于汉密尔顿的怀卡托挤奶系统公司，持有该公司三分之一的股份。怀卡托挤奶系统公司是一家高科技公司，以开发引领乳制品行业的先进技术而蜚声海内外，产品出口全球30多个国家和地区。这项投资也是为了配合那塔胡正在进行的农业项目的战略发展需要。另一项也是和泰努伊集团控股合作，一起并购了长途车公司（Go Bus），该公司是新西兰公路客运的主要运营商之一。

2016年，那塔胡资本公司进行了两项重大投资，分别收购了沃森和森（Watson & Son）公司和希尔顿豪拉奇（Hilton Haulage）公司各50%的股份。沃森和森是梅努卡蜂蜜（mānuka honey）生产商，梅努卡是新西兰特有的一种开白花的灌木，梅努卡蜂蜜以新西兰蜂胶著称，是目前知名度最广的新西兰特产，尤其是在亚洲市场。沃森和森公司还拥有另外一家专门进行新西兰蜂胶的医用研究的技术公司，具有深度开发新西兰蜂胶的技术实力。希尔顿豪拉奇公司是一家在南岛专营公路货运的公司，拥有25年历史和300个雇员。这两家公司都是由那塔胡人拥有的家族企业，符合那塔胡资本公司代际投资的策略和愿景。

表6-1概括总结了那塔胡资本公司现有的投资组合。截至2016财年末，整个投资组合的价值大约为4.05亿新元。

表6-1　　　　　那塔胡资本投资组合　　　　　（单位:%）

公司名称	持股（%）	说明
Ryman Healthcare	5.5	雷曼保健，新西兰最大的医疗康养公司
Whale Watch Kaikoura	43	位于南岛凯库拉的观鲸旅游项目
Waikato Milking Systems	33	引领乳制品行业核心技术的研发公司
Agria	7.24	新西兰最大的草种公司PGG赖特森的控股公司
Go Bus	66	新西兰公路客运的主要运营商
Watson & Son	50	蜂胶生产商
Hilton Haulage	50	新西兰公路货运公司

资料来源：根据那塔胡部落年报整理得出。

图5是截至2016财年末那塔胡控股公司资产的行业分布情况。从集团公司的资产配置情况看，具有以下一些明显的特点。（1）采取同一地区产业多元化的投资组合以对冲风险和减少长期回报的波动，多元化的投资组合同时也能够带来新的机遇。（2）专注于稳健型长期投资。那塔胡地产自持的商业地产，那塔胡农场，以及那塔胡资本股权投资中的医疗康养、新西兰长途客运和货运业务等，都表明长期持有的投资理念。这是代际资本投资的典型模式，整体保持中偏低的风险偏好。（3）在那塔胡具有优势资源的领域进行直接投资，如那塔胡海产品、那塔胡旅游和那塔胡农场，以期能够创造持续的竞争优势并形成区域垄断。间接投资也尽量围绕直接投资的产业链延伸，如针对怀卡托挤奶系统公司和华奥物种的股权投资，就是和正在进行的那塔胡农场的投资密切相关。（4）专

第六章　那塔胡部落的现代一体化形式　◆◆◆

注于新西兰的传统优势资源，覆盖了农牧业和乳业、海产品、旅游、蜂胶、公路客运和货运等产业和领域，未来会产生共振效应，从而带来超额收益。（5）所有投资几乎都投向新西兰国内，不符合多元化策略。在如今资本全球流动的时代，资产配置局限在一个国家或地区，不能有效抵抗市场风险。目前全球长期资本投资的通行办法，不仅考虑在行业和地区之间分散风险，甚至还通过资产轮动来保持流动性，以抵御全球经济整体下行的风险。那塔胡部落委员会宪章将海外投资比例限制在部落总资产的30%以内，这个范围适中，但应尽快分步实施，通过国际化投资可以减少新西兰经济下行的影响。（6）资产配置偏重于资本密集型产业，除了那塔胡旅游和那塔胡海产品公司外，单位资本劳动力投入比例

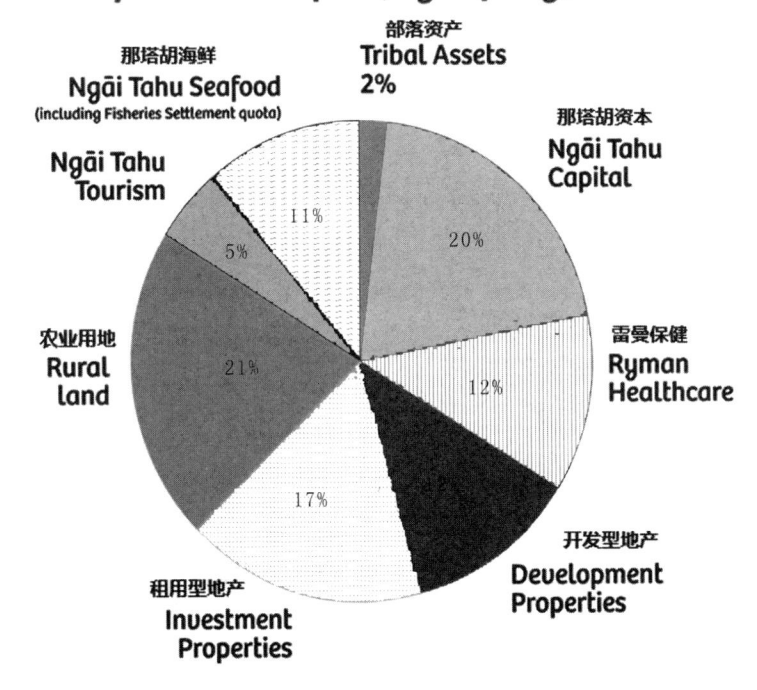

图5　2016财年末那塔胡部落资产分布状况

资料来源：那塔胡部落2016年年报（http://ngaitahu.iwi.nz）

过低，不利于提高那塔胡部族成员的就业率。（7）我们注意到2014年的两项投资：怀卡托挤奶公司及长途车客运公司，都是和北岛的泰努伊部落合作。2016年对蜂胶公司和长途货运公司的股权投资也是投向那塔胡人持有和运营的公司，带有明显的"毛利"倾向。优劣势尚不置可否，但似乎不太合乎全球化的开放心态。

  笔者认为，以上这些特点中，（1）—（4）项是明显的优点，折射出那塔胡部落追求代际回报和永续经营的经营理念；（5）—（7）项则需要加以调整和改进。

  图6直观地反映了那塔胡控股公司自赔付以来的经营业绩。截至2016财年末，那塔胡控股公司股东权益为12亿新元；自赔付以来，已实现部落分配近4亿新元，两项合计16亿新元。对应初始赔付资产2.85亿新元[①]，资产总额18年翻了5.61倍，年均复合增

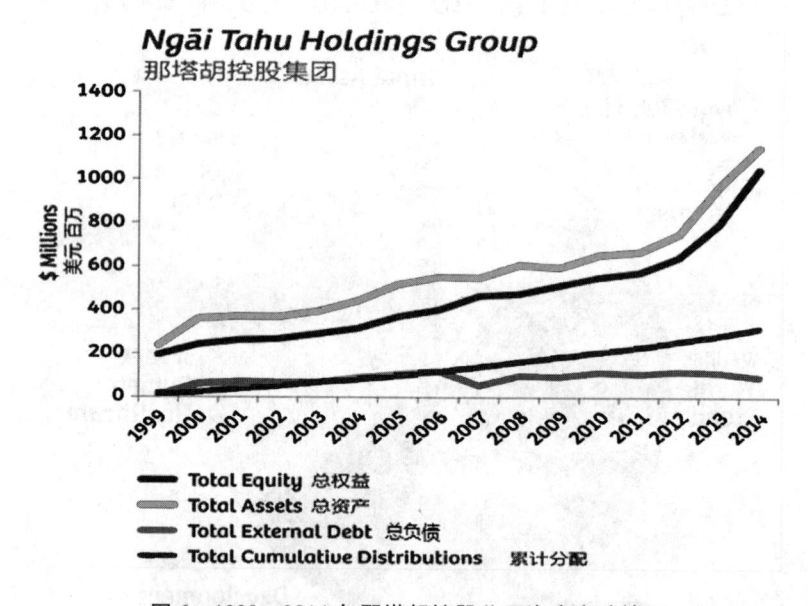

图6　1999—2014年那塔胡控股公司资产变动情况

资料来源：http://ngaitahu.iwi.nz

---

  ① 截至2016财年末，部落经由相对性条款累计获得赔付2.6亿及相关利息0.25亿新元，合计2.85亿新元。

长率为31.2%。导致那塔胡控股公司业绩高速增长的直接原因主要有两点：（1）在新西兰政府私有化国有土地的过程中，部落利用赔付法案中的优先购买权条款转卖政府土地，在经济上行周期获利丰厚。（2）1998年投资入股雷曼保健公司获得巨大成功，形成可以带来长期高额回报的公司核心资产。

如果以最近的情况进行横向比较，能够更为客观地反映那塔胡控股公司的经营业绩。从表6-2可见，公司的五年平均收益率不仅远远超过新西兰政府养老基金，甚至还超过了新西兰证券指数NZX500的平均收益率。在整个报告期内，那塔胡是领跑新西兰经济的"弄潮儿"。当他们理解了既定的游戏规则和市场体制后，就能脱颖而出，将毛利人与生俱来的商业天赋和高贵的锐意进取精神，体现得淋漓尽致。

表6-2　　那塔胡控股有限公司资产运营横向比较　　（单位：%）

	2016年增长率	2012—2016五年平均
那塔胡控股	17.7%	17.4%
NZX500	21.7%	16.4%
NZ Super Fund[①]	1.3%	12.1%
泰努伊部落[②]	5.0%	5.9%

资料来源：2016年部落年会，控股公司董事长特雷弗·伯特的发言。

那塔胡控股公司如此斐然的经营业绩，和公司董事会主席特雷弗·伯特（Trevor Burt）的专业领导和恪尽职守密不可分。特雷弗出生于奥塔哥中部，是南岛土生土长的帕克哈。从坎特伯雷大学毕业后，特雷弗一直在海外任职跨国公司的高管，职业生涯遍及澳大利亚、中国、美国和德国，积累了丰富的职业经验和人脉关系。

---

① 新西兰政府养老基金。
② 位于北岛怀卡托地区的毛利人部落，其索赔未经过怀唐伊法庭调查，而是和政府直接进行谈判，也是获得政府1.7亿新元的现金赔付。

2009年8月起,特雷弗出任那塔胡控股公司的董事会主席。特雷弗曾说:

> 我非常尊重那塔胡部落的历史,它在新西兰经济中的地位,以及它纠正过去不公正现象的决心,我非常赞赏那塔胡为确保其文化、社会和经济的未来发展所做出的努力。①

特雷弗虽然不是那塔胡,但出于对那塔胡文化和历史的尊重,同样可以实现和那塔胡文化价值观的无缝对接。这不仅反映了部落委员会在遴选管理团队时的伯乐慧眼,也佐证了1996年在部落委员会成立之初,分别创建那塔胡控股公司和发展公司,从而把经营和分配的职能分开,然后聘请职业经理人团队经营和管理控股公司的决策,是适应市场经济的正确选择。

三 部落分配:作为公共福利产品还是个人产权收益

从法理上来说,那塔胡部落的集体资产属于1848年在世的那塔胡先民的后代的财产。《那塔胡部落委员会法案》第6款中明确规定,部落委员会代表"那塔胡全体"的利益。换句话说,当王室认定部落委员会作为赔付资产的法定受益人时,这些资产属于"那塔胡全体"共有。这实际上是对那塔胡部落赔付资产的受益人身份进行了明确的界定,只要被认定为那塔胡人,就有分享集体资产的权利。族人身份认定和审查的权利属于部落委员会。1998年,登记在册的合格受益人约有4万人。

部落委员会面临的问题是,在产权集体所有的基础上,如何建立一个公正而切实可行的分配制度,能够持续而有效地在所有族人中间进行年度权益分配。1998—2005年,这个问题在部落内部引

---

① "I am Trevor Burt", www.ngaitahu.iwi.nz.

第六章 那塔胡部落的现代一体化形式

起了广泛而激烈的讨论[①]。例如，是优先考虑年轻人的教育还是老年人的健康？在大部分族人尚未完成中等教育的情况下，何以要优先考虑扶持族人的高等教育？是在所有部族成员中间平均分配部落年度经营所得，还是只分配给那些居住在部落领土范围内的成员？毕竟，一个已经在英国生活了5代人的移民家庭，是否还应该享受这份收益？这些争论不一而足。

并且，部落委员会最初专门设立那塔胡发展公司负责分配的模式也有问题，那塔胡发展公司管理成本太高，甚至出现了倒挂的情况。2004财年末，部落委员会发现他们实际上是花5元的成本去管理部落内部人均1元的分配，那1元的分配还主要来自部落内部发行的季度杂志，改革势在必行。2005年，部落委员会撤销了那塔胡发展公司，将原来发展公司的业务合并到部落委员会办公室，大大降低了部落管理成本。

显然，这并非是一个可以一劳永逸的问题，也不仅是那塔胡单独面对的问题，而是一个广泛存在于当今以集体产权为基础的社会经济组织中的难题。当组织内部发生利益冲突的时候，有限的分配额度不可能找到一个让各方都完全满意的解决方案。毕竟"僧多粥少"，每年可以用于分配的权益来自控股公司有限的经营业绩，但需要花费的地方却很多。这是部落委员会将会长期面对的一项艰巨任务。就目前而言，我们可以从年度分配比例、年度分配结构和管理成本等几个方面，来考察和评估那塔胡部落现行分配的适当性。

年度分配比例决定年度盈余中用于分配和再投资的比例。持续投资是部落做大资产规模的前提，不仅是那塔胡可持续发展的基础，也是部落内部代际公平的体现。从图6可见，从1999年开始，随着部落资产和权益的增加，每年用于部落分配的绝对数额

[①] Te Maire Tau, "Tribal Economy?" Nilakant, V. ed., *Managing Responsibly: Alternative Approaches to Corporate Management and Governance*, 2012, Taylor & Francis Group, pp. 130 – 131.

呈逐年递增趋势，但相对比例非常稳定，占总资产的3%—5%，占年度利润的40%—50%。2012年以后，随着经营业绩的大幅增长，用于分配的金额也同步增长。国际上通行的长期资本管理基金年度回报一般在4%—5%，那塔胡作为代际资本的年度分配和投资比例是适当的，既满足了部落长期发展的要求，也兼顾了族人当下的利益。

部落年度可分配额的具体用途，是根据《那塔胡2025》所制定的预算比例，在部落发展多元目标体系中的自然环境保护、部落沟通与参与、文化和身份认同、部落影响力、氏族社区建设、部族家庭发展、教育、部落管理和部落组织建设九个方面进行列支。如图7所示。从各年的具体情况来看，年度工作重心不同，各个方面的年度开支金额也略有浮动，但整体来看，相对比例大体维持不变，符合《那塔胡2025》中规划的预算要求。

- Te Ao Tūroa(自然环境保护) 10% - $4.6m
- Ko Ngā Whakapāpātanga(部落沟通与参与) 7% - $3.3m
- Tō Tātou Ngāi Tahutanga(文化和身份认同) 9% - $4.1m
- Te Whakaariki(部落影响力) 5% - $2.4m
- Te Whakatipu(氏族社区建设) 28% - $12.7m
- Whānau (部落家庭发展) 18% - $7.9m
- Mātauranga(教育) 8% - $3.5m
- Governance （管理) 6% - $2.6m
- Te Kaitiakitanga me Te Tāhuhu(部落组织建设) 9% - $4.2m

图7　《那塔胡2025》规划部落年度分配

＊　图标中的费用包括直接项目费用和直接运营开销的分摊费用。资料来源：http://ngaitahu.iwi.nz

把上述年度开支总额按照受益方和成本口径进行归集，得出部落年度分配结构表，如表6-3所示。

第六章　那塔胡部落的现代一体化形式 ◆◆◆

表6-3　　　　　　　　部落年度分配结构表　　　　　　（单位：%）

年度	2008	2009	2010	2011	2012	2013	2014	2015	2016
氏族	31	35	33	44	37	45	36	36	32
家庭	31	31	37	34	37	32	35	34	35
集团组织	26	17	15	10	12	10	13	14	20
治理	7	9	7	6	7	7	6	6	6
聚落保护	5	8	8	5	7	6	9	10	7

资料来源：根据部落委员会每年发布的那塔胡部落年报整理得出。

表6-3直观地反映了部落委员会年度可分配收入的支出性质。笔者认为，"集团组织""治理"和"聚落保护"三项可以认定为那塔胡部落存在和运营的维持成本；"氏族"和"家庭"两项即为实际发生的利益分配，也是部落委员会作为一个集体所有制的公司对两个股东的年度回报。从表中可见，2008—2016年的年度利益分配额占总支出额的比率为62%—78%，部落运营的年度维持成本在22%—38%的范围内浮动。二者比例的中位数大致是三七开，也即是花3元的成本去实现7元的分配。随着部落资产规模的增大，按照代际资本投资固定回报率计算的年度可分配额也随之增加，各部分的分配绝对数也随之增加。例如，"氏族"一项中有一部分是由部落委员会现金拨付到各个氏族委员会，由各个氏族委员会自行支配用于社区建设，该项金额从2011年的19.4万新元，增加到2016年的40万新元。

同理，当年度可分配总额随资产规模的增大而逐年增厚，维持成本支出的占比是不是仍旧维持不变？理论上来讲，维持成本支出的相对占比应该逐年递减才对，因为其中的固定成本并不会同比例增加。管理成本和权益不同，针对氏族和家庭的权益支出数额增加自不必言，管理成本应该是相对固定而非量入为出的概念。毋庸讳言，这是集体产权相对于个体产权广受诟病之处——由于外部性的存在导致交易成本过高。此外，它还引起人们的另外一种担忧，如拉塔所言，部落内的阶层固化可能会成为精英俘获的温床。

新西兰毛利人**那塔胡**部落的经济变迁

"家庭"一项,即部落对全体那塔胡个人进行的年度权益分配,在部落年度支出统计口径中包括"怀诺瓦"(Whai Rawa)储蓄基金、那塔胡文化基金(Ngai Tahu Fund)和那塔胡教育三个部分。这三个部分是部落面向那塔胡个人分配的三个关键领域:"怀诺瓦"不断提高族人的个人资本和财务独立性;那塔胡基金保护和促进部落的文化传承;那塔胡教育提高族人个体的受教育机会和个体能力。这是我们考察的重点,下面将分别予以介绍。

(一)"怀诺瓦"基金管理计划

2005年,部落委员会决定中止发展公司的运营,代之以一个名为"怀诺瓦"基金储蓄计划的开创性的分配模式。毛利语中,"Whai"意为占有、获得;"Rawa"意为商品、财产,连在一起可译为"聚财宝"。"聚财宝"储蓄基金是那塔胡部落委员会的制度创新,它的本质是养老金计划和集体信托基金的混合。它有两个目的:一方面,是部落进行直接分配的工具;另一方面,旨在鼓励部族成员通过储蓄积累一定的资本,以应付人生中的重要时点的大额支出需要。在"聚财宝"基金开业致辞中,芮奇伊黑尔·陶曾经意味深长地说道:"我认为,一旦那塔胡发展公司不再需要,我们就会成功地实现我们的目标。"[①]

"聚财宝"储蓄基金的基本规则是部落委员会为所有族人开立个人储蓄账户,每人每年存入100元的年度权益分配。此外,按照儿童4:1(16岁以下)和成人(16—65岁)1:1的比例进行配对储蓄(即个人存1元,部落配1元),每人每年配对储蓄金额不超过200元。通过这种定额定期存款的模式形成那塔胡家庭和个人的资本性收入。账户余额由部落统一进行保守型基金信托投资,从而增加族人的资本性收入。目前,基金的信托方是新西兰美世投资信

[①] Te Runanga o Ngāi Tahu, Annual Report 2005, https://ngaitahu.iwi.nz/investment/ngai-tahu-annual-reports/ngai-tahu-2005-annual-report/.

托旗下的稳健型基金，预期税费后年化收益率是 4.96%①，2012—2016 各年实际税费前回报率分别是 5.1%、7.71%、8.07%、10.33%、5.24%②。"聚财宝"储蓄基金的个人余额只能用于自身三个方面的支出：高等教育学费、第一次购房的首付和 55 岁以后的养老费用。

一个那塔胡人如果从出生就参与了"聚财宝"基金储蓄计划，到其 18 岁时，大约有 12000 新元的存款用于支付大学学费；到 35 岁时，有 28000 新元的存款用于支付购房首付；到 55 岁以后，大约有 193000 新元的存款用于养老③。

部落委员会在"聚财宝"储蓄基金项目中所承担的成本如下：（1）对所有成员进行的年度分配额，无论是否具有储蓄能力。目前是每人每年 100 元，显然这个金额未来可以调整。（2）儿童按 4∶1、成人按 1∶1 进行配对储蓄，每人每年总额不超过 200 新元。（3）基金的管理和营运成本。

截至 2016 财年末，"聚财宝"储蓄基金账户余额为 5200 万新元。

（二）那塔胡文化基金

传承那塔胡部落的传统文化是部落委员会所面临的一项重要任务。那塔胡文化基金成立于 2005 年，旨在"通过持续发展、创新及坚韧精神，加强那塔胡文化的卓越性"④。部落传统文化实践能力的增强对那塔胡文化的传承至关重要。

---

① "Statement of Investment Policy and Objectives"，https：//www.whairawa.com/.
② Te Runanga o Ngāi Tahu, Annual Report 2012–2016，https：//ngaitahu.iwi.nz/investment/ngai-tahu-annual-reports/.
③ Te Maire Tau, "Tribal Economy?" Nilakant, V. ed., *Managing Responsibly: Alternative Approaches to Corporate Management and Governance*, 2012, Taylor & Francis Group, p. 131.
④ Te Runanga o Ngāi Tahu, Annual Report 2006，https：//ngaitahu.iwi.nz/investment/ngai-tahu-annual-reports/ngai-tahu-2006-annual-report/.

新西兰毛利人**那塔胡**部落的经济变迁

　　那塔胡文化基金直接向那塔胡个人、家庭和氏族提供资金支持，以确保那塔胡传统文化实践的代际传承。那塔胡基金有四个战略目标：（1）培养那塔胡的文化能力；（2）为子孙后代保护和传承那塔胡的文化实践；（3）重建和保存"食物篮子"文化公园；（4）提高那塔胡的认同感和文化价值。

　　那塔胡文化基金每年开展两轮拟资助项目的评估，分别在四月和十月的最后一个星期五。从项目的资助金额来看，项目申请可以分为以下三类：小型项目5000新元以下；中型项目5000—30000新元；大型项目30000新元以上。从已资助项目的具体内容来看，覆盖了那塔胡传统文化的各个领域，如：海带袋（poha）的编织，传统的用于保存鸟类食物的袋子；用于毛利会堂墙面装饰的网格；那塔胡歌谣和哈卡舞的整理；一端用硬木雕刻而成的长木制武器，通常用狗毛进行装饰；毛利文身图案；传统捕捉鳗鱼的堰等；"食物篮子"，各种传统采集和渔猎的食物资源的重建和开发；毛利会堂的雕刻项目，用于毛利会堂的椽子上的书卷装饰（köwhaiwhai）和标桩（pouwhenua）等；部落历史文献的搜集和整理；宗谱研究和整理；毛利语言等。

　　2006年10月和2007年4月首次两轮项目资助，一共资助了88个项目，累计金额为938292新元。获得资助的项目如：贝文·提皮尼（Bevan Tipene）前往班克斯半岛进行为期四天的考察和学习，了解当地的历史，学习那塔胡语言和当地的歌谣，熟悉黄色的眼鲷鱼的种类和暗礁白鹭的家族等；霍克努伊（Hokonui）氏族的文化传承项目，包括氏族的哈卡舞蹈、歌谣、长棍武器、氏族传统知识等具有氏族特征的文化遗产整理；约翰·威克森（John Wilkerson）出版专著，介绍捕捉、烹饪和储存红嘴海燕的传统方法和历史；那提菲卡（Ngati Wheke）氏族为社区新建毛利会堂的木雕设计举行的方案论证会，汇集全国的木雕专家集思广益、出谋划策；"弦外支架独木舟俱乐部"（Te Waka Pounamu Outrigger）对传统独木舟制作技术的维护、改进和传承等。

　　截至2016年9月，那塔胡文化基金一共进行了22轮项目资助，资助金额累计1030万新元，每年平均100万新元左右。假以时日，所有被资助的项目汇聚在一起，无疑会形成一笔巨大而宝贵的财富，涉及那塔胡传统文化的方方面面，无所不包。这样一种精准抢救和传承文化遗产的机制，的确富有启示意义。

（三）那塔胡教育

部落的长期发展需要以部族成员的受教育程度为基础，只有提高全体那塔胡人选择接受教育的能力，使他们能够参与不同层次的教育项目，才能从整体上提高部族成员的素质，使部族成员更大范围地参与到部落事务中来。对年轻一代的那塔胡而言，接受高等教育不仅是部落未来发展不可或缺的人力资本，也是他们自身获得幸福的重要因素。

为了实现那塔胡教育的目标，部落委员会实施了四个重要的战略：（1）与国内外教育机构密切合作，为那塔胡人提供更大范围的教育选择权报并进行直接资助，包括各种不同层次、适合不同年龄的教育项目。（2）制定部落实施教育项目的标准，用受教育者愿望的满足程度来评估项目产生的实际效果，支持成功的教学关系和个人的专业发展计划，在部落内广泛分享以形成氛围。（3）监督政府履行条约所规定的义务，与政府和教育组织建立和发展战略关系，积极游说和影响政府教育政策的制定，为部族成员的教育争取更多的资源。（4）向那塔胡氏族和家庭介绍最新的教育方式和教育技术，同时也鼓励部族成员进行自我创新，尤其是针对提高族人洞察力和创造力的教育创新项目。

1998年，部落委员会联合坎特伯雷大学和奥塔哥大学，成立了一个独特的教育机构——"塔皮埃尔·瑞华"（Te Tapuae o Rehua）。毛利语中，"Tapuae"意为"足迹，涉足的领域"，"Rehua"是"天蝎座中最亮的一颗恒星"，合在一起可译为"引路之星"。后来，随着基督城理工技术学院、林肯大学和奥塔哥理工学院的加入，"引路之星"逐渐发展成由那塔胡部落和南岛五所主要的大学共同成立的一个合作办学机构，成为部落委员会贯彻教育战略和负责项目实施的主要平台。"引路之星"不仅致力于增加接受高等教育的那塔胡本科生和研究生人数,也为部族成员提供各种有助于就业的短期培训项目。例如,和那塔胡农场公司及林肯大学合作,定向培训农场经理;和那塔胡海产品公司及纳尔逊·马尔伯勒理工学院开办的近岸捕鱼船长课程。在部落年度分配中,每年有数百万元经过"引路之星"分配到教育领域,用于资助各类项目,为族人提供名目繁多的奖学金。

新西兰政府也不遗余力地支持那塔胡部落委员会实施部落的教育战略。2008年6月,那塔胡部落委员会与教育部签署了一份《谅解备忘录》,由教育部资助,双方联合成立那塔胡教育咨询委员会,就如何提高那塔胡部落的人力资本在全国广泛征求意见,并长期提供咨询服务。2012年,"引路之星"、坎特伯雷大学、奥塔哥大学和那塔胡部落委员会一起,联合向教育部申请向南岛和北岛南部的中学教师提供专业培训的项目,获得教育部批准并付诸实施。

部落委员会和坎特柏雷大学合作的"那塔胡研究中心",是一个旨在为部落培养高级人才的专业机构。2015年,埃如埃拉·普兰达斯特·达林那(Eruera Prendergast-Tarena)成为那塔胡研究中心第一个获得博士学位的毕业生。埃如埃拉有一半那塔胡血统,之前担任"引路之星"战略关系管理的高级经理,被授予管理和市场营销学博士学位。在各个领域培养那塔胡自己的高级专门人才,并在他们中间甄选出新的领导团队和接班人,无疑是那塔胡部落可持续向前发展的关键所在。诚如奥瑞根所言:

> 我们必须培养新一代的领导人,我们可以信任他们并将部落资产托付给他们……我们在这里所说的是我们的孙子辈的资产——对他们来说,没有什么比卓越更适合于他们了。我们必须拥抱卓越,并执着地追求它,只有卓越才能实现我们的梦想。[①]

---

① http://ngaitahu.iwi.nz.

第六章　那塔胡部落的现代一体化形式　◆◆◆

那塔胡部落人口结构的巨大优势也凸显了教育的重要性。2013年新西兰人口普查统计，毛利人占新西兰总人口的七分之一，其中，三分之一的毛利人年龄在15岁以下。就部落而言，41%的那塔胡人未满19岁，11%的那塔胡人还不到4岁。极度年轻化的人口结构，显示了那塔胡部落未来发展的巨大潜力！澳大利亚和新西兰银行（ANZ）发布的《2015毛利商业深度观察》报告指出，毛利人口数量巨大、增长快、年轻化，如果能被有效地培育和发展，将会带来一个巨大的人口红利机会。

事实上，对那塔胡部落而言，面向族人教育领域的年度分配本身就是一种投资——培育部落自身人力资本的投资。在这个过程中，悄无声息地发生了一种转化，部落的物质财富转化为部落的人力资本。而当所有族人的教育程度提高后，自身素质和潜能的发挥又会为部落创造更大的财富。二者形成的良性循环，是部落未来发展及那塔胡掌控自身命运的重要条件。

"聚财宝"储蓄基金、那塔胡文化基金和那塔胡教育的年度分配，分别指向了福利、文化和教育三个方面。对那塔胡个体和家庭的幸福而言，这三个方面既是相辅相成、缺一不可的，同时也是自足的。对部落委员会来说，为每个现在和未来的那塔胡家庭在这三个方面提供源源不绝的供给，就是部落发展的终极目的。无论一个部落，一个民族，还是一个国家，政治和经济发展的全部智慧正在于此。

> 我们的愿景是全方位的，用独特的那塔胡模式，统合部落管理部门、经济部门和氏族社区的各项活动。部落治理方面，我们的目标是围绕部落的整体发展，努力提高族人在教育、健康、收入等各个方面的幸福指数，并且加强族人自身的文化力建设。它还旨在促进部落和地区经济的发展，保护我们的环境和部落资源。部落经济部门和氏族社区一样，受使命所驱使，我们的目标是通过努力扩大收入使部落的资产增值。那塔胡正在进行的全部努力，是在部落独特的文化价

181

值和规则的指引下，为我们和后代子孙建立一个独特的部落愿景。①

这个全方位的、独特的部落愿景，显然不仅仅是一种针对19世纪以来所发生的殖民霸权的胜利宣言，它还预示了那塔胡的现代部落的未来发展趋势。如果说，那塔胡部落以宗谱为基础的现代组织形式是一种朝向人类社会最古老的亲缘关系的回归的话，那么，部落多元目标体系所展示出来的独特的部落愿景，就是毛利社会在对近代以来资本主义全球化的本土化适应过程中所激发出来的一种创新。

超过整整一百五十年，一代又一代那塔胡人前仆后继、艰苦卓绝地努力，其中，不乏历史的机缘与巧合，也不能完全用公平和正义来取舍。然而，一个宗族能够繁衍至今，并且以一个全新的姿态强势崛起于世界民族之林，如果塔胡·珀提基先生泉下有知，应该感到欣慰了。

四 作为部落文化产品的婆纳穆

物的社会生命和文化传记是人类学特有的叙事文本和研究视角。在人类对象化自然的实践过程中，社会主体性价值体系的客体化建构演绎成为物的社会生命史。考察社会和物这一对主客体之间相互关系的发展和演化，可以在一个更广阔的研究视域中来阐释社会和文化的变迁。

从20世纪80年代中期，一些学者开始突破既往人类学对物的共时性研究范式，不仅把物置于社会文化之中，而且把物置于社会文化史之中，形成了"物的社会生命史"的新范式。1986年，印裔美国人类学家阿帕杜莱（Arjun Appadurai）在文集《物的社会生

---

① http://ngaitahu.iwi.nz.

第六章 那塔胡部落的现代一体化形式

命：文化视野中的商品》①的导言中首次提出了"物的人类学"的概念，把对物的研究从范畴转向过程和实践。通过物自身的运动轨迹来揭示交换和价值之间的"政治"纽带，寄望于"更好地阐明经济生活的需求方面"的运行逻辑，以回应马克思以降关于商品生产的政治经济理论。虽然该文只是致力于探讨物在交换这个"生命转折点"上的特定存在形式，并未把物置于整个社会发展史中来考察，但尝试赋予物自身一种主体性的指向，是谓"方法论上的拜物教"，已经"开启了民族志调查研究的一条崭新的途径"。②

与人类学传统的以人为对象的民族志研究相比，把物自身作为对象的研究具有更长的时间跨度，可以在一个更广阔的研究视域中来阐释社会和文化的变迁。物的社会生命史，本质上是一个社会主体性的客体化过程。在人类对象化自然的实践过程中，社会和物这一对主客体之间相互关系的发生和演化，形成了社会发展史上纷繁灿烂的"地方性"物质文化。社会主体是一个价值范畴而非实体范畴，社会主体性可以宽泛地定义为社会政治、经济和文化等合力建构起来的价值体系。客体化过程既是对象化也是主体性的反身性实践。就交换这一特殊的"生命转折点"而言，物经由特定的社会主体性对象化后而获得的价值与符号意义，和交换建构起来的社会关系交织在一起，又形成新的主体性再次投射到物自身。这一循环反复的客体化过程所展现出来的历史叙事，就是物的社会生命的客观性表达，直观地反映了社会主体性的历史变迁，成为"人类学知识谱系的历史性陈诉"。③

婆纳穆的社会生命史也是毛利社会主体性价值体系的客体化过

---

① Appadurai Arjun, "Introduction: Commodities and the Politics of Value", *In the Social Life of Things*, *Commodities in Culturalperspective*, A. Appadurai ed., Cambridge: Cambridge University Press, 1986, pp. 3–63.

② ［美］迈克尔·赫兹菲尔德：《人类学——文化和社会领域中的理论实践》，刘珩、石毅、李昌银译，华夏出版社2008年版，第118页。

③ 彭兆荣、葛荣玲：《遗事物语：民族志对物的研究范式》，《厦门大学学报》（哲学社会科学版）2009年第2期。

新西兰毛利人那塔胡部落的经济变迁

程。对处于石器时代的毛利人而言，婆纳穆首先具有生存价值，从物质和精神两个方面调整着人与自然之间的关系。进入社会交换系统后，婆纳穆既是仪式性交换的圣物，也是部落之间制度性礼物交换的主要对象。彼时，那塔胡已经围绕婆纳穆的生产和贸易建立了一个复杂的社会经济制度。

欧洲人到来以后，1840—1860年，铁器和火枪（musket）逐步取代了石器①，婆纳穆作为工具和武器的器用价值完全消失。新材料和新技术的引进给毛利社会带来戏剧性的变化，我们甚至无法想象那种身临其间的震撼。弗思当时是用"点燃"（fired）一词，来描绘一个在甲板上初次见识钢斧的毛利人，顺势就把斧头砍向船桅②。社会主体性的重构从根本上改变了婆纳穆的传统社会地位。

> 但婆纳穆仍然有价值，它们被制作成另一个最恰当的财富形式——装饰品。许多原先最有价值的玉斧被制成提基，边角废料也利用起来，做成一些奇形怪状的坠饰……这是由于文化接触产生的压力所导致的经济价值转换的例证。③

玉斧和魅瑞的生产变成了历史，提基成为婆纳穆制作的主要对象。其余饰品一般因材施艺，长而直的玉棍叫"库库"（Kuku），尾部弯曲的"库库"叫"卡皮幼"（kapeu），鳗鱼状的曲棍叫"克若皮皮"（koropepe），项链叫"皮卡皮卡"（pekapeka）等。婆纳穆的开采、运输和加工手段也发生了质的变化，整个生产方式得到了极大的改进。在商品交换领域，婆纳穆同样退出了历史舞台。以物易物最初还存在了一段时期，主要是毛利部落用食品（生猪、甜

---

① Raymond Firth, *Primitive Economics of the New Zealand Maori*, E. P. Dutton and Company, New York, 1929, p. 461.

② Raymond Firth, *Primitive Economics of the New Zealand Maori*, E. P. Dutton and Company, New York, 1929, p. 466.

③ Raymond Firth, *Primitive Economics of the New Zealand Maori*, New York: E. P. Dutton and Company, 1929, p. 475.

薯等）和帕克哈交换火枪和铁器。英国货币开始广泛使用后，新西兰加入世界商品市场体系当中。

殖民化时期，随着土地的转让，婆纳穆的所有权随之转让，那塔胡人失去了婆纳穆，意味着失去了部落的玛纳和身份认同，变成了非其所是的存在。与此同时，婆纳穆进入全球商品体系，成为资本逐利的对象。当时，达尼丁兴建了许多手工作坊，逐步发展成为婆纳穆的加工中心和集散地。许多政治犯被殖民政府组织到这里，对婆纳穆毛石进行规模化的粗加工。查普曼（F. R. Chapman）观察到，"超过100个男犯以一种很系统的方式切割婆纳穆，他们为一些公司工作"。[1] 20世纪初，一些海外的宝石加工厂也对婆纳穆感兴趣。如德国西南部的小镇伊达尔—奥伯施泰因（Idar-Oberstein），以宝石加工业闻名于世，大量婆纳穆毛石运到那里加工成提基后返销新西兰。随着消费市场的不断扩大，婆纳穆饰品逐渐发展成新西兰最具本土特色的文化产品。新西兰与中国和墨西哥一起，并列全球三个最崇尚玉文化的国家。1947年，新西兰政府立法禁止婆纳穆毛石出口。

1986年，当那塔胡向怀唐伊法庭提出索赔时，在70多个王室违约行为中，首当其冲的就是婆纳穆的所有权。1991年，法庭做出裁决："在那塔胡人的意识和思维里，婆纳穆和普通石头完全不同，具有如此巨大的精神和文化价值"[2]，王室没有保护其对婆纳穆拥有的传统权利，因而违背了条约。法庭在调查报告中建议，在所有现有采矿许可证或其他许可证均应正常使用至期满的条件下，即现有许可证的持有者不受影响的情况下，王室应该将婆纳穆的所有权和控制权归还那塔胡。

整个索赔谈判在1994年8月曾陷入僵局。直到1996年6月，王室做出了一个显示谈判诚意的友好表示——承诺归还婆纳穆的所

---

[1] Fredak. R. Chapman, *The Working of Greenstone by the Maoris*, Printed by Geo. Didsbury at Government Printing Office, Wellington, 1892, p. 21.

[2] Waitangi Tribunal（WAI 27）, *Ngai Tahu Land Report*, 1991, 23. 7.

有权,"协助那塔胡谈判团队去说服整个部落,王室是报有诚意的,一个最终的赔付方案的确是可能实现的"①,双方才又重新回到谈判桌上。归还婆纳穆的所有权,意味着归还那塔胡人的玛纳,恢复其人的本质,成为是其所是。对那塔胡人而言,这是一个无法抗拒的条件,因而成为谈判中最基本和最关键的要素,最终促成了整个谈判和部落赔付法案的成功实施。1997年,国会通过《那塔胡(婆纳穆特别保护权)法案》,法案规定:

> 那塔胡部落领地及其相连的新西兰领海范围内自然存在的婆纳穆资源属于部落所有;既存的采矿权利不受法案的约束,但王室根据《王室矿产资源法1991》所征收的资源税,自执行之日起全部转付给那塔胡部落;能源矿产部不再审批新的采矿权证②。

经过长达150年的抗争,婆纳穆又重新回到那塔胡人手中,也因此成为世界上第一个由前殖民权力立法授予原住民的矿产资源。③这不仅是新西兰历史上的一个独特事件,在世界民族史上,也是一个极具象征意义的标签。第一次考量自然资源和原住民文化禀赋的历史关联性,把文化相对性和对历史的尊重,作为裁决资源权属关系的基点。莫斯的"混融"走出了古式社会,经由现代契约和交换,以那塔胡族属文化资本的形式固定下来。这一回归与重构,赋予婆纳穆的社会生命新的象征价值和意义。

法案通过以后,那塔胡部落委员会立即着手制定和实施婆纳穆管理制度和方案。1998年3月成立"婆纳穆项目"工作小组,进行广泛的行业和公众咨询,在此基础上于1999年6月完成婆纳穆

---

① M. Gibbs, The Ngai Tahu (Pounamu Vesting) Act 1997, *New Zealand Journal of Environmental Law*, Vol. 4, 2000, p. 262.

② Ngai Tahu (Pounamu Vesting) Act 1997, p. 4.

③ Te Runanga o Ngai Tahu, *Te Runanga o Ngai Tahu Pounamu Resource Management Plan*, 2002, p. 16. (http://ngaitahu.iwi.nz/wp-content/uploads/2013/06/Pounamu.pdf)

第六章 那塔胡部落的现代一体化形式

的《文化和社区价值报告》。2000年，部落委员会成立了包括凯提维维（Kati Waewae）、玛卡非奥（Makaawhio）、奥塔哥和木里伊库（Murihiku）四个氏族委员会代表在内的"婆纳穆管理小组"，管理小组的政策制定和研发办公室设在基督城，管理办公室设在霍基提卡。2001年2月完成全面的商业可行性研究《婆纳穆评估报告》。2002年，部落委员会批准实施"婆纳穆资源管理计划"。

"婆纳穆资源管理计划"是保护和开发婆纳穆资源的体制性文件，包括三个方面的内容：（一）那塔胡和婆纳穆的文化纽带；（二）部落、氏族、政府和商业机构等有关各方的责任和关系界定；（三）婆纳穆资源保护、开采、加工和收藏的目标、政策和控制。2002年9月，该计划批准实施，标志着婆纳穆的现代生产体系正式建立。

> 这个计划对那塔胡具有重要意义，证明我们不仅有能力开发和管理高价值的矿产资源，还可以兼顾资源内在的文化重要性，使其和部落的玛纳和自治权利保持一致。虽然经过了长达五年的研究和讨论，今天我们取得了积极的成果，朝向未来迈出坚实的一步，为了我们和子孙后代。[①]

部落颁布的"资源管理计划"和"王室矿产资源法"具有同等法律效力，意味着那塔胡部落在新西兰国家主权之下次级法理地位的合法性获得。其核心指向不仅仅是部落领土内的自治权利，还有对参与世界经济交换地位的本质诉求。根据管理计划，在生产领域，只有上述四个被认定为婆纳穆"守护者"的氏族委员会拥有开采权，每个氏族委员会又单独制订各自的管理计划。在流通领域，部落委员会注册了三级商标，分别针对毛石、胚料和产品的批发和零售，实行分级管理和付费许可经营。对不同身份的个体捡拾和收藏婆纳穆的允许区域和数量都做了明确规定。开采权和商标权分别垄断了生产和流通领域，可以预见，这一垄断经营将带来长期稳定

[①] 出自那塔胡部落委员会主席马克·所罗门（Mark Solomon），参见http：//www.ngaitahu.iwi.nz/。

的经济利益。

2009年，部落委员会进一步成立了"区域发展研究团队"，由那塔胡研究中心高级研究员约翰·里德（John Reid）负责，成员包括部落委员会经济发展部部长吉莫·摩根（Jymal Morgan），市场营销和商标设计师尼古拉斯·吉利斯（Nicholas Gillies），部落资产顾问本·特·艾卡（Ben TeAika）和瓦卡提普（Wakatipu）保留地研究带头人特里梅因·巴尔（Tremane Barr）。研究团队针对如何开发和利用婆纳穆玉矿产资源，邀请那塔胡家庭、氏族和部落的相关人员，通过"参与式行为研究"①、试错、反馈等一系列以人的发展为中心的课题研究，最终形成了部落婆纳穆资源的"共生发展模式"②，如图8所示③。

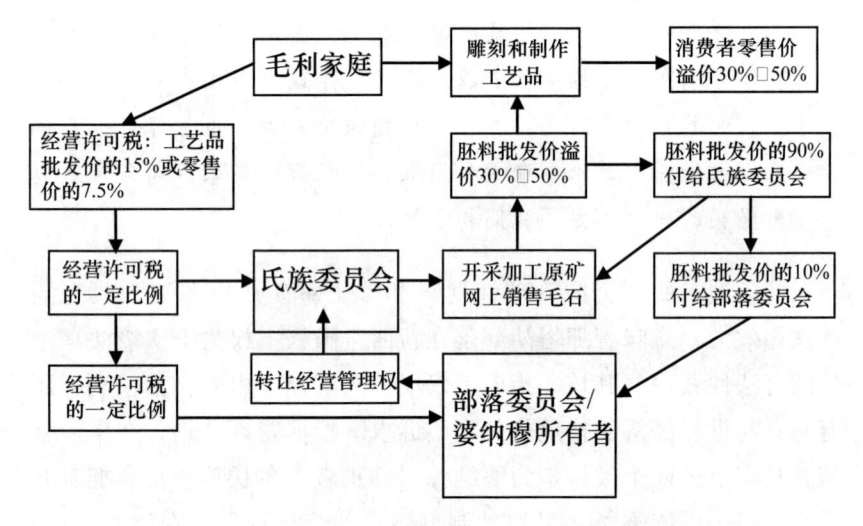

图8 那塔胡部落婆纳穆玉资源开发的"共生发展模式"

资料来源：Tremane Lindsay Barr John Reid, *Centralized Decentralization for Tribal Business Development*, 2014。

---

① Participatory Action Research.
② Symbiotic Development Model.
③ Tremane Lindsay Barr and John Reid, Centralized Decentralization for Tribal Business Development, 2014, *Journal of Enterprising Communities*: *People and Places in the Global Economy*, Vol. 8 Iss 3, pp. 217 – 232.

第六章　那塔胡部落的现代一体化形式　◆◆◆

2010年，这个项目付诸实施。婆纳穆的"共生发展模式"是一个创新，它利用现代最新的IP授权和电商营销模式，把部落内分散的资源和不同的利益单位整合到一个统一的运营系统中，协同的效果有力地促进了整体的发展。这一协同发展的商业模式，在婆纳穆的生产、流通和贸易过程中，借助经营许可税的征收和支付，在部落委员会、氏族和扩展家庭之间形成了一种有效的利益分配机制。约翰认为，这是一个"中心化的部落资产去中心化的过程"。最为重要的是，那塔胡手工艺人和家庭被纳入整个系统中来，成为部落文化产品的具体生产者和经营者。登录婆纳穆在线销售平台，每一件工艺品都可以溯源到手工制作者、毛石加工者和最初的毛石发现地，消费者可以和生产者进行在线交流和互动，深入了解婆纳穆的历史和文化。这一模式的本质是，那塔胡家庭和个人利用部落共有的有形和无形资产，去创建自己的个人资本。他们在传承部落传统工艺的同时，自己成为财富的创造者和文化的传承者。或许可以说，这才是真正的部落经济。

位于南岛西海岸霍基提卡（Hokitika）的那塔胡婆纳穆玉经营的一个门店，属于凯提维维（Kaiti Waewae）氏族委员会所有。凯提维维是自治地内蕴含婆纳穆矿产资源最多的那塔胡氏族。整个门店的装修采用婆纳穆玉中卡胡让基那种经典的透明的绿色。门店经理皮尔·图玛海（Pierre Tumahai）告诉笔者：

> 这个由氏族委员会自行投资的加工和销售中心雇有5个全职技术人员，其中3个是凯提维维人。由于氏族主要经营婆纳穆毛料，因而投资了这个门店中心进行深加工，整个经营也是采用部落的"共生发展模式"。

霍基提卡镇内主要街道的人行道地砖，每隔固定距离就镶嵌一块婆纳穆。这一有些"奢侈"的文化符号，依旧强烈地昭示着婆纳

新西兰毛利人**那塔胡**部落的经济变迁

穆在毛利文化中所具有的独特价值和深厚的精神意义，以及在那塔胡部落发展史上不可替代的地位。笔者在离开霍基提卡镇的途中，经常碰到满载着婆纳穆毛石的大型运输车，不禁让人联想起当初那塔胡人前来西海岸找寻婆纳穆的艰辛历程，西海岸林立的峭壁上那塔胡人彪悍、矫健的身影，以及南阿尔卑斯山中激情穿越的独木舟，都已经成为永恒的记忆。

婆纳穆"共生发展模式"的示范作用，很快影响到那塔胡部落的其他文化资产，"阿伊卡盖"（Ahikā Kai）那塔胡传统食物在线销售平台如出一辙。"Ahikā"意为炉火，"Kai"意为食物，毛利语"玛青阿盖"（Mahinga Kai）意为"食物篮子"，"阿伊卡盖"可翻译为"灶上的食物"。只要家中的灶火不断，就永远不必担心食物的匮乏。这个在线销售平台提供经过商标认证和鉴定过的、可追溯的那塔胡传统食品，包括三个类别：农业饲养类，如羊肉、牛肉和猪肉；野生食物类，如娟鸟、秧鸡等；海鲜类，如鳗鱼、生蚝、淡水龙虾和银鱼等。利用协同模式产生整体的比较竞争优势，传承那塔胡传统饮食文化的同时，为部族成员提供更大范围内的参与经营和财富创造，把部落共有的无形资产转化为族人的个人资本积累。

婆纳穆最终成为现代经济理性话语下的族属文化产品。这一社会主体性的建构，是新西兰当代政治、经济和文化等因素多方博弈后的共同结果，是历史合力的客观体现。如果说，美国博彩业的牌照仅对印第安人发放还只是作为社会公正的一种现代补偿机制的话，那么，那塔胡人专营文化产品婆纳穆就代表了当代原住民自治的发展方向。二者之间所形成的权属关系、治理结构和经营模式，对当代原住民社会具有深刻的启示作用。

从作为人手拓展的工具开始，经历了原始社会的辉煌、殖民时期的脱嵌到现代族属资本的回归，婆纳穆起伏跌宕的社会生命史，反映了毛利社会从采集渔猎经济到殖民经济，再到现代资本主义经济的社会和文化变迁过程。就那塔胡而言，婆纳穆对内是部落认同

第六章　那塔胡部落的现代一体化形式　◆◆◆

的象征，对外形成有效的商品经营模式。那塔胡人利用独特的历史记忆和文化资本，追求自身利益最大化，既发展了经济又反哺了文化，以崭新的姿态参与世界经济交换。2013年10月10日，特·外婆纳穆（Te Waipounamu）被正式确定为南岛的毛利语官方名称①。这个漂悬于南太平洋上的精致三角结构，将永远镶嵌在人类发展的历史长河中。

---

① http://www.radionz.co.nz/.

第七章　文化构成的物质实践

　　萨林斯于1970年代先后出版的《石器时代经济学》和《文化与实践理性》两本著作，成为人类学利用初民社会的经济和社会制度来反思现代资本主义社会的旗帜。在《文化与实践理性》中，萨林斯开宗明义地表明，意义是人类学研究对象的特定属性。而文化是关于人与事物的意义秩序，是人类在其离不开的物质生活中所必然表现出来的一种意义图式，或者说"象征理性"①。2003年，在《石器时代经济学》的"新版前言"中，萨林斯进一步提出如下论断：

　　　　经济活动不再决然独立，而被视为文化序列中一个不可分割的领域。因此，对经济活动的理解，离不开与其息息相关的生活领域：经济活动是具体生活形式中，价值体系与社会关系的物质表述②。

　　掷地有声，这一彻底的实体主义观点，成为"人类学对经济体系研究的独特贡献和理解经济的批判性视角"③的基点。这样来看

---

① ［美］马歇尔·萨林斯：《文化与实践理性》，赵丙祥译，张宏明校，上海人民出版社2002年版，第1—4页。
② ［美］马歇尔·萨林斯：《石器时代经济学》，张经纬等译，生活·读书·新知三联书店2009年版，第1页。
③ ［美］迈克尔·赫兹菲尔德：《人类学——文化和社会领域中的理论实践》，刘珩、石毅、李昌银译，华夏出版社2008年版，第132页。

西方资本主义制度所体现出来的价值体系和社会关系，只是一种"地方性"的文化秩序，而并非放之四海而皆准的自然法则。由其所抽象出来的形式主义观点所倡导的工具理性，"以西方为模板"，简单粗暴地"将整个世界都肢解了，同时留下很多无法辨认的碎片"①。因为，这一观点无法说清文化的主观能动性在人类的经济生活中所发挥的作用。

如果说，萨林斯的批判是通过跨越时空——把"初民社会和资本主义社会置于同一理论平台"② 上来进行的话，那么，那塔胡部落的现代发展历程就是这一论题在当代具体历史时空中的真实写照。新西兰遗世独立的地理环境所造成的毛利社会发展的历史断裂，提供了这个契机。

一 那塔胡现代经济体系所蕴含的文化理性

具有双重身份的部落委员会是一个制度创新，是那塔胡文化传统、西方民主政治和现代企业制度三者的有机结合，在资本的力量下重构了现代部落实体。这个有机结合的主体是什么？进一步而言，在西方制度和那塔胡文化传统之间谁是主位？对此，那塔胡人具有十分清晰的洞见：

> 部落委员会的制度设计体现了我们的文化传统。它组合了我们可以找到的最好的公司治理模式，吸收了地方政府的民主结构和西方最优实践经验。③

一方面，秉持那塔胡文化传统的主体地位既是一种文化自觉，

---

① ［美］迈克尔·赫兹菲尔德：《人类学——文化和社会领域中的理论实践》，刘珩、石毅、李昌银译，华夏出版社 2008 年版，第 101 页。
② 马良灿：《实践理性抑或象征理性》，《社会科学》2013 年第 3 期。
③ "Governance", http：//www.ngaitahu.iwi.nz/.

也是部落存在的前提条件。借鉴西方先进的政治和经济治理模式并不是要否定自身文化的核心价值,而是"要求在世界的文化秩序中得到自己的空间"①。另一方面,坚持自身文化的主体地位也不意味着对世界政治和经济体系的排斥,即使是在受到一百多年的不公正待遇之后,而是对这个现代体系所蕴含的社会效率的"本土化渴求"②。

(一) 现代部落所继承的那塔胡文化传统

部落委员会的制度设计中所体现出来的文化传统,可以从以下几个方面进行梳理:

(1) 宗谱(whakapapa)给予的世界

宗谱是毛利文化的起点,在欧洲人到来之前,毛利世界观完全由宗谱主导。宗谱解释每个存在的起源、过去和现在,是所有存在被创造的基础和相互联系的纽带,也是把所有存在连接回时间起点的媒介。这样一个关于自然世界中有生命和无生命物质、可见和不可见现象的总体意象呈现,本质上是一个以原始分类体系为基础的宇宙秩序观。从混乱的现实中寻找秩序是人类的天性使然,人们借此确定自己在宇宙中的位置,并且回答从哪里来要到哪里去的根本问题。

在这种秩序观里,人和自然浑然一体,万事万物都具有亲缘关系。个人是作为亲缘关系中的一环才得以存在,他的存在状况完全取决于在这个关系系统中所处的位置。这种秩序观深植于那塔胡的文化传统之中:人只属于世系,只有在亲缘关系中才能解释生命的因果和意义。因此,维系个人在氏族中的地位、保持既有的社会联结是头等重要的事。这也是莫斯所说的"总体呈献制度":

---

① [美] 马歇尔·萨林斯:《甜蜜的悲哀》,王铭铭等译,生活·读书·新知三联书店 2000 年版,第 124 页。
② [美] 马歇尔·萨林斯:《甜蜜的悲哀》,王铭铭等译,生活·读书·新知三联书店 2000 年版,第 124 页。

第七章 文化构成的物质实践 ◆◆◆

在这种制度中,个体与群体之间进行全体的交换——构成了我们所能观察和设想的最古老的经济与法律制度。①

弗思同样发现,毛利人以宗族和血亲关系为基本特征的社会组织结构和文化秩序,决定了毛利社会经济过程中的劳动分工、产品分配和财富积累等各个方面。

人们的亲属关系深刻影响着各自在经济生活中所处的地位。由扩展家庭组成的宗族部落的存在,地方部落中由亲属关系产生的虚拟的一致性,意味着经济生活中劳动分工、土地持有和产品分配等方面某种确定的关系形态。②

正是因为以亲缘关系为基础的社会结构的存在,才决定了社会经济方面某种确定的关系形态。这种关系形态只是社会结构的经济体现,是个体与群体之间所进行的"全体的交换"的一部分。从而:

人与人之间不存在纯然只有经济功能的单一关系。体现在经济利益链条上的原始人经济生活中的内聚力,是通过诸如亲属关系所要求的社会身份认同等文化力量而得到加强和固化的。原始人履行经济责任和义务是因为他不愿破坏既有的社会联结……原始人其他领域的互惠责任和共同利益强化了他们之间的经济关系。③

---

① [法]马塞尔·莫斯:《礼物——古式社会中交换的形式和理由》,汲喆译,上海世纪出版集团2005年版,第163页。
② Raymond Firth, *Primitive Economics of the New Zealand Maori*, New York: E. P. Dutton and Company, 1929, p. 482.
③ Raymond Firth, *Primitive Economics of the New Zealand Maori*, New York: E. P. Dutton and Company, 1929, p. 484.

因此，个人维持他们在既有社会结构中的地位和稳定的社会关系才是至关重要的，这是他们与群体进行"全体的交换"的基本条件，也是那塔胡现代部落有机认同得以形成的基础。在现代部落的形成过程中，这种观念铸成了那塔胡的共同愿景和行动指南：为了我们及后代子孙。

然而，这种"由亲属关系产生的虚拟的一致性"，和现代资本主义理性是格格不入的。在现代资本主义社会，社会在从血缘社会向地缘社会的转变过程中，社会结构从亲缘关系向公民身份转变，私有制取代了以公有制为主体的经济结构。个体的交换地位从互惠性的社会关系中不可替代的独特地位，转变为商品性的社会关系中匀质化的普通身份。从某种意义上来讲，人类社会的这一转变始于共同体内部亲属关系瓦解之时。个体参与自然和社会交换的地位，从血亲关系中独特而不可分割的一环，逐渐夷平为原子式的非亲属关系。即使在共同体内部，随着交换对象主体和交换对象客体的增多，个体交换基本面的扩大，交换频度的提高，私有化商品的出现成为必然。个体劳动时间的商品化，最终把个体的交换对象主体间接地扩大到共同体内部的所有其他个体。于是，交换对象主体自然地上升为虚拟的市场本身。为了保证市场匿名交易的顺利进行，国家应运而生，个体的交换地位夷平为匀质的公民身份。此时，交换对象客体也历史地被通货——货币——所媒介。人类社会的发展史就是一部个体参与自然和社会交换的发展史，历史至少可以部分地这样来解释。

如果说，一种文化秩序必然对应一种社会结构，一种社会结构必然对应一种交换地位，一种交换地位必然产生一种经济理性，那么，当代西方以资源稀缺性和个体利益最大化为终极尺度的经济理性——经济人假设，同样是来自以民族国家和公民身份为社会基本结构的交换地位，以及与这种交换地位结构性关联并彼此强化的文化理性——特定价值体系和社会关系的当代文化表述。以稀缺性为起点、最大化为目标的形式主义理论同样具有自身深刻的社会结构基础。公民身份作为现代普遍的社会联结方式，代表了最基本的社会文化力量。国家作为基本制度充当了互惠责任、共同利益以及交换得以有序进行的保障体系。正是以公民身份（共同体内部）和以"地球村"村民身份（共同体内部和外部兼有）为基础的交换地位所决定的价值序列，正在逐渐夷平当代不同地域纷繁各异的文化理性，为稀缺性和最大化提供了进行价值判断的基本框架。也正是因为个体参与交换的对象主体——除了他本身之外的所有其余个体——的无穷大，决定了个体参与交换的对象客体——整个地球——的终极稀缺性，决定了个体作为交换主体在终极目标驱动下的原子式的社会关系存在形态，经济仍然被嵌入社会结构之中。

（2）属于土地的人而非属于人的土地

毛利文化中的土地观念和西方经济和法律制度中的概念完全不同，它不是一个可以被权属的物体概念，而是一个以亲缘关系为基础、混合了人性和神性的复杂的情感和观念体系。在毛利宗谱给予的宇宙秩序中，大地是万物之母。正如毛利谚语所说："人类灭亡了，但土地依旧。"[1] 对毛利人来说，土地甚至不是一个可以分割的物理空间概念，但是与时间有关，与毛利人对祖先的深厚情感有关。"这种情感绝不仅仅只与土地的丰饶和作为食物来源的价值有关"[2]，而是他和世界相互辨认的纽带。

在土地的具体利用过程中，采集渔猎的经济文化类型决定了土地属于集体所有，"部落领土由各个氏族所有的土地组成，各个氏族的土地又进一步细分给各个家庭和个人一定的使用权利"[3]。家庭和个人在氏族领土内针对某个区域的排他性使用权利受到严格的保护，这是他们赖以生存的经济基础，包括"捕鸟的树、红赭石的沉淀池、钓鱼的站位、捕猫的回路、亚麻丛、捡拾贝壳的堤岸、捕

---

[1] Raymond Firth, *Primitive Economics of the New Zealand Maori*, New York: E. P. Dutton and Company, 1929, p. 360.

[2] Raymond Firth, *Primitive Economics of the New Zealand Maori*, New York: E. P. Dutton and Company, 1929, p. 361.

[3] Raymond Firth, *Primitive Economics of the New Zealand Maori*, New York: E. P. Dutton and Company, 1929, p. 371.

新西兰毛利人**那塔胡**部落的经济变迁

鳗鱼下套的地方"① 等。弗思认为：

> 用一个方便的公式来描述毛利社会中个人对土地的占有需要经过集体的认可，可以说毛利土地上的个人占有权利仅仅是共有权利的异化。②

除了这些因为具有经济价值而被"异化"为个人权属的特定资源外，氏族内的大部分土地属于公共土地，可以供任何成员使用。但最重要的是，如果没有经过酋长公开征求部落公众意见后的批准和认可，无论家庭还是个人，针对土地采取的任何行动都是无效的。任何关于土地的处置都必须经过氏族集体的协商和认可，酋长只是氏族的受托人和代言人。

1865年颁布的《土著土地法案》终结了这个传统，为体系化地掠夺毛利集体土地打开了大门。来自西方世界的个人地契，经由土著土地法庭认定为代表私有制的物权凭证，不仅摧毁了毛利传统的土地权利和社会结构，也颠覆了毛利传统的文化秩序。土地作为血脉相连的母亲，任由区区一纸证明权属关系的契约来分割和蚕食，从情感上来说毛利人无法接受。剧烈的文化冲突触发一个尖锐的问题：是属于人的土地还是属于土地的人？

当我们把目光转向英国自身的本土社会，会发现他们自己也正在经历同样的过程：

> 在斯图亚特王朝复辟时期，土地所有者通过立法实行掠夺，而这种掠夺在大陆各处都是不经过立法手续就直接完成了的。他们取消了封建的土地制度，也就是使土地摆脱了对国家

---

① Raymond Firth, *Primitive Economics of the New Zealand Maori*, New York: E. P. Dutton and Company, 1929, p. 374.

② Raymond Firth, *Primitive Economics of the New Zealand Maori*, New York: E. P. Dutton and Company, 1929, p. 367.

第七章　文化构成的物质实践 ◆◆◆

的贡献，以对农民和其他人民群众的课税来"补偿"国家，他们要求对地产的现代私有权（他们对地产只有封建权利），最后，他们强令实行定居法。①

英国的圈地运动最早始于 14—15 世纪发生的农奴制解体，从农民的小块份地到公有地和荒地，同样是剥夺了农民对份地的所有权和对公有地的使用权。到 18、19 世纪，整个欧洲大陆都卷入了大规模的圈地运动。圈地运动在摧毁自给自足的小农经济的同时，建立起资本主义的大农业，把封建的土地所有制改造成资本主义的土地所有制。正如波兰尼（Karl Polanyi）所言："土地商业化只不过是消灭封建制的一个名称，这个过程于 14 世纪在西欧的城市中心和全英国开始进行，而在其后 500 年内经历欧洲无数的革命……才得以完成。"② 土地的商品化在英国本土及欧洲得以完成的时间与新西兰毛利人所经历的大致同步，大约发生在 19 世纪晚期。因此，土地的商品化并非殖民地特有的个案，而是资本主义制度在全球进行扩张的共同结果。

如果考察有史以来人类土地观念的变迁，对这个问题会有一个更为深刻的理解。17 世纪是一个历史的分界点，在此之前，土地或者是属于君主或教会，或者是传统社会共有，从来没有属于劳动者私有的概念。1660 年代，威廉·佩蒂（William Petty）首次提出，土地应被视作一种资本，只有劳动力能够释放出土地的价值。二者的关系就像两性关系，劳动是财富之父，土地是财富之母。然后，由于人口增长必然会带来土地升值，佩蒂从中天才地看到，私有财产制一定是最有活力的土地所有制形式。③ 在 17 世纪的英格兰和美洲新大陆，土地私有产权制的发展，极大地提高了单位土地的

---

① ［德］卡尔·马克思：《资本论》（第 1 卷），人民出版社 2004 年版，第 831 页。
② ［匈］卡尔·波兰尼：《巨变——当代政治与经济的起源》，黄树民译，社会科学文献出版社 2013 年版，第 189 页。
③ ［英］安德罗·林克雷特：《世界土地所有制变迁史》，启蒙编译所译，上海社会科学院出版社 2016 年版，第 58—63 页。

新西兰毛利人**那塔胡**部落的经济变迁

产出，成了一百多年后亚当·斯密自由资本主义理论的基石。

马克思认为，土地私有制是一切私有财产的根源①。而人和动物的本质区别在于生命活动是否有一个对象化的过程，动物"就是自己的生命活动本身，人则使自己的生命活动本身变成自己意志的和自己意识的对象"②。因此，"劳动的对象使人自身能动地、现实地二重化，从而在他所创造的世界中直观自身"③。在所创造的世界中直观自身是人类主体性的确证，既是人类的宿命，也是生命的意义所在。因此，人对其所创造之物有一种天赋的所有权利。这样来看，私有制的哲学基础本质上是人类对象化的生存方式。土地作为人类劳动的对象，当"广阔的森林变成了需要人们用汗水灌溉的生机勃勃的田野"，随着"农作物一同萌芽和滋长的"不仅仅是"奴役和痛苦"④，还有人类解放了的自我和高扬的主体性。这个主体性和自由意识，后来发展成为现代民主政治的基石。

然而，随着资本主义的发展，土地私有制这一"有史以来最具摧毁性同时也最具创造性的文化力量"⑤却陷入了困境。工业革命以后，土地和劳动力都作为生产要素进入扩大再生产领域，在扩大再生产的过程中进一步被商品化。因为扩大再生产需要更多的生产要素，要素资源的供求只能交由市场根据资本的回报率自动进行配置，也就意味着包括土地和劳动力在内的所有要素市场的商品化。商品化后的要素市场和产品市场一样进入流通领域，成为明码实价可以自由买卖之物。当土地和作为个体的人都变成了商品，意味着自然本身的双重异化——人和土地都是自然的一部分，人自身成为

---

① [德]马克思：《1844年经济学哲学手稿》，人民出版社2000年版，第45页，"……地产这个私有财产的根源必然完全卷入私有财产的运动而成为商品……"

② [德]马克思：《1844年经济学哲学手稿》，人民出版社2000年版，第57页。

③ [德]马克思：《1844年经济学哲学手稿》，人民出版社2000年版，第57—58页。

④ [法]让·雅克·卢梭：《论人类不平等的起源》，吕卓译，中国社会科学出版社2009年版，第56页。

⑤ [英]安德罗·林克雷特：《世界土地所有制变迁史》，启蒙编译所译，上海社会科学院出版社2016年版，第6页。

商品的同时占有自然，从而，原先属于土地的人变成了属人的土地。但无论土地还是人本身，"都不是为了销售而生产的，而是因为截然不同的理由而存在"①。

在部落委员会的制度设计中，集体所有的观念从土地扩展至整个条约赔付资产，演变为现代部落共有产权。显然，这个共有产权的概念与西方经济学意义上的产权具有不同的内涵和外延。西方经济学意义上的产权起源于土地私有制，土地私有制是一切私有财产的根源。按照制度经济学最前沿的解读，产权只是一种社会工具，"帮助一个人形成他与其他人进行交易时的合理预期"②。产权的排他性、明确性和可转让性既是社会经济组织高效运作的前提条件，也是宏观经济资源配置达到帕累托最优的必然要求。但是，如果把赔付资产直接进行个人资本化，随着个人股权的自由交易和转让，那塔胡人会发现，在经历了漫长的抗争和努力后，历史又回到1865年的悲情时刻，西方工具理性主导的相同的个体产权形式，仍然预兆着一个分崩离析的部落未来。

经济学的学科视角侧重于现实意义上的效率计算，工具理性主导的产权形式往往忽视了经济的社会嵌入性。人类学传统的产权研究对此可以做出更好的解释。经济是社会的物质化过程，是人们社会关系和文化价值观念的物质描述。那塔胡部落的共有产权首先是一种价值理性，它既是那塔胡人一百多年来所受到的不公正待遇的历史回溯，也是他们对土地的传统观念和与生俱来的部落属性的现代体现。工具理性的客观性就是文化的非主观性。纵观人类社会一万多年的历史，绝大部分时期是借助集体经济制度才得以代代相继发展至今的。历史有其自身的发展逻辑，经济行为只是人类生存的手段而非目的。

---

① ［匈］卡尔·波兰尼：《巨变——当代政治与经济的起源》，黄树民译，社会科学文献出版社2013年版，第151页。

② ［美］哈罗德·德姆塞茨：《关于产权的理论》，载［美］罗纳德·H. 科斯等《财产权利与制度变迁》，刘守英等译，格致出版社、上海三联书店、上海人民出版社2014年版，第71页。

（3）以满足生计为目的的个人财富观念

弗思在总结毛利社会的贫富现象时认为：毛利人的原始经济生活是一种随手可得的舒适，没有赤贫，人们不会失去自己期望的谋生方式，也不存在因富裕而免于劳作、仅以维护社会礼仪为生活目的有闲阶级。①

这个低度而丰裕的社会图景，契合于萨林斯的"家系生产模式"②，也契合于斯科特（James C. Scott）的"道德经济"。"家系生产方式"最早由梅尔拉苏克斯（Claude Meillassoux）提出③，后经古德利尔和沃尔夫（Eric R. Wolf）等人的进一步发展，成为对游牧与农耕社会的社会结构进行动态分析的工具。采取家系生产方式的社会的特点是，"若干家户或家庭单位结成联盟，人们所拥有的对共同继承并共同管理的财产的权利将他们约束在一起"④。斯科特的"道德经济"，是指相对于现代经济而言的一种传统经济形式：生产力发展水平较低，生产关系建立在血缘关系基础之上，因生计安全考虑，共同体内部的再分配机制夷平化了所有成员差异⑤。二者都是为了说明在初民社会中，经济生产活动的唯一目的是应对生计，而非财富的积累。

在现代社会语境中，这幅图式往往被诟病为非理性的传统社会，从而成为发展的对立面。萨林斯认为，这是一种"文化悲剧"

---

① Raymond Firth, *Primitive Economics of the New Zealand Maori*, New York: E. P. Dutton and Company, 1929, p. 483.

② 在《石器时代经济学》中，萨林斯没有严格区分"家庭生产模式"和"家户生产模式"。他指出，由于各种婚姻制度的存在，"家户"也可能是一个世系。在备受争议的"亚细亚生产方式"中，马克思也没有明确指出所包括的婚姻形式。故笔者认为用"家系"更为妥当。

③ ［英］罗伯特·莱顿：《他者的眼光：人类学理论导论》，罗攀、苏敏译，华夏出版社2005年版，第122页。

④ ［英］罗伯特·莱顿：《他者的眼光：人类学理论导论》，罗攀、苏敏译，华夏出版社2005年版，第123页。

⑤ James C. Scott, *The Moral Economy of the Peasant*, New Haven: Yale University Press, 1976, p. 3. 原文是"……互惠模式，强迫性慷慨，公有土地和共同劳动，都是为了抵御不可避免的家庭生活资源匮乏的情况，否则，很可能陷入生计困难的境地"。

第七章 文化构成的物质实践

的快感，传统社会的解体是经济起飞的必然前提①。其原因在于，现代资本主义的生产并非传统社会中的自然性生产，而是象征领域内的符号性生产，因而具有无限性。它的唯一指向就是利润的最大化，只有通过不断的占有才能获得意义。我们目前尚不能清楚而令人信服地解释这种无限性产生的根源和理由，或者，只能从神正论的教义——为了荣耀上帝——资本主义精神的伦理本质；或者，只能用一个词——"自由"——源自西方的人本主义传统，来呈现一种囊括时空的满足感。

但是，这样一种文化秩序所厘定的象征意义的无限性对人类的自然本质具有严重的危害，人类的类生存本质由此变成了单一"经济人"的类②。象征领域内符号生产的无限性，试图否定人作为自然的一部分的本质属性，从而也使得原先作为人类社会的某个部分的经济制度凌驾于整个社会之上，陈列为和自然的严重对立，危害了自然的完整。诚如波兰尼所言，和现代社会相比，历史上没有哪个时代，从交易中图利在人类经济生活中变得如此重要③。当"以生计为目的的生产"转变为"以生产为目的的生计"时，自然已经远遁，但从来不会离开，作为人类维系生命之手段的生产成了目的本身，唯一不能超越的，仍然是人类作为自然一部分的本质属性——自身生命的有限性。

在那塔胡部落委员会的制度设计中，"聚财宝"储蓄基金管理计划充当为族人创造个人资本的主要工具。但其所创造的个人资本，并非用于追求个体利益最大化的经营谋利活动，而是为了应对人生中三个重要时点的大额支出。这种从集体资产向个人资本的传递机制和止于生计的分配逻辑，集中体现了那塔胡的传统财富观

---

① [美]马歇尔·萨林斯：《甜蜜的悲哀》，王铭铭等译，生活·读书·新知三联书店2000年版，第113页。
② [美]马歇尔·萨林斯：《文化与实践理性》，赵丙祥译，上海人民出版社2002年版，第205页。
③ [匈]卡尔·波兰尼：《巨变——当代政治与经济的起源》，黄树民译，社会科学文献出版社2013年版，第109、115—127页。

念：经济生活遵从有限目标理性，财富积累主要依靠集体所有，个人仅仅满足生计需要。从这个意义上来讲，"聚财宝"应更名为"生计宝"。

"生计宝"是那塔胡发展独特的现代部落经济的重要一环。它的本质是一种部落内的"概化互惠"（Generalized Reciprocity），是"近亲之间的分享"[1]。这种概化分享的逻辑背后所蕴含和维系的是一种个体经由交换获益后的道德平衡感。如果说，人类社会从血缘向地缘的转变是因为特定地域空间里无力承载和供养更多的人口，"亲属关系距离"[2]超越了临界值，从而导致互惠和再分配所需要的对称性和集中性原则失效——波兰尼认为这是经济服膺于社会的临界点，那么，"生计宝"就是一种意味深长的回归。它利用现代经济的储蓄和理财手段，不仅使这种部落内的概化互惠克服了地域上的限制，还突破了时间的枷锁，扩展到部落的代际传承，具有启示意义。2007年起，新西兰开始广泛实施的国民养老储蓄基金计划——"新西兰储蓄者"[3]，就借鉴了"生计宝"的模式。

（二）那塔胡文化传统所建构的核心价值体系

综上所述，以上三个要素具有内在逻辑关系。三个要素及其相互关系的迭代和演绎，构成了那塔胡传统文化的核心价值体系。如果我们承认，经济只是文化的物质化过程，那么，那塔胡部落委员会所描绘的未来愿景以及为此而践行的种种努力，正是这个核心价值体系的"物质表述"。

这个核心价值体系和现代西方资本主义的价值观念是根本对立

---

[1] ［美］马歇尔·萨林斯：《石器时代经济学》，张经纬等译，生活·读书·新知三联书店2009年版，第109页。

[2] ［美］马歇尔·萨林斯：《石器时代经济学》，张经纬等译，生活·读书·新知三联书店2009年版，第143页。

[3] "KiwiSaver"，"Kiwi"是新西兰的国鸟，新西兰人常以此自称，故译为"新西兰储蓄者"。2005年，当时的工党政府财政部长迈克尔·卡伦（Michael Cullen）在财政预算中提出这个计划，2007年7月1日正式实施。

第七章 文化构成的物质实践

的。从微观层面来说,是"社会人"和"经济人"假设之间的对立,涉及两个维度:一是个体主义和整体主义的对立,即最高价值是存在于个体还是寓于整体;二是"稀缺性"和"最大化"的经济理性思维,是否一定能够夷平和整合来自不同历史和文化背景的观念差异。宏观层面上,这一对立可以表述为经济是服膺于社会还是凌驾于社会之上。当经济行为从生计手段变为目的本身,交换的功能不再是借由互惠使社会得到有机整合,而是走向了反面,变成了一种外在于社会的异己的力量。经济法则成为整个社会体系得以组织起来并赖以生存的原则,这已经不是经济脱嵌于社会,而是凌驾于社会,经济作为某种特定的社会制度异化为统治社会自身的力量。

萨林斯认为,礼物之灵"豪"(hau)的概念完美契合于毛利社会尚未分化的整体性[1]。他和莫斯一样,"并没有把礼物向商品的转变看作进化的证据,而是将其视作休戚与共、团结协作的社会四分五裂、无可挽回的过程"[2]。笔者认为,"豪"(hau)所指代或隐喻的正是一种浸润和弥漫于毛利社会整体的互惠观念。互惠是社会的本质,是人类结群而居的根本原因,是回答社会何以可能的关键所在。与之相比,商品交换"只不过是互惠观念的一种可能的形式而已"[3]。

那塔胡传统文化核心价值体系的基础正是这一整体性的互惠观念。无论是宗谱所给予的世系法则,还是最高价值寓于集体的交换预期,抑或是个体交换获益后道德平衡感的维系,都是这种整体性互惠观念的具体体现。这一整体性的互惠观念,也正是毛利社会区别于以商品关系为主导、个人最大化为原则的西方资本

---

[1] [美] 马歇尔·萨林斯:《石器时代经济学》,张经纬等译,生活·读书·新知三联书店2009年版,第196页。
[2] [美] 迈克尔·赫兹菲尔德:《人类学——文化和社会领域中的理论实践》,刘珩、石毅、李昌银译,华夏出版社2008年版,第114页。
[3] [美] 迈克尔·赫兹菲尔德:《人类学——文化和社会领域中的理论实践》,刘珩、石毅、李昌银译,华夏出版社2008年版,第117页。

主义社会的独特之处。在现代部落的形成过程中，这一文化秩序依旧顽强地生存下来，成为那塔胡持续地"毛利化"西方先进的社会制度体系的主体力量，昭示着一个完全不同于西方的未来社会文化生态。

二 迈向未来的社会一体化："毛利化"西方政治和经济制度

1976年，哈贝马斯在其巅峰之作《重建历史唯物主义》中展现了不凡的理论抱负。他从交往行动理论的整体框架出发，试图重新解析历史唯物主义，并从中探求全球化背景下社会进化的动力问题。虽然，哈贝马斯关于唯物史观的"重建"尚未得到理论界的基础性共识，但是，由于现代社会交通和信息技术的飞速发展，导致世界范围内人们交往的广度和深度不断扩大，和19世纪时各个国家囿于一地闭门发展相比，交往日愈成为不可或缺的社会进步因素。因而，他所开创的从社会交往结构方面来剖析和建构社会发展理论的研究进路，对当今的全球化理论产生了深远的影响。

哈贝马斯认为，社会进化的动力机制在于社会一体化程度的不断发展：

> 资本主义的生产关系是以资本主义制度为核心形成的，而这个制度的核心，是确定社会一体化的既定形式。我和杜尔克姆一样，都把社会一体化理解为社会的生活世界关于价值和规范的统一性的保障。如果体制问题不能在同占统治地位的社会一体化的形式取得一致的情况下加以解决，如果必须对占统治地位的社会一体化的形式进行革命，以便为解决新的问题创造条件，那么，社会的同一性就处于危机之中。[①]

[①] ［德］尤尔根·哈贝马斯：《重建历史唯物主义（修订版）》，郭官义译，社会科学文献出版社2013年版，第117页。其中，"杜尔克姆"即"Émile Durkheim"。

第七章 文化构成的物质实践

社会一体化的"既定形式"是现存社会的制度核心,当这个"既定形式"满足社会一体化的发展需要时,社会关于价值和规范的统一性就有保障。反之,当这个"既定形式"不能适应社会一体化的发展水平时,必须通过变革形成新的形式,从而形成新的合法性基础和社会同一性。这样,社会就在一体化程度及其形式的螺旋渐进和不断适应中获得发展和进步。哈贝马斯认为,"对于社会发展的逻辑来说,生产方式的概念也许不是一把错误的钥匙,而是一把尚未充分打磨的钥匙"[①]。与生产力—生产关系辩证运动的理论框架相比,交往理论能够更好地解释近代以来全球化背景下的社会进化问题。因此,从交往理论出发,用社会一体化的发展水平来代替生产力的发展水平,用社会整合程度的"既定形式"来代替生产关系,就成为哈贝马斯"重建"唯物史观的理论框架。

在新西兰短暂的历史上,欧洲人的到来是一个重要的时间节点。"新西兰"这个名字本身始于1642年塔斯曼的首次到访。从1769年库克船长初次登陆算起,当他第一次把新西兰纳入世界版图,开启让世界成为地球村的进程时,也把"世界"带给了新西兰。"毛利"民族认同的形成是起点,"毛利"原意是"本地的",相对于"帕克哈"而言。在整整250年的时间内,毛利与帕克哈之间相互对抗与合作的过程,双方交往关系的发生和发展,构成了新西兰历史演变的主要线索。从激情燃烧的捕鲸岁月开始,火枪的引进以及由此导致的毛利部落之间的火枪战争;《怀唐伊条约》签订之后的强占土地和新西兰土地战争,个人地契瓦解了毛利的传统部落组织;两次世界大战和战后的民族独立运动[②];1960—1970年代

---

① [德]尤尔根·哈贝马斯:《重建历史唯物主义(修订版)》,郭官义译,社会科学文献出版社2013年版,第124页。
② 这里需要说明的不仅仅是毛利认同,还有在新西兰出生的白人所具有的国家和民族认同,前面几章依时间顺序有具体分析。

新西兰毛利人**那塔胡**部落的经济变迁

在全球范围内掀起的反种族压迫运动，1970—1980年代推行的新自由主义模式；1975年成立的"怀唐伊特别法庭"，成为双方交往关系的"顶峰"。毛利人在被卷入"世界"的同时，新西兰的社会经济类型，也经历了从采集渔猎经济到殖民经济、再到现代资本主义经济的急剧变迁过程。

从交往理论来看，这个过程本身就是新西兰社会一体化的演变和发展过程。人类社会的形成依赖某种程度的社会同一性作为交往律令，从而建立起人们相互之间的交往秩序，也就是哈贝马斯之社会存在的"合法性基础"[①]。从新西兰社会一体化的演变和发展过程来看，社会同一性的"既定形式"并不是自发产生的，而毋宁说都是在和西方的交往过程中所形成，然后又不断变化和发展的。这既是所谓"全球化"的原初意涵——成为"世界"的一部分意味着要失去独善其身的自由，必然要被世界政治经济环境所左右，也是哈贝马斯交往律令的理论基点和内在要求——"世界"性的交往要求一个世界性的同一性基础，这个世界性的同一性基础必然要求夷平不同的地区差异。

在这个背景下来考察那塔胡部落的历史发展，与其他毛利部落一样，那塔胡人从最初闲适而丰裕的"自在"存在，经历了殖民和流离失所的痛苦，自条约签订到1990年代，在长达一百五十年的时间里被整体边缘化。在与王室交往的过程中，那塔胡人逐渐接受和理解了西方文明，并且利用西方的游戏规则为自己所受到的不公正待遇进行不屈不挠的抗争。1980—1990年代，依据条约向王室进行索赔，以部落的名义获得王室返还和赔付的资产。严格来讲，这些赔付资产应该是1848年在世的所有那塔胡先人后裔的个人财产权。但是，那塔胡并没有把这些资产简单地进行个人资本化，而

[①] 在这点上，哈贝马斯对黑格尔的法哲学提出完全不同的见解。他认为在现代社会中，具有集体同一性这一"合法性基础"的组织形态不是立宪国家，而是民族和政党。参见［德］尤尔根·哈贝马斯《重建历史唯物主义（修订版）》，郭官义译，社会科学文献出版社2013年版，第80页。

第七章 文化构成的物质实践

是在秉持自身文化核心价值的同时，吸纳西方民主政治和现代企业制度，在百无一是的基础上，自觉自为地重新进行现代部落的组织化和资本化运作，主动融入现代世界经济体系。那塔胡人文化自觉的实践逻辑，集中体现在通过"毛利化"西方现代政治和经济制度，建立部落委员会和集体产权这一崭新的部落一体化形式。遵从部落传统的资本积累集体所有、个人满足生计需要的财富观念，在公平和效率的现实取舍和代际传承之间，寻求符合部落长期利益的平衡机制。毛利为体、西制为用，结合部落自身的文化传统进行制度创新，从而形成了全新的现代部落集体同一性，走出一条小众族群参与世界政治和经济博弈的创新之路，显示了现代部落发展的高度一体化水平。这个新的"合法性基础"的形成过程，既是新西兰国内族群关系和政治经济博弈的历史演变，也是非西方文明对近代以来西方资本主义主导的全球化进程的本土化适应。在如今的南岛，那塔胡部落在政治、经济和文化等社会各个领域，都占有举足轻重的地位。

毋庸讳言，对于非西方文明而言，肇始于近代的全球化过程往往伴随着殖民和屈从的历史。各个民族针对该过程中所体现出来的一体化张力会产生不同的反应和调适，萨林斯认为，这是现代性的本土化过程[1]。然而，什么是现代性？沃尔夫在《欧洲与没有历史的人民》一书中，曾经对欧洲中心论的"大写"的历史有过一段简洁的描述：

> 古希腊产生了罗马，罗马产生了基督教的欧洲，基督教的欧洲产生了文艺复兴，文艺复兴产生了启蒙运动，启蒙运动产生了政治民主制和工业革命。工业又与民主制一道催生了美利坚合众国，而美利坚合众国则体现了生命、自由和追求幸福的

---

[1] ［美］马歇尔·萨林斯：《甜蜜的悲哀》，王铭铭等译，生活·读书·新知三联书店2000年版，第124页。

新西兰毛利人**那塔胡**部落的经济变迁

权力。①

笔者以为,这段话已经勾勒出西方中心论者眼中的"现代性"。沃尔夫写作此书的初衷,原本是为了旗帜鲜明地反对欧洲中心论,但在写作过程中,仍然不经意地流露出以欧洲为中心的视角,萨林斯曾经对此进行了严厉的批判②。如果再深究一下,所谓"现代性"的说辞其实也是一种不经意的流露,传统与现代二元对立的神话由来已久。"现代"(modemus)一词的原初意涵是,"要把已经皈依基督教的现代社会与仍然属于异教的罗马社会区别开来"③,但在资本主义的演进过程中,被彻底地化约为一种纯粹的工具理性,充当资本主义进行全球扩张的象征形式。近300年来,伴随着以个体最大化和利润的无限性为基点的西方资本主义制度在世界各地的传播和扩张,所到之处,一切与之对立的东西即刻被边缘化为传统,成为与主流之现代的对立。在这种话语—权利框架下,"传统"一词并不是意指人类社会生活的连续性,而是被简单地化约成"落后"。与之相对应的"现代"就变成了"先进",这一"将世界一劳永逸地划分为不同等级的宏大工程,其影响是何等的持久和深远"④。

例如,一种主流的观点认为,那塔胡部落集体产权因为所有人缺失必然会导致"公有的悲剧",尤其在新自由主义语境中,往往被诟病为落后的传统产权形式,并且必然要被现代先进的个体私有

---

① [美]埃里克·沃尔夫:《欧洲与没有历史的人民》,赵丙祥、刘传珠、杨玉静译,上海人民出版社2006年版,第9页。

② 参见[美]马歇尔·萨林斯《资本主义的宇宙观——"世界体系"中的泛太平洋地区》,《人文世界》第一辑,华夏出版社2001年版,第1页;[美]马歇尔·萨林斯:《甜蜜的悲哀》,王铭铭等译,生活·读书·新知三联书店2000年版,第111、127页。

③ 陈庆德等:《人类学的理论预设与建构》,社会科学文献出版社2006年版,第195页。

④ [美]迈克尔·赫兹菲尔德:《人类学——文化和社会领域中的理论实践》,刘珩、石毅、李昌银译,华夏出版社2008年版,第99页。

产权所取代。工具理性成了所谓"现代"可以依靠的全部力量，完全无视人类价值理性的存在。2015年12月，30岁的扎克伯格（Mark Elliot Zuckerberg）宣布，将在有生之年捐出当时价值450亿美元的Facebook股份。如果他愿意的话，这部分财富在现行体制下按照可比价值计算，可以买下40个那塔胡。个体产权的悖论正在于此。在经济学家眼中，扎克伯格是创造财富的典范，但人类学家却不得不怀疑，是不是我们的社会制度出了什么问题。以个体占有为基点的资本主义象征性生产的无限性，是否由于片面追求当下的个体绝对性而无视了人类社会的群体性本质？是否由于一味追求时点意义上的个体自由的空间分布，从而忽略了人类起点公平代际传承的时间维度？经济发展并不是衡量历史进步——从传统到现代——的唯一标准。纵观一万多年的人类社会发展史，大部分时期是借助集体所有的经济制度，才得以代代相继繁衍至今。断言以个体占有为基点的西方资本主义制度必然是人类历史的最终归宿，还为时尚早。

如果用社会一体化的不同发展阶段来衡量社会进步的客观标准，哈贝马斯认为，当历史发展到晚期资本主义阶段，社会进步的标志已不再聚焦于生产领域内的经济发展，而是更多地体现在科学和教育的发展，体现在个体学习能力在"客观化认识中的进步和道德—实践洞察力中的进步"[1]。"道德—实践"意识是社会交往赖以形成的"规范结构"的同一性基础，诚如康德所言，即使经过"许多世代的无穷系列中的进步"，也仍然会"永远停留在展望之中"。

2016年2月，部落委员会在基督城召开"原住民部落经济国际研讨会"，邀请了来自加拿大、美国的原住民领袖和中国云南大学的学者参加。这次会议别开生面，并未依照国际学术会议的学院氛围，而是分别到不同的毛利会堂进行讲演，邀请"草根"氏族成

---

[1] ［德］尤尔根·哈贝马斯：《重建历史唯物主义（修订版）》，郭官义译，社会科学文献出版社2013年版，第145页。

新西兰毛利人**那塔胡**部落的经济变迁

员共同进行讨论。在基督城图阿回瑞氏族毛利会堂举行会议期间，来自美国第一阿拉斯加学院的董事学者丽丝（Liz Medicine Crow）作了关于当地印第安现代部落发展的报告，有三位图阿回瑞氏族成员分别对此进行了提问，他们所提问题如下：①

  问题1：我不太确定公司和（部落）社区的关系，公司是外壳，（部落）社区是组织核心，是这样的吗？②

  问题2：接着你关于民主的话题，我对此感兴趣，我猜想传统意义上氏族不是一个民主的体系，而是基于宗谱的关联，你能否就此谈一谈？

  问题3：你如何看待可能存在的文化危机？如果不能让年轻人……你认为应该如何使孩子们回到（部落）社区的生活当中？

  这三个问题的提出是极其有深度的，分别指向了部落的经济治理结构、政治体制和文化认同等三个关键方面。虽然这些问题并非一次研讨会可以解决，但是，普通部族成员能够提出这些深刻并且切中要害的问题，从一个侧面说明了那塔胡部落内部的意识形态整合程度已经达到了相当的水平。和二十年前刚刚进行条约赔付和组建现代部落时相比，已不可同日而语。而这必定和部落委员会处心积虑地举办这样的"草根"研讨会的初衷，是分不开的。举办这样的研讨会，不仅仅是为了到田野中来的"他者"之间进行乐此不疲的讨论，而是为了掌控自身的命运：为了我们及后代子孙。

  从长远的观点看，"毛利化"西方社会政治和经济制度的最终完成，必然落脚于部族成员意识形态和道德规范结构的高度

---

  ① 2016年2月，那塔胡"原住民部落经济国际研讨会"会议录音资料。
  ② 根据丽丝的演讲，她所在的美国印第安人部落一共包含12个氏族，每个氏族都有自己的公司。这一点有别于那塔胡部落。

第七章　文化构成的物质实践　◆◆◆

一体化。这也正是哈贝马斯重建历史唯物主义的基点所在。这一过程的实现，依赖于那塔胡人能否在世界范围内的交往活动中，不断地进行学习和探索，不断地进行适应和创新。那塔胡部落未来的存在状态，必然是在"西方化"的毛利社会和"毛利化"的西方社会之间所作出的历史性抉择：取决于部落共有产权这个具有"有限目标理性"的历时性连续体能否持续存在，取决于那塔胡能否在秉持文化自觉的同时，持续地"毛利化"西方先进的社会制度和意识形态，从而不断迈向未来更高水平的社会一体化形式。

如果说，"全球化"的原初意涵，是指世界各地的民族由于相互之间紧密联系和影响而形成的全球性的交往结构，那么，作为过程的全球一体化的简称之"全球化"的意指需要进一步明确。全球一体化不是一个单向度的历史过程。从发生学的意义上来讲，它由西方化和本土化组成。西方化和本土化同时发生和发展，是同一个过程的两个方面。所谓本土化并不是单纯的被动适应过程，它对西方化具有能动作用。这样来看，哈贝马斯的全球一体化的"既定形式"和一体化发展水平的螺旋运动关系，也是由西方化和本土化的双向互动过程产生的。因此，"必须考虑西方人民和非西方人民是如何共同参与这个世界性进程的"[①]。

在现阶段，这个"世界性的进程"以全球经济一体化作为标志。然而，全球经济一体化的最终指向，将会带给人类社会何种政治和文化生态？在这种生态环境中，历史积淀下来的族际关系的维护和发展应该秉持哪些原则？这些原则是否符合人类社会公平和正义的代际传递？这无疑是当代人类学和民族学研究所面临的重大课题。

> 我们不能再将社会看作孤立的、自足的系统。我们也不能

---

① ［美］埃里克·沃尔夫：《欧洲与没有历史的人民》，赵丙祥、刘传珠、杨玉静译，上海人民出版社2006年版，第1页。

新西兰毛利人**那塔胡**部落的经济变迁

再将文化想象成一体化的整体，在这个整体中，每个部分都要为维持一个有机的、自主的和永久的总体做出贡献。只有实践和观念的文化丛，一定的人类行动者在一定的环境中……在行动过程中，这些文化丛永远都处在不断的组合、解体和重组之中，在不同的声音中传达着群体和阶级的不同道路。①

倘使我们承认，以个体占有和最大化为基点的西方资本主义制度，并非人类社会发展的至善状态和终极目标，处于同一社会时空下的具有不同历史和文化的民族，能够选择不同的发展道路，那么，我们就真正需要"以一种'民族经济学'的视野，来进行理论的重构"②。

把西方化当作全球化有其深刻的历史原因。长期以来，西方人类学一直被一种父爱情结所笼罩，这和近代以降西方主导的资本主义扩张以及人类学学科的殖民起源有关。我们不仅可以从许多人类学的经典著作中体会到这种情感，还往往随着时间的推移，不自觉地被其潜移默化。人类学实践和研究的对象，与其说是处于自然状态下的原始人类，不如说是需要教化和呵护的孩提社会。我们的今天，就是孩儿们的明天。这种父爱情结源自西方文化中心论。然而，当今人们业已建立的全球性的交往结构，和西方文明刚刚开始扩张时相比，已不可同日而语。它已经把人类的命运紧密地联系在一起。人类学传统意义上的"他者"的边界已经模糊，必须经过重构，才能成为一个可供研究的"具有历史真实性的概念实体"③。

因此，所谓"民族经济学"的视野，不仅意味着在人类社会类

---

① [美]埃里克·沃尔夫：《欧洲与没有历史的人民》，赵丙祥、刘传珠、杨玉静译，上海人民出版社2006年版，第457页。

② 陈庆德：《人类学的理论预设与建构》，社会科学文献出版社2006年版，第242页。

③ [美]古塔·弗格森编：《人类学定位——田野科学的界限与基础》，骆建建等译，华夏出版社2005年版，第71页。

第七章 文化构成的物质实践 ◆◆◆

本质的整体实现中,各个民族和国家之间,存在着不同的发展道路和多样化的选择,还昭示着一个正在形成之中的多元一体、和而不同的世界,诚如哈贝马斯所言,这是"一个正在形成的世界性的社会的新的同一性"①。

---

① [德]尤尔根·哈贝马斯:《重建历史唯物主义(修订版)》,郭官义译,社会科学文献出版社2013年版,第86页。

附　　录

一　大事记年代表

1000 年以前	怀塔哈人在南岛生活的考古学证据。
16 世纪	那提玛牟伊人从北岛东岸霍克斯湾的纳皮尔迁入。
17 世纪	那塔胡人北岛东岸的贫穷湾和霍克斯湾迁入。
1642 年	艾贝尔·塔斯曼到访南岛西北海岸，登陆过程中和土著发生冲突，4 名水手丧命，放弃登陆。
1769 年	詹姆斯·库克首次到访北岛并成功登陆。
1829 年	第一个海岸捕鲸站在南岛保护湾建立。
1830 年	"伊丽莎白"号大屠杀。
1832 年	詹姆斯·巴斯比被任命为新西兰居民。
1835 年	《新西兰部落联邦独立宣言》签署。
1840 年	《怀唐伊条约》签署，5 月 21 日，霍布森宣布对新西兰拥有主权；5 月 30 日到 6 月 17 日，邦伯利一共征集到南岛 16 个氏族酋长的签名。
1844 年	7 月 31 日，王室向那塔胡人购买第一宗奥塔戈 50 万亩的土地。
1858 年	毛利国王运动。
1862 年	新西兰"土著土地法庭"成立。
1864 年	6 月 29 日，王室向那塔胡人购买第 8 宗斯图尔特岛 42 万英亩的土地。
1865 年	《土著土地法案》颁布。
1877 年	"威·帕拉塔诉惠灵顿主教"案，最高法院的大法官詹姆斯·普莱恩德加斯特宣布，《怀唐伊条约》不过是"一纸空文"。
1914 年	第一次世界大战爆发，毛利先锋营和澳新军团成立。

续表

1939 年	第二次世界大战中英国对德宣战，毛利二十八营成立。
1942 年	"毛利战时努力组织"成立。
1947 年	新西兰宣布独立，《怀唐伊条约》成为新西兰建国的基础性文件，条约签订日2月6日成为新西兰国庆日。
1970 年	奥克兰大学毛利学生联合会激进组织"战士之子"成立。
1975 年	毛利土地游行，成立怀唐伊特别法庭。
1984 年	7月，工党政府上台，着手进行新自由主义改革。毛利经济高峰会议在北岛罗托努阿召开。
1986 年	那塔胡部落领袖芮奇伊黑尔·陶首次向怀唐伊法庭以个人名义提出索赔。
1988 年	国会通过《国有企业法案》。
1991 年	怀唐伊法庭发布三卷本的《那塔胡土地调查报告》（WAI 27）。
1996 年	国会通过《那塔胡部落委员会法案》，那塔胡部落委员会成立。
1997 年	国会通过《那塔胡（婆纳穆特别保护权）法案》。
1998 年	国会通过《那塔胡部落赔付法案》，部落委员会接收王室赔付资产。
2000 年	部落委员会颁布《那塔胡2025》发展蓝皮书。
2002 年	9月，部落委员会批准实施《婆纳穆资源管理计划》。
2005 年	部落委员会中止发展公司的运营，"怀诺瓦"生计宝储蓄基金启动。
2010 年	部落文化产品婆纳穆的"共生发展模式"启动。

二　单线毛利宗谱（未考虑通婚）实例[①]

表1　　　　　单线毛利宗谱（未考虑通婚）实例

MYTH（神话）	Papatūānuku	地母
	Te Pō	黑暗
	Te Ao	光明到来
	Te PōTupu	
	Te PōRea	
	Te PōMarutima	

---

① Joseph Selwyn Te Rito, "Whakapapa: A Framework for Understanding Identity", *MAI Review*, 2007, Article 2, Page 7.

续表

MYTH（神话）	Te Uruehu		
	Tonga		
	Hahanui		
	Irakamaroa		
	Mahuika		
	Te Kaukaunui		
	Te Kaukauroa		
	Io Whenua		
	Te Ao Mātinitini		
	Tangaroa i te Rūpetu		
	Māui Tikitiki āTaranga		
	Te Wharekura		
	Uhengaia		
	Kuramoetai		
	Poutama		
	Whiro te Tipua		
	Whitiwhiti Rangimaomao		
TRADITION（口述传统）	Kupe		库珀
	Haunui āAparangi		
	Popoto		
	Tamawhetūrere		
	Rotupatu		
	Te Atihau		
	Te Awhirau		
	Rapa		
	PERIOD I Tamatakutai（1） = Rongomaiwahine = Kahungunu（2）	Kahukuranui	
		Rākaihikuroa	
		Taraia 1st	
		Te Rangitaumaha	
		Taraia-ruawhare（alias Taraia 2nd）	

续表

TRADITION （口述传统）	PERIOD II	Hinemanu	
		Tarahē	
		Tūterangi	
		Peke	
	PERIOD III	Rāmeka	
HISTORY （历史）		Hīraka	
		Tūtewake	
		Murirangawhenua	
		Aramata	
		Joseph	约瑟夫

资料来源：Joseph Selwyn Te Rito, "Whakapapa: A Framework for Understanding Identity", *MAI Review*, 2007。

三 莫卡蒂尼（Mokatini）农场田野调查笔记

2016年2月18日，按照那塔胡部落委员会和坎特柏雷大学那塔胡研究中心的安排，我们一行三人前往莫卡蒂尼农场进行调查。当时，那塔胡控股公司正在坎特伯雷平原的埃雷韦尔地区实施把林地改造成农场的项目，已有占地约2000公顷的6个农场在运营，莫卡蒂尼农场是其中之一。农场经理海米·道森（Hemi Dawson）负责则接待我们。

海米约三十几岁模样，个儿不高、披肩卷发，看上去短小精干、活力四射。从图阿回瑞毛利会堂到莫卡蒂尼农场不到20公里，乘车大约30分钟。海米热情而健谈，刚上车，他的话匣子就打开了：

——在路上——

海米：这个农场属于部落，有8000公顷。目前，大约有7500头奶牛、6000头肉牛，以及1500头1岁的幼牛和1400头2岁的幼

新西兰毛利人**那塔胡**部落的经济变迁

牛。因此,我们的奶牛是混合年龄杂交种。每头奶牛每天生产25升牛奶,大约合1.9个牛奶固体。在新西兰,我们出产牛奶固体,而不是液态奶。因此,我们饲养的奶牛生产高蛋白和高脂肪含量的牛奶。

笔者:你是哪里人?

海米:我和我的家庭来自图阿回瑞。这是图阿回瑞人的圣山(指着远处的山脉),这里是图阿回瑞的土地,在南阿尔卑斯山的山脚下。我所在的农场,叫作莫卡蒂尼农场。农场属于部落,也许将来有一天图阿回瑞氏族会买下它。那塔胡包括整个南岛各个不同的毛利氏族,我们有图阿回瑞,西海岸的那提维维,达尼丁的奥塔哥,莫拉基(Moeraki),凯尔波伊……

笔者:我知道那提维维,那里是婆纳穆的主要产地,我们计划明天去那儿。有多少人在这个农场工作?

海米:70人。是的,婆纳穆对那塔胡来说非常重要,像这个(向我们展示他胸前戴的婆纳穆挂件)。

笔者:他们都是那塔胡人吗?

海米:不是所有的工人都来自那塔胡,大约有20人是那塔胡。理想情况下,如果他们都是那塔胡,那将会是好事。但很显然,我们在这里开办了一所农业学校,名为塔皮埃尔瑞华,我们把年轻人训练成农场工人。他们免费接受培训,然后,培训完成我们给他们工作。因为农业技术性很强,你需要一些专业知识。培训需要一年。我们与林肯大学、塔皮埃尔瑞华和那塔胡部落委员会合作。所有的学生都是毛利人,是部落的一部分。他们要么选择一份工作,或者获得更好的资格——上大学。我的农场,有一个阿根廷人为我工作,两个那普伊人,来自北方的一个毛利部落。还有两个兼职工人,他们是图阿回瑞人,还有我侄儿。

笔者:你可以介绍一下把林地改造成农场的情况吗?

海米:好的。我们正在把松林变成农场,目前已经完成过半。因此,其中一半仍然是松树,还需要两三年,我们将拭目以待,看看有多少奶牛场。我们大概会有13个奶牛场和7个草场,草场将种植作物和冬季的饲料。

这是一片森林（指着车窗外）。当你种松树时，你只能种植三个周期。在新西兰，一棵幼苗需要20—25年的时间才能完全成材并砍伐。这片森林已经进入了松林的最后一个周期——离成材还有15年。但是中国停止了购买木材，木材的价格跌了，再种树就无利可图了。

一棵松树没有把任何东西放回系统中，它只是从系统中攫取。它带走了土壤中所有的能量，没有留下任何东西。土壤中没有有机物。基本上只有岩石，土壤失去了肥力。我们做的第一件事就是把农场盖上石灰。因为石灰是我们用来制造氮的东西。它会分解，让土壤充满活力。然后，我们不得不使用大量化肥，因为如果我们不及早采取措施，就不会有增长。它变黄是因为我们基本上是在河床上。没有有机物，没有土壤。（草场就不一样），当草在生长时，土壤也在生长。当草结籽死亡，你就会得到虫子、植物、动物和牛的粪便。土壤实际上也在生长。所以这里只有很少的表层土壤，因为松树把土壤中的一切都带走了。随着时间的推移，我们已经能够减少氮的使用，但我们从来没有能够完全停止使用它。

笔者：农场可以比林地赚更多的钱，这个工程也是巨大的。乳业的确是新西兰的传统产业。

海米：那塔胡农业——我们有那塔胡部落委员会——所以每个毛利会堂——像图阿回瑞有一个人，那提维维一个人，奥塔哥一个人，18个会堂18个人，他们围坐在一张桌子旁，他们是最高级别。然后我们的财富，我们的钱由那塔胡控股公司管理，我们的五家公司是旅游、渔业、房地产、资本和农业。农业是全新的，今年才开的新公司。我们曾经是那塔胡地产的一部分，那塔胡地产开始做农场，然后我们成为我们自己的公司。但是，我们仍然属于那塔胡控股公司。因此，这是一个慈善信托，那塔胡人是唯一的受托人。我在这里赚钱，部落就可以把钱花在发展上，例如健康、教育、奖学金、怀诺瓦。

笔者：你参加怀诺瓦储蓄计划了吗？

新西兰毛利人**那塔胡**部落的经济变迁

海米：是的。怀诺瓦，我存1元，部落给我1元。因此，因为我们的人民——那塔胡人——是穷人的代表，在监狱（犯罪率）、卫生、教育、失业等方面都是些糟糕的统计数字，毛利人是在底部。因此，这将有助于我们到达顶峰。我们属于最高层。过去我们曾经是的，但后来我们和英国人打了一场仗，我想最终还是他们赢了。

笔者：你有几个孩子？

海米：五个，我家有六个那塔胡人，包括我和我的五个孩子。

笔者：他们都多大了？

海米：8岁、6岁、4岁、2岁和6个月。

笔者：你真棒！

海米：两个农场（指着车窗外的草场）——农场花费很多钱——你知道他们是相当昂贵的。今年是我们开始经营这个农场的第一年。我们刚刚去了——我们进入了全国农业大奖赛的决赛。我们是全国三大农场之一，这是一个非常好的农场。从这里开始是我的农场（指着车窗外），这一边全是。我的农场有300公顷，是现有的七个农场之一。那塔胡把它们分解成更小的农场，以便更好地管理它们。草需要灌溉，一会儿带你们去看。这是办公室，我们先看看办公室。

——在办公室——

海米：整个农场都在这里，这是图纸。

农场面积304公顷。刚才我们从这儿开车下来，然后来到这里的办公室。我们开车经过那个正在浇水的喷灌枢轴。每个喷灌枢轴大约覆盖100公顷的土地（p1，p2，p3），每100公顷的土地又被分成14个围场（P1—1、P1—2……P1—14）。

奶牛在各个围场轮流放牧。在坎特伯雷，草生长的高峰期在11月，然后下降。现在2月和3月会有一个小高潮。11月是草生长最旺盛的时候，我们的奶牛同步产犊。目前，每头奶牛消耗18公斤的干物质，即草的含量减去水分。我们不测量草中的水分，因为水不是营养物质。每头奶牛能产奶20—22升，合1.6—1.7个固体奶。你们可以看到现在正在挤奶的850头奶牛。这个产季至今，我已经生产了28—29万个固体奶。我的目标是39万个牛奶固体，每头奶牛平均产448个。

如果我们一直看到5月底，因为5月——不像中国——这里是寒冷的月份，我们停止挤奶，因为所有的奶牛都怀孕了。因此，我们给她们一个月的假期来适应，保持健康，让她们为下个产季做准备。

笔者：产犊期是哪几个月？

海米：产犊期从8月下旬开始，8月、9月、10月，我们计划让所有的奶牛都生完小牛，以配合牧场草生长的最好月份。目前，我的农场的经营成本——我生产一个固体奶的成本是4.60元。每生产一个固体奶，我就赚77分。这在全国排名前三。

笔者：你们做的真不错！第一年就能赚钱。

海米：今年我减少了我的化肥使用。所以，这是我的肥料计划。化肥以氮为单位进行测量。这是农场经营的第一年。第一年，他们原来计划使用450单位的氮；第二年，计划使用490单位氮。但是，在我的管理下，我们使用了150个单位的氮。氮是你的边际利润，因为这需要很多钱。氮就是钱。因此，我所做的是从牛身上循环利用氮。所以我有一个污水处理系统连接喷灌枢轴，用废水向放牧过的草场施肥，废水主要是牛粪，这样，可以利用我的污水，并停止使用氮肥。这在新西兰并不常见，因为我们有这项技术覆盖整个农场。我可以把污水放在农场的任何地方。那塔胡为了这项技术投入了大量资金，我们能够更好地利用我们的资源。

笔者：污水直接喷灌，好像还是第一次听说，这是世界领先的循环经济。

海米：这里的每头奶牛都有数字耳标（digital ear tag），所有的奶牛都在这里。这是实时挤奶的奶牛。我可以看到每头牛。这是26号牛，这是40号，27号，我能看到她的整个家谱。她的法卡帕帕告诉我关于她的一切。她怀孕了，截至2月16日。她将于2016年9月18日生小牛。这是她的父亲，所以我可以了解她的整个基

新西兰毛利人**那塔胡**部落的经济变迁

因。这是她的繁殖价值。这个编码是她专有,她的血统来自一头高贵的公牛,是这头公牛的女儿的女儿的女儿所生。这个编码不是一个简单的数字。我可以看到她的交配历史。这些是她的交配历史,以及具体的授精日期。

我这样做的原因是要停止杂交。如果能够跟踪家族史,她的基因就不会太接近。因为我们有一支由大约50头公牛组成的种牛群,为整个新西兰的畜群服务。这个国家的所有顶级公牛都为新西兰的奶牛服务。这是奶牛实时监控,44号牛,我可以移走她,可以把她放到左边,也可以放到右边。我可以看看她,这是对她细胞数量的测量,对她的乳汁中白细胞的测量,当我们测量我们的牛奶时,我会展示给你们。这是细胞计数,这告诉我她奶汁中的白细胞含量。这给了我感染的迹象。如果这是高,例如在250—300,那么我的牛奶会被罚款。因此,我所做的是,通过技术监测白细胞数量,挑选出较高的细胞计数奶牛,并尝试做干预,这也帮我节省了很多钱。

如果要看别的信息,可以很方便地打开另一个屏幕。这是她产犊以来的日子,那是她挤奶的天数。这头奶牛已经挤奶167天,这是她的产量。这是衡量她产量的指标。她正在生产多少牛奶。显然,数字越高,她的产量就越高。当我去宰杀奶牛,取决于生育能力。如果奶牛没有怀孕——我的850头牛中,有90头没有怀孕,大概在10%左右。今年的全国平均水平是15%—20%。因此,我们今年(产犊率)比全国平均水平高出10%。我要做的是,这90头奶牛,我必须摆脱它们,因为他们明年不会有小牛,所以我们不能挤奶。奶牛有一头小牛,我们拿的牛奶本来是为小牛生产的,然后把它变成食物,然后送到中国。因此,这些奶牛要么被送到工厂,要么被送到屠宰厂。你得到这个数字越小,你需要剔除的奶牛就越多。每年,20%的奶牛被小牛所取代。因此,有小牛的奶牛,有一个良好的家谱,和良好的遗传基础。今年我挑选大约150头小牛进入系统,这90头从系统中剔除。

我想做的是我的分娩狂欢(revel),我的分娩狂欢从七月底开始一直到十月底，大约有 12 周的时间。这就是产犊期，我能做的越短，对公司就越有利。因为多喝几天牛奶更好，那也是你能赚钱的地方（产犊期短产奶期就长）。所以我今年所做的就是把产犊期压缩到 10 周。为了更多的钱和更好的选择。当母牛生完小牛后，有 4—5 周的挤奶时间，然后我们试着让它们重新怀上小牛，因为怀孕需要 270 天，就像人类一样。你给它们的时间越长，从它们生小牛到我们把它们放回去交配，时间越长越好。如果你的产犊期过长，那么你就会有更多的排空，你的奶牛的健康也会出现问题。所以当我接手这个农场的时候，我改变的最主要的事情就是，我把产犊期压缩得更短了。

笔者：降低氮的使用、提高产犊率、缩短产犊期，这是你赚钱的关键。

海米：那塔胡的价值观都挂在墙上。我们要做的就是把部落的价值观融入我们所做的一切。最重要的事情，就是健康和安全。每天早上，我所有的员工来上班，我们有一个关于安全的会议。我今天在这里写了"访客"，大家都知道我们会有访客，就是你们。我们称之为启动会议，在我们工作之前，我们会先开会。在农场工作需要保持高可视性，当我们在农场周围开车时要系上安全带，任何时候都要戴上头盔。今天我们还有一个学生在农场，名叫克里斯蒂安（Christian）。这事关人们的安全。另外一个就是培养人才，培养领导部落的人才。不仅仅是挤奶工和工人。而且是要成为部落的下一任领导人。最重要的两个价值观：人和土地。

我们刚才讨论过氮的使用，减少化肥的使用。大概是这样。在日常的耕作中，农场分为若干个围场，每个围场都有编号。这是我们在这里使用的系统，目前我们处于 35 天的轮换周期。畜群分成两拨，在这个轴上有 300 头牛，这个轴上有 550 头牛。如果在 11 月，草生长最旺盛的时候，轮完所有围场只需要 19 天。在冬季，我们需要 70 天。

这是我们用的一个数学方程。举个例子，这是 100 公顷，这个喷灌轴覆盖的面积，如果我在做一个 100 天的循环，那是在冬天，那么奶牛每天就可使用 1 公顷的草场。然后我用这个仪器测量我走路时的草。如果我打开它，在这里找个位置，然后我走到围场，测量草地，它会告诉我围场里有多少千克的草地，它也会告诉我草地的生长速度。牛吃草的量和草的生长速度决定了在这个喷灌面积下放牧的天数。我用电脑程序，这是我的农场，这是我的草。这就是我的草楔（grass wedge），这些都是我的农场的干物质的测量。四个围场，这个围场是 6.1 公顷，每公顷有 3200 千克的干物质。这是最后一次测量的数据，这是草的生长速度，100 千克/天。我的饲料是 10727 千克。我这样做，它会告诉我随着时间的推移农场发生了什么。这张照片是 1 月底拍的，这是大约两天后拍的，这个是最新的，你可以对农场的表现有所了解。看下面这个，这是我的增长率。如果我做一个类似的方程——如果草每天长 70 千克，我需要算出奶牛的需求是多少。

假设我有 300 头牛，每头牛每天需要 16 千克饲料，草的需求量是 4800 千克/天。我把它分成两部分，因为我让它们早上挤奶，下午挤奶。这就是我分配给每次挤奶放牧的量，结果是 2400 千克。如果我需要草场保持 3000 千克的草量，每次放牧牛群只吃到我们所说的 1500 千克——它们把另外 1500 千克留在那里。我要做的是算出目前的增长率，这个围场需要多长时间才能达到 3000 千克，这将决定我的轮转天数。1500 除以 70 得到的天数，需要 21 天。我把农场面积除以 21 天。100 公顷除以 21，得到 4.76 公顷。4.76 公顷基本上相当于每天半个围场。我们把它分成四份，早上、下午、早上、下午，所以它给了我每个围场放牧两天的时间。这就是如何计算和分配放牧的轮转时间。

一头奶牛需要其体重的 4%（的草量）来产奶并维持体重，输入和输出的能量需要平衡。能量是由体温释放的，这是一种测量。所以奶牛在寒冷的天气里需要更多的食物，就像在寒冷的时候一样，你需要吃更多。我们要做的是测量草的质量。随着草的生长，草变得越来越长而失去了能量。草实际上可分成四种饲料：复合饲料、多汁饲料、粗饲料和青贮饲料，青贮饲料是冬季饲料。当草生长时,所含能量最高值是长到4片叶子的时候。之后,草的质量就会下降。我可以开车送你们去围场,让你们看一些好草。草的质量越好,产奶量就越高。牧草品质越差,产奶量越低。这取决于奶牛消耗、消化和生产牛奶所需要的能量。牛真的很相似。你给她吃的草质量越好,你从她身上挤出的牛奶质量就越好。

笔者:精准放牧,在使用污水喷灌的情况下,减少了多少化肥的使用?

海米:这是我一整年使用的化肥量。包括不同的化肥,这是超硒的,这些是氮、磷和钾。如果我从八月开始回顾一整年。这是我从八月到今天的化肥使用量。正如你所看到的,草生长的高峰期化肥用得比较多。在冬季这两个月里,我减少了150吨的用量。因为我让奶牛放慢了节奏,这样节省了不少钱。

我们正在做一项农业研究,他们从我的土壤中提取样本,告诉我缺少什么矿物质。它通常是相同的,一年又一年。这是我的屏幕报告。正如你所看到的,我所有的施肥都用GPS定位系统,这些弯弯曲曲的小线条是一辆肥料车,开着到处跑,我可以观察它一直在做什么,看看它是否完成了任务。

例如,这里的三个围场,已经三个月没有施肥了。那些蓝色的,在2月10日施过一些肥。那些红色的,10号也施过一些。我自己记录下每件事,以便了解哪些围场表现得更好,哪些表现得不好。因为有些围场比其他围场更肥沃,草生长得更好。我们这里用的是不同种类的草,三叶草、意大利黑麦草、农业黑麦草和一年生黑麦草。看看我们使用的矿物质,这些是我的屏幕报告。这是我一直在用的东西和我一直在用的矿物质。一般来说,我主要使用氮,我用了30.52千克/公顷的氮,我放了一点磷,不是太多,我还放了一点硫。

笔者:这六个农场都赚钱吗?

海米:没有,不是所有的农场都能赚钱。在这些农场中间,莫卡蒂尼是最好的。每生产一个固体奶,我要赚77分。马路对面的那个农场,每生产一个固体奶可以赚65分;还有这一个,每生产一个固体奶，可以赚 32 分，只有三个农场在赚钱。下面这个农场每生产一个固体奶，要亏 1.5 元，另外两个农场，一个亏 44 分，另一个亏 25 分。

这与地点无关。我们（莫卡蒂尼）的地点实际上是最差的。这完全是因为管理，所以你必须了解你的农场。我们在这里遇到的问题之一，就是那些卖给我们产品的人给我们提供的建议。那个来给我做土壤测试的人，为这些人工作，他们卖产品给我们。所以他建议说，到今天这个时候，我应该用 250 升的氮。我不看，但他还是把报告发给我。

有些人听他们的建议，有些人不听。我是不听的人之一。如果我按照他说的去做，我会用那么多，但我没有，我只用了 150 升的氮，几乎减少了一半。现在我们讨论的问题是我的模型是不是一个可以向前发展的最佳模型。我想做的是在草的生长高峰期利用我的氮，我试着从肥料中得到最好的反应，所以早期我用得很少。

笔者：精准施肥。

海米：我在这里做的另一件事是安装了 Aquaflex（土壤监控传感器），那是我安放在地下的硬件。这些是我的传感器读数。这是测量土壤的湿度和温度。现在，我的土壤温度是 21.80 度。当土壤温度在 20 度左右时，施肥能产生 90% 的反应；在 13 度以下施肥，只能产生 50% 的反应。因此，我的施肥高峰与最高反应率不谋而合。其次，这是我的湿度探测器。你看到这里有两条线，这就是我们所说的补给点。这是我的现场容量（field capacity）上限。现场容量是指土地在不淋洗的情况下能够处理的水量。如果我给草浇水过多，营养物质就会流过根部而被浪费掉。然后它被过滤，变成了污染。通过使用这项技术，可以使污染减半。它还告诉我最佳的加水速度。正如你们所看到的，现在达到了现场容量，最高湿度在这条线上面，所以我关掉了喷灌枢轴，等它再次回到底部。在接下来的几天里我会观测它，当它到了这里，我又把喷灌打开。我要做的是，像开车一样，尽量保持土壤湿度在轨道内，这样我就能利用我的水和氮。如果我过量喷水，我的营养物质就会被浪费，变成污染。这些都是我的围场。如果我不想给围场浇水，我可以关掉。所以我可以去围场——比如这里的这个——如果我想的话，我可以把它晾干，然后把水去掉。看，我现在已经把那里的水关掉了。如果我切青贮饲料，我不想让所有青贮饲料都被弄湿，我就会把它关闭，不会给围场浇水。每个喷嘴都带有独立的传感器。它是令人惊异的，当有牛经过的时候，它会自动关闭，牛走开时，它们会重新打开。我们目前正在进行研发，试图让湿度传感器与喷灌枢轴相连。这是我们正在努力做的一件大事。这样地面就会告诉喷灌，自动控制草地的淋水量。目前，我必须建立数据并完成所有这些工作。我正试图让做 Aquaflex 的人与那些做这个的人谈谈，来提出一个新的系统。我们出去看看农场好吗？

笔者：好的。

——在农场参观——

海米：看，牛奶进来了。这里的每个人都戴着手套，因为每当我们挤牛奶的时候，我们就不再是农民，而是食品生产者。我们只有质量保证的牛奶，没有坏牛奶，没有等级，没有细菌，我所有的牛奶都是100%品质保证的牛奶。当它进入系统时是热牛奶，当它离开系统时是冷牛奶。

我喝的所有的牛奶都从这里带回家，你知道我有五个孩子。这里喝的是生牛奶，这是4%的脂肪。你在商店里买的牛奶都是烤出来的。他们把奶油和黄油拿掉。当你把牛奶拿出来静置时，液面上会漂浮一层奶油。

所有（操作）都是精确跟踪和耕作。我有一些不同的系统。我可以跟踪我的液态牛奶，牛奶固体百分比，丙氨酸，脂肪等。这些都是我使用的测量仪器。精准农业和互联农业是两大系统。我利用所有的技术给我提供信息，以便决定如何最好地经营农场。我可以在手机上完成所有这些工作。

笔者：一部手机就可以完成所有工作，效率很高啊！这些是甜菜吗？

海米：是的。今年我种植饲料甜菜，它就像糖用甜菜，以备冬

新西兰毛利人**那塔胡**部落的经济变迁

天使用。就是在刚才来的路上看到的蔬菜。这种甜菜能量高、可溶性糖分高。它基本上是纯能量。我们用这个来作为奶牛冬天的饲料而不是草。但使用这种作物的问题是，奶牛如果吃得太多，会引发酸中毒而死亡。因而使用这种饲料需要很高水平的管理，你必须真正准确地分配饲料。我准备在这里每公顷种植20吨，总量有130—140吨的饲料甜菜。我对这种作物很满意，因为它长得相当不错。

看，喷灌枢轴正在工作。显然，喷灌枢轴的背后需要做更多的工作，覆盖更多的区域。喷灌的数量取决于它们喷洒所覆盖的区域的土壤状况。我在追求草场的质量，这是实施良好的耕作和获得高产的原因。你看，草的质量真的很好，它是绿叶的，这使得它很容易被奶牛消化。

这些是我的公牛，是我用来完成人工配种时使用的。我们养的奶牛都是从全国比例最高的公牛进行配种繁殖的。对于剩下的，我用这些泽西公牛的比例很小。如果我不养小牛的话，我想使母牛的分娩过程尽可能容易，小一点的小牛可以对此有所帮助。

我的农场里有几个薄弱的区域，水不能渗透下去，我需要穿过水屏障让草生长，这要把土壤整个儿翻一遍。这是因为当我们把林地转成农场用地时，有些地方是燃烧堆，水不能渗透。我们改变土地用途时，他们把所有的树桩堆在一起燃烧而形成的。它们几乎就像一个平底锅罩在土地上，草长不出来。所以我们正在撕开这些平底锅，这样水就能渗透下去。

看这里，这是昨晚的奶牛吃过的草地。那是它们今晚要去的地方。这是放牧后的草场，那是放牧前的草场。这些就是喂养奶牛的优质草，是好的绿叶。那部分不好，那部分好，但它们是同一种植物。我在这里种植了很多三叶草，三叶草会把氮放回到系统中，因为它有很多的韵带区。它会使你的草长得更长，你的土地更肥沃。所以我们把它归类为多汁植物，含水量高，易于消化，富含可溶性糖，不含粗纤维。

这是关于质量的目标定位，我们正在找出薄弱的区域。

我将带你们快速浏览一下整个农场，以便了解整个开发的规模。

我现在说的是利用氮，而不听那些试图卖东西给你的人所说。这是一个常识性的问题，如果你去商店，你应该买多少啤酒，卖啤酒的人会说你需要10箱啤酒，我认为这是很愚蠢的。我会给你看一些没有施肥的围场，然后让你明白，什么时候是一个围场开始缺肥，什么时候你需要限制施肥。

笔者：哈哈，卖啤酒的人要赚很多钱，他们只关心自己能赚多少钱。

海米：是的，如果我这么做就很愚蠢。

从这里开始，这一边已经没有肥料了。这些是我在地图上给你看的三个围场。如果你仔细观察，你会发现它是绿色中泛黄色的地块。这是一个迹象，表明围场在下次放牧前需要施肥。但现在施肥没有意义，因为我想让奶牛吃那草。奶牛在那个围场放牧后，我会马上给它施肥，然后给它整整35天的生长时间。如果我现在施肥，进入系统的氮四天后就用不上了。然后奶牛会吃掉它，围场会仍然缺肥。所以我要做的就是先把它放牧，一旦放牧了，在草被牛吃掉之后，我马上给它施肥。你可以看到这里什么都没有，但它的确需要一些东西。

这有点像我们以前讨论过的，正如把你的手指搭在脉搏上，要盯着农场出现的每个变化。最好的农民总是在农场里，眼睛盯着每一处变化。即使我的农场里有顶尖的管理人员，我依旧每天都在农场里。我喜欢工作，如果我和我的员工一起挤牛奶，我就能从他们身上得到更多，我也能在外面嫁接和铲土，我也喜欢那种工作。

这是我为青贮饲料而割草的围场之一。这个围场草长得太快。所以，当到了放牧的时候，草已经变得太老，正像以前我们所看到的一样，已经过了四片叶子的生长周期。我们以前有的草在质量开始下降之前，正处于最佳喂养阶段，可以得到最好的牛奶。这里已经割过了，所以草的质量会变得好很多。

这些是我做过的一些事情。以前这里都是大水潭，我用挖土机把它们挖开，现在你可以看到，水已经渗下去了。三年前，这里还

新西兰毛利人**那塔胡**部落的经济变迁

是一片松树林。我们是站在森林里,并且开车穿过森林。我要做的就是带你快速乘车,看看我们在新农场上所做的工作。松树吸收了土壤中的一切。经过三个周期,75年的持续生长,你不能再继续第四个周期,因为你必须做一些事情保存地力,使土壤活着。

我们将有一个那塔胡的品牌。我们在这里真正想要创造的是一个品牌,因为我们需要拥有自己的空间。我们只是把牛奶送出大门,和它说再见,还是把牛奶变成高价值的产品。我认为我们需要研究是否可以为该产品增加价值,而不是仅仅在门口说再见。我们可以打上它的品牌。我认为那塔胡有一个好名声,我们有机会把这个品牌做大、做得更好。

笔者:这是一个好主意!那塔胡还有其他产品,都用那塔胡作为品牌。

海米:这是另外一个农场,叫作蒂木蒂木,是我们开发的第四个奶牛场,已经有两年了。

这是我们的蓄水池,是我的灌溉水池,可以储200万立方米的水。每个农场都有一个灌溉水池,我们还可以进行水产养殖。我的农场需要每秒取水200升,在一分钟内,我们将取水60×200升。

笔者:是通过降雨来储水吗?

海米:水源不是降雨,而是从怀马卡瑞瑞河里(Waimakariri)取水。在农场的整个开发中,我们大约规划了40个这样的水池。我们在这里所做的是那塔胡发展的一部分。我们从事奶牛养殖的主要原因之一是用水有保证。这是一件大事,我们获得了水权,这是我们现在所做工作的主要原因。随着时间的流逝,水将成为真正的资源之一。我们已经为整个地区争取到了水权,所以可以不断取水。每年汛期我们不取水。因此,我们可以全天候实施灌溉。当水被浪费时我们蓄水。我们有能力储存这些水量,因此我们能够一直耕种,并且拥有扩大生产规模的潜力。这是我们将林地转变为农场的主要原因之一。

这是另一个畜棚。所有的畜棚都是标准化的,这样我们才能(在不同农场之间)交换人员和设备。这是一个效率更高的系统,而不是建设不同类型的棚子。我们对怀卡托挤奶系统进行了大量投资。

笔者：是和泰努伊部落一起进行的那项投资吗？

海米：是的，我们与泰努伊合作，我们购买了怀卡托挤奶系统，我们还购买了 Go Bus（长途客运公司）。部落希望与其他部落合作，以整体推进毛利人（经济），不单单是我们自己的部落，还有所有其他部落。因此，泰努伊和那塔胡希望一起做生意。

那塔胡在这里修建了这条水渠，从怀马卡瑞河里取水，就是在我们旁边的那条大河。今年我们刚刚完成它的升级。我将引导你们了解整个开发规模。所有这些都是那塔胡的，我们的两边，一路下来。

沿运河的 V 形状是人工创造一个减缓水流的下降。因为如果你一个洪峰下来，你必须关闭水，它会流得到处都是。因此，必须减缓水流，并停止它。因为水是从一个大瀑布上下来。从我的农场到我们要去的地方，有 100 米的落差。这里比我们要去的地方高 100 米。因此，有 100 米的下降，一路向下的发展。在每个下降阶段都需要减缓水流，以便它不会因压力太大而爆发。

这些是我们的肉牛，拿去做牛排汉堡。左边这个编号是农场 6，是最近才建成的一个农场，这是它进行挤奶生产的第一年。

上周我和其他农场经理谈过了。你知道，这可能是和某些人进行的相当困难的谈话，它并不总是理想的。如果你聘请一个经理，你需要让他们管理，有一个激励他们去尽力解决一些问题的机制。

你不能失去一百万美元，并期望继续。这是商业的现实，而不是个人问题。有些人显然会把它当成个人的问题。他们认为有些人可能是在践踏他们的玛纳，这只是任何企业的现实。它就像一个坏苹果，你要把坏的部分切掉。

作为部落也是这样，这是一个属于部落的农场和属于部落的钱。每损失 1 元，我们就少用 1 元。提出一个计划和是否有能力执行这个计划，两者之间有很大的区别。有些人还很年轻，他们实际上不知道生产任何东西要花多少钱。他们不知道，他们不会有想法的。

我一直在试图选择。我和那塔胡在一起已经很久了，我一直在寻找更大的机会。如果我得了这个奖，他们可能都是突然冒出来的。我可能会来中国找份工作，和你们一起工作。

笔者：哈哈，欢迎！带着你的孩子们和家庭一起来。

海米：这些是我们冬天的庄稼。所以，当我需要庄稼的时候，我会来这里。这是森林的网格。我们把一切都网格化了，网格之间要么是燃烧桩，要么是庄稼。如果你两年后回到这里，所有的森林都将消失。虽然它们都还很年轻。我们有一台机器，可以切割和剥去它们，把它们堆起来。然后把它们分级，有些会用来制作栅栏柱，有些会加工成体面的木材，有些将被切碎。也许它们大多数根本不值钱，不值得带走。我们最好在这块土地上生产10年的牛奶，而不是种植松树。

左边是我们最新的农场，农场13，明年将开始进行挤奶生产。我们现在仅仅完成了基础设施，喷灌系统已经进入，畜棚正在做，就在那后面。从头建立一个农场，需要2000—2500万元，新西兰有非常好的建设标准。当土地整理得看起来像一堆泥土和燃烧桩，开发人员进来建设农场。然后，它会先被用作干饲料堆场一年。当干料用完后，它就会被移交给我们，我们接管它，把它完全准备好作为奶牛场。

这里是农场14、15和9，三个大农场，你可以看到远处的棚舍和奶牛。与其他农业企业相比，如 Landcorp，甚至 Crafar 农场和其他大型农场，我们的真正独到之处是，所有农场都在同一地区，气候相同，奶牛和生产系统也相同，因此，我们可以简化我们的生产线。所有这些都是相同的，我们可以非常有效地彼此进行对比和测试，没有理由让一个农场比其他农场做得更好。我们只是一个年轻的农业公司，所以我们尝试找出最好的（经营）模式。首先，部落很高兴我们在做什么。我们没有破坏环境，我们没有辜负那塔胡对社会、环境和文化的所有价值观，这是我们的三条底线。然后我们努力去达成第四重目标，即经济（意义上）的成功，但这还不是全部和结束。你现在发现，如果我去图阿辛毛利会堂，就像我见到你的那天，我说："嗨，我们今年已经赚了1亿元"，真的不是在骗人。他们想知道他们的孩子做得怎么样，我们的族人接受了多少教育。因此，更多的是关于人的发展。

笔者：是的，为部落赚钱。经济成功、文化成功、保护环境和人的发展四个目标。

海米：这里是我们的开发中心，所有的机器都在这里留给开发人员进行开发和测试的地方。

这里的庄稼是我用来过冬的，这也是饲料甜菜。

今天我刚从惠灵顿回来，在那里我和国会的部长在一起，农业部长，我刚刚进入国家农业奖的决赛。昨天，我在国会待了一天，被带着到处参观。今天早上刚回来，还有一张我捧着奖杯的照片，这是我们三个代表那塔胡农业的经理，这是我们当地的议员，这是我的一个男孩。如果我赢了，我会受到像你们这样的公司的追捧。

笔者：是的，你和你的农场会变成明星。

海米：这是公司业务，只有一条路可走。我更希望为部落工作。我对部落的发展非常有激情。这家公司真的是在这里赚钱，而且也有道德倾向。赚钱和合乎道德地生产牛奶，真的，这里就是"印钞机"，正在创造财富。

笔者：说得好，赚钱和合乎道德地生产牛奶。

海米：本质上，我赚钱为了部落可以把钱花在部落发展上。像图哈回瑞氏族从控股公司获得报酬，以一定比例的股息投资那塔胡人。他们用这些钱建造了新的会堂，他们也用它来寻找投资，或者他们可能想买一个农场。我宁愿站在花钱的一方，因为它是一个慈善机构。

这水是生命的血液，莫里（Mauri），它给土地带来生命，它使土地活起来。这对我们来说非常重要。我们的谚语是"如果土地和水是持久不变的，那么人们就能够维持下去"，水、土地和人都得以维系。我认为那塔胡人是特别的人，我很高兴你们正在研究我的族人，不仅是经济上的，而且是文化上的成功。

新西兰毛利人**那塔胡**部落的经济变迁

笔者：是的，那塔胡是一个成功的故事，不仅是经济上的，而且是文化上的。

海米：这是分为三个阶段的废水处理系统。它来自关养牲口的畜棚，那是我们唯一能搜集污水的地方。然后，污水通过沙坑过滤，滤除石头和固体。经过过滤后的污水最后流入污水池，成为以尿素为基础的氮废水，再用水泵泵回农场的旋转喷灌系统，供农场使用。这是我在 11 月减少氮气使用时的补充。整个冬天会有 120—130 吨氮废水，只要我想要，就一直持续会有。

笔者：谢谢你的介绍！你的农场经营得很好，谢谢你花时间带领我们参观。

将近三个小时的参观和介绍结束了，海米的侄子送我们回去。

回去的路上，路的两边依旧是辽阔的草原和牧场。蓝天白云下，牛群一边悠闲地踱着方步，一边尽情享受着海米为它们精心准备的美食。此情此景，蓦然想起库克船长最初在北岛登陆时看到的景致，不禁令人感慨万千：

> 山顶和山脊大部分是光秃秃的，除了蕨类植物外，几乎什么都不长。山谷里的众多小山坡上却青翠繁茂，到处散布着土著人的小种植园。土壤看起来轻而多沙，非常适合种植各类块茎植物，但是只看到甘薯和山药。他们把树木种在圆圆的小山坡上，在那儿有好几英亩的种植园，大部分都很整齐，而且许多都用低矮的栅栏围起来，应该是作装饰用。[1]

---

[1] Canon Stack, *South Island Maoris*, Whitcombe & Tombs, Christchurch, Wellington, Dunedin and Auckland, 1898, p. 108.

参考文献

一 中文著作及论文

陈庆德：《经济人类学》，人民出版社 2001 年版。

陈庆德：《人类学的理论预设与建构》，社会科学文献出版社 2006 年版。

陈燮君主编：《毛利 A-Z》，译林出版社 2011 年版。

邓晓华：《从语言推论壮侗语族与南岛语系的史前文化关系》，《语言研究》1992 年第 1 期。

费孝通：《费孝通九十新语》，重庆出版社 2005 年版。

弗里德里克·巴斯：《族群与边界》，高崇译，周大鸣、李远龙校，《广西民族学院学报》（哲社版）1999 年第 1 期。

姜德顺：《"第四世界"论说源流及浅析》，《世界民族》2011 年第 3 期。

马良灿：《实践理性抑或象征理性》，《社会科学》2013 年第 3 期。

陶文绍：《全球资本主义的第四世界》，《科学社会主义》2007 年第 5 期。

王铭铭主编：《20 世纪西方人类学主要著作指南》，世界图书出版公司 2008 年版。

许章润：《无主土地：一个法律神话》，《读书》1999 年。

杨中新、钟若愚：《新西兰毛利人起源于中国》，《深圳大学学报》2008 年第 5 期。

张光直：《中国东南海岸考古与南岛语族起源问题》，《南方民族考古：第一辑》，四川大学出版社 1987 年版。

赵晓寰、乔雪瑛：《新西兰：历史、民族与文化》，复旦大学出版社2009年版。

周歆红：《西方人类学产权研究的三种路径》，《社会学研究》2016年第2期。

［德］德特勒夫霍斯特：《大哲学家的生活与思想——哈贝马斯》，鲁路译，中国人民大学出版社2010年版。

［德］恩格斯：《家庭、私有制和国家的起源》，人民出版社1999年版。

［德］恩斯特·卡西尔：《神话思维》，黄龙保、周振选译、柯礼文校，中国社会科学出版社1992年版。

［德］格尔哈特·施威蓬豪依塞尔：《阿多诺》，鲁路译，中国人民大学出版社2008年版。

［德］哈贝马斯：《重建历史唯物主义（修订版）》，郭官义译，社会科学文献出版社2013年版。

［德］康德：《实用人类学》，邓晓芒译，上海人民出版社2002年版。

［德］马克思：《1844年经济学哲学手稿》，人民出版社2000年版。

［德］马克思：《资本论》（第1卷），人民出版社2004年版。

［德］舍勒：《人在宇宙中的位置》，李伯杰译，刘小枫校，贵州人民出版社1989年版。

［俄］埃瑞克·G. 菲吕博腾（Eric. G. Furubotn）、斯韦托扎尔·平乔维奇（Svetozar Pejovich）：《产权与经济理论：近期文献的一个综述》，［美］罗纳德·H. 科斯等：《财产权利与制度变迁》，刘守英等译，格致出版社、上海三联书店、上海人民出版社2014年版。

［法］爱弥尔·涂尔干、马塞尔·莫斯：《原始分类》，汲喆译，渠东校，上海人民出版社2000年版。

［法］卢梭：《论人类不平等的起源》，吕卓译，中国社会科学出版社2009年版。

［法］路易迪蒙：《论个体主义——对现代意识的人类学观点》，谷

方译，上海人民出版社 2003 年版。

［法］马塞尔·莫斯：《礼物——古式社会中交换的形式和理由》，汲喆译，上海世纪出版集团 2005 年版。

［法］莫里斯·古德利尔：《礼物之谜》，王毅译，上海人民出版社 2007 年版。

［美］阿尔弗雷德·W. 克罗斯比：《生态扩张主义》，许友民、许学征译，林纪焘审校，辽宁教育出版社 2001 年版。

［美］埃里克·杰伊·道林：《利维坦——美国捕鲸史》，冯璇译，社会科学文献出版社 2019 年版。

［美］安格斯·伯金：《伟大的说服——哈耶克、弗里德曼与重塑大萧条之后的自由市场》，傅瑞蓉译，华夏出版社 2014 年版。

［美］古塔·弗格森编：《人类学定位——田野科学的界限与基础》，骆建建等译，华夏出版社 2005 年版。

［美］马歇尔·萨林斯：《历史之岛》，蓝达居等译，上海人民出版社 2003 年版。

［美］马歇尔·萨林斯：《石器时代经济学》，张经纬等译，生活·读书·新知三联书店 2009 年版。

［美］马歇尔·萨林斯：《甜蜜的悲哀》，王铭铭等译，生活·读书·新知三联书店 2000 年版。

［美］迈克尔·赫兹菲尔德：《人类学——文化和社会领域中的理论实践》，刘珩、石毅、李昌银译，华夏出版社 2008 年版。

［美］《人类学——文化和社会领域中的理论实践》，刘珩、石毅、李昌银译，华夏出版社 2008 年版。

［美］萨林斯：《文化与实践理性》，赵丙祥译，上海人民出版社 2002 年版。

［美］威廉·福克纳：《人类精神的煎熬与劳苦》，刘启云等编译，《诺贝尔奖金获得者演说词精粹》，中国大百科全书出版社 1994 年版。

［日］本多俊和：《原住民运动十载回顾——合作与纷争》，《中国农业大学学报》（社会科学版）2007 年第 4 期。

［新］菲利帕·梅因·史密斯：《新西兰史》，傅有强译，商务印书馆2009年版。

［新］琳达·T. 史密斯：《构建研究能力：新西兰毛利人的案例》，《北京大学教育评论》2008年4月第6卷第2期。

［新］毛伊·赫德森：《从全球着想，从本地着手：集体同意与知识生产的伦理》，李萍译，《国际社会科学杂志》（中文版）2010年第2期。

［匈］卡尔·波兰尼《巨变——当代政治与经济的起源》，黄树民译，社会科学文献出版社2013年版。

［英］C. A. 格雷戈里：《礼物与商品》，姚继德等译，云南大学出版社2001年版。

［英］埃文斯·普理查德：《努尔人——对尼罗河畔一个人群的生活方式和政治制度的描述》，褚建芳等译，华夏出版社2002年版。

［英］艾伦·巴纳德：《人类学历史与理论》，王建民、刘源、许丹译，华夏出版社2006年版。

［英］弗里德里希·奥古斯特·冯·哈耶克：《通往奴役之路》，王明毅、冯兴元等译，王明毅、冯兴元译，中国社会科学出版社1997年版。

［英］赫伯特·乔治·韦尔斯：《世界史纲——生物和人类的简明史》（上卷），吴文藻、谢冰心、费孝通等译，广西师范大学出版社2001年版。

［英］雷蒙德·思：《人文类型》，费孝通译，商务印书馆2010年版。

［英］罗伯特·莱顿：《他者的眼光：人类学理论导论》，罗攀、苏敏译，华夏出版社2005年版。

［英］马林诺夫斯基：《西太平洋的航海者》，梁永佳等译，华夏出版社2002年版。

二 英文著作及论文

Alfred Saunders, *History of New Zealand*, Whitcombe & Tombs Limited., Christchurch, Wellington, Dunedin, 1896.

Andrew Sharp, *Justice and the Maori*, Oxford University Press, 1990.

Apirana Ngata, *The Treaty of Waitangi An Explanation*, *Te Tiriti o Waitangi*, *He Whakamarama*, 1922.

Awatere, Donna, *Maori Sovereignty*, 2004.

Beck, J. R. and Mason, M., *Mana Pounamu: New Zealand Jade*, 2nd ed. Auckland: Reed, 2002.

Brailsford, B., *Greenstone Trails: The Maori Search for Pounamu*, Wellington: Reed, 1984.

Canon Stack, *South Island Maoris*, Whitcombe & Tombs, Christchurch, Wellington, Dunedin and Auckland, 1898.

Claudia Orange, *An Illustrated History of the Treaty of Waitangi*, Wellington, 2004.

Codrington, R. H., *The Melanesians: Studies in Their Anthropology and Folklore*, Oxford: Clarendon Press, 1891.

Edmund Bohan, *Climates of War: New Zealand Conflict 1859–1869*, Hazard Press, Christchurch, 2005.

Edward Shortland, *The Southern Districts of New Zealand*. London, Longman, Brown, Green and Longmans, 1851.

Elizabeth Rata, "The Theory of Neotribal Capitalism", *Review (Fernand Braudel Center)*, Vol. 22, No. 3, 1999.

Fredak. R. Chapman, *The Working of Greenstone by the Maoris*, Printed by Geo. Didsbury at Government Printing Office, Wellington, 1892.

Hill, *Māori and the State: Crown — Māori Relations in New Zealand/Aotearoa 1950–2000*, Wellington: Victoria University Press, 2009.

Hill, Richard, *State Authority, Indigenous Autonomy; Crown-Maori*

Relations in New Zealand/Aotearoa 1900 – 1950, 2004.

Jane Kelsey, "Maori, Te Tiriti, and Globalization", *Waitangi Revisited, Perspectives on the Treaty of Waitangi*, (eds. M. Belgrave, Merata Kawharu, David Williams), Oxford University Press, 2005.

Janine Hayward and Nicola R. Wheen edited, *The Waitangi Tribunal*, Bridget Williams Books, NZ., 2004.

Janine Hayward & Nicola. R. Wheen (edited), *The Waitangi Tribunal*, Bridget Williams Books Ltd., 2004.

Joseph Selwyn Te Rito, "Whakapapa: A Framework for Understanding Identity", *MAI Review*, 2007, Article 2.

Kevin Hindle and Michele Lansdowne, "Brave Spirits on New Paths: Toward a Globally Relevant Paradigm of Indigenous Entrepreneurship Research", Léo-Paul Dana, Robert B. Anderson edited, *International Handbook of Research on Indigenous Entrepreneurship*, Edward Elgar, UK&USA, 2007.

Leo-Paul Dana, "Toward a Multidisciplinary Definition of Indigenous Entrepreneurship", Léo-Paul Dana, Robert B. Anderson edited, *International Handbook of Research on Indigenous Entrepreneurship*, Edward Elgar, UK&USA, 2007.

Léo-Paul Dana, Robert B. Anderson edited, *International Handbook of Research on Indigenous Entrepreneurship*, Edward Elgar, UK&USA, 2007.

Marett, R. R., *The Threshold of Religion* (Second, Revised and Enlarged ed.), London: Methuen and Co. Ltd. 1914.

Mauss, Marcel, *A General Theory of Magic* (Reprint. ed.), London [u. a.]: Routledge, 2007.

Michael King, *Maori: A Photographic and Social History*, Penguin Group (NZ), 2008.

Mutu, M., "Maori issues", *The Contemporary Pacific*, 2001, 13(1).

"Nga Mahi o te Runanga" in *Maori Messenger*, No, 13 – 18, (Manei, 6, Akuhata, 1860).

Pearce, G. L., *The Story of New Zealand Jade Commonly Known as Greenstone*, Auckland: Collins Bros and Co., 1971.

Raymond Firth, *Primitive Economics of the New Zealand Maori*, E. P. Dutton and Company, New York, 1929.

Richard Hill, *State Authority, Indigenous Autonomy; Crown-Maori Relations in New Zealand/Aotearoa 1900 – 1950*, Victoria University Press, 2005.

Riley, M., *Jade Treasures of the Maori*, Paraparaumu: Viking Sevenseas, 1994.

Robert McNab, *The Old Whaling Days: A History of Southern New Zealand from 1830 to 1840*, Christchurch, N. Z., Whitcombe and Tombs limited, 1913.

Sharp, Andrew, *Justice and the Maori*, 1990.

S. Percy Smith, *Hawaiki: The Original Home of the Maori*, Whitcombe & Tombs Limited, 1910.

Te Maire Tau, "Tribal Economy?", Nilakant, V., *Managing Responsibly: Alternative Approaches to Corporate Management and Governance*, Taylor & Francis Group, 2012.

T. L. Buick, *The Treaty of Waitangyi: How New Zealand Became A British Colony*, Wellington N. Z., S. & W. Mack Ay, Lambton Quay, 1914.

Tremane Lindsay Barr John Reid, "Centralized Decentralization for Tribal Business Development", *Journal of Enterprising Communities: People and Places in the Global Economy*, Vol. 8 Iss 3 2014,

Walker, Ranginui, *Nga Pepa a Ranginui*, 1996.

三 学位论文

Alexandra Emma-Jane Ijighman, *Te Iwi O Ngai Tahu: An Examination* of Ngai Tahu's Approach to, and Internal Expression of, Tino Rang atiratanga.

B. l. Fotheringham, "The Southern Whale Fishery Company, Auckland Islands", M. Phil. Thesis, Scott Polar Research Institute, Cambridge University, St. Edmunds College, Cambridge, 12 June 1995.

Martin Fisher, Balancing Rangatiratanga and Kawanatanga: Waikato-Tainui and Ngāi Tahu's Treaty settlement negotiations with the Crown, (Ph. D. diss. Victoria University of Wellington, 2014).

四 会议论文

Hazel Petrie, "Colonisation and the Involution of the Maori Economy", A Paper for Session 24 XIII World Congress of Economic History, Buenos Aires, July 2002.

Walker, R. J., "A Paradigm of the Māori View of Reality", Paper delivered to the David Nichol Seminar IX, Voyages and Beaches: Discovery and the Pacific 1700 – 1840, Auckland, 24 August 1993.

五 法案及报告（非公开出版）

Draft Charter 1993.

New Zealand Law Reports 1987.

New Zealand Parliamentary Debates 1877.

Ngai Tahu Claims Settlement Act 1998

Te Runanga o Ngai Tahu Act 1996.

Te Runanga o Ngai Tahu Pounamu Resource Management Plan.

Te Runanga o Ngāi Tahu 2006.

Waitangi Tribunal.

六 网站资料

http://www.maoridictionary.co.nz/.

http://www.ngaitahu.iwi.nz/.

http://www.nzhistory.ney.nz/.

http://www.teara.govt.nz/.

http://www.waitangitribunal.bwb.co.nz.ezproxy.cantbury.ac.nz./.

http://www.wikipedia.org/.

后　记

　　2013年11月，笔者因公访问新西兰南岛的基督城。这座城市尚未从两年前的地震中恢复过来。流经全城的埃文（Avon）河两岸受灾最严重，满目疮痍，这是新西兰有史以来破坏最大、死亡人数最多的自然灾害之一。作为灾后重建的商务合作伙伴，我们拜会了南岛最大的房地产企业——那塔胡地产公司。在该公司举行的交流会上，总经理彼得·罗斯（Peter Rose）先生介绍："那塔胡控股有限公司是那塔湖地产的母公司，作为一个代际资本投资公司，那塔胡控股管理着近10亿新元的资产，照顾着近五万那塔胡人……"

　　这激起了我极大的兴趣。新西兰和西方世界的交往，始于1769年库克船长的第一次到访。库克首次把新西兰放置到世界地图之中，开启了让世界成为全球村的进程。那塔胡是南岛最大的毛利人部落，在西方人类学短暂的发展史上，对毛利人的调查占有重要地位。莫斯的《礼物》和弗思的《新西兰毛利人的原始经济》都写于1920年代，现已成为人类学的经典之作。经历了一百多年殖民经济和现代资本主义经济的洗礼，毛利传统经济如今是怎样一番景象？新西兰、夏威夷和复活岛组成的波利尼西亚三角，以及相邻的美拉尼西亚和新几内亚地区，是人类学通过对非西方社会的研究，来检视现代资本主义经济制度的传统区域。在这样一个背景下，彼得先生所言的"代际资本投资公司"，是如何照顾着近五万那塔胡人？进一步地，从文化维度来看，如果一个统一的世界市场要求所有文化都需要转型，都需要无条件地交出自己的历史和传统，毛利人在参与世界经济一体化的进程中，传统文化是否仍旧存在？是否

后　记 ◆◆◆

同样遇到一个"进退两难的尴尬境地"[①]?

　　带着这些思考回到昆明，面见导师庆德先生，得到先生的热烈支持与鼓励。记得是在一个腊月的小酒馆里，腾嶽兄和贤全兄作陪。把酒言欢微醺之际，先生酊定"现代经济过程中的毛利人"作为论文题目，顿觉热血沸腾，我也就此走上了一条"不归路"。由此成为本书的缘起。现在想来，还十分温暖。人生的偶然性无处不在。但于我而言，学术苦旅的确是开启了艰辛而又多彩的一程。

　　一路走来，最幸是有众多师长和学友相伴。感谢何明教授长期给予的关心和鼓励，他以开放包容的学术胸怀和严谨的治学态度，对本书的整体结构和学术规范都提出了宝贵意见。感谢和少英教授、王文光教授、何叔涛教授、刘锋教授、马腾嶽教授给予的指点和帮助。腾嶽兄对波利尼西亚社会政治制度的独到观点，予以我不少启迪。2016年，在我的论文答辩会上，刘锋兄曾提出一个发人深省的问题：毛利人传统的礼物之灵"豪"，现在到哪里去了？当时我没答上来，但却成为后续研究的线索，并在本书中力所能及地作了回答。

　　何明教授时任云南大学民族研究院院长兼西南边疆少数民族研究中心主任，其与坎特柏雷大学那塔胡研究中心建立学术合作关系，是本书研究得以完成的重要条件。当时，中国驻基督城总领事馆的教育领事李玉财先生百忙之中鼎力相助，很快促成了双方的合作。之后，两任新西兰驻成都总领事孔思达（Alistair Crozier）和黄桥进（Stephen Wong）先生对此都非常关注，数次专程来昆，了解项目的进展情况并积极提供帮助。孔思达先生来自基督城，也是坎大毕业，相处倍觉亲切。

　　感谢坎大那塔胡研究中心主任特・马瑞・陶教授，约翰・里德

[①] 费孝通先生曾言："现在的困难是，在一个统一的世界市场、一个统一的经济环境中，要求有一个共同的道德规范、共同的价值标准，因此，所有文化都面临一个转型的问题，它们都要无条件地交出自己的历史和传统，这在感情上是很难做到的，从客观规律上来看，也很难说是正确的。所以，人类遇到了一个进退两难的尴尬境地。"参阅《费孝通九十新语》，重庆出版社2005年版，第145页。

高级研究员,马丁·费希尔博士,那塔胡部落委员会战略发展部部长吉莫·摩根,以及远在美国伯克利大学、尚未谋面的赫克亚·鲍迪奇(Hekia Bodwitch)博士,当他们得知笔者是研究那塔胡的部落经济时,都给予了热情的支持和帮助。作为当代著名的历史学家,特·马瑞正在躬身践行那塔胡现代部落的发展战略,引领部落走向更加美好的明天。

感谢各位同门学子,尤其是远在澳洲的潘春梅博士,花了两天时间,从当地图书馆每帧拷贝馆藏善本——弗思的博士论文。之后,又不胜其烦地帮我查找了许多资料。

感谢公司在新西兰的同事里奥(Leo Respinger)和马克(Mark Respinger),每次进入田野都有你们的陪伴。里奥生于旺格努伊,是土生土长的帕克哈,本书也是我们之间珍贵友情的见证。马克和内子秦磊,协助整理了田野和会议的录音资料,同事印长嵩协助完成了图表的翻译和排版,在此一并致谢。

张剑峰
2019年秋于昆明荷叶山